ANATOLE LEROY-BEAULIEU

MEMBRE DE L'INSTITUT

ÉTUDES RUSSES ET EUROPÉENNES

L'EMPEREUR ALEXANDRE II — L'EMPEREUR ALEXANDRE III
LA FRANCE, L'ITALIE ET LA TRIPLE ALLIANCE
FAUT-IL ALLER A L'ALLEMAGNE
M. CRISPI — M. GLADSTONE — LE PAPE LÉON XIII
LA VISITE DU TSAR NICOLAS II

PARIS
CALMANN LÉVY, ÉDITEUR
RUE AUBER, 3, ET BOULEVARD DES ITALIENS, 15
A LA LIBRAIRIE NOUVELLE

1897

ÉTUDES RUSSES

ET

EUROPÉENNES

DU MÊME AUTEUR

ISRAËL CHEZ LES NATIONS (in-18, Calmann Lévy). . . 1 vol.

UN EMPEREUR, UN ROI, UN PAPE, UNE RESTAURATION (in-18, Charpentier). — L'Empereur Napoléon III et la politique du second empire. — Le Roi Victor-Emmanuel et la monarchie italienne. — Le Pape Pie IX, le Saint-Siège et l'Église. — La Monarchie espagnole sous Alphonse XII. . . . . 1 —

LES CATHOLIQUES LIBÉRAUX, L'ÉGLISE ET LE LIBÉRALISME, de 1830 à nos jours (in-18, E. Plon, Nourrit). 1 —

LA RÉVOLUTION ET LE LIBÉRALISME, essais de critique et d'histoire (in-16, Hachette, 1890). — Le Banquet du Centenaire de 1789. — La Révolution et M. Taine. — Les Mécomptes du libéralisme. — La Révolution et la Séparation de l'Église et de l'État. — Nos hôtes de 1889. 1 —

LA PAPAUTÉ, LE SOCIALISME ET LA DÉMOCRATIE (In-18, Calmann Lévy) . . . . 1 —

L'ANTISÉMITISME, conférence faite à l'Institut catholique (in-18, Calmann Lévy) . . . . 1 —

L'EMPIRE DES TSARS ET LES RUSSES (in-8, Hachette).
— Tome I : Le Pays et les Habitants (4e édition) . . . . 1 —
— Tome II : Les Institutions (3e édition) . . . . 1 —
— Tome III : La Religion (2e édition) . . . . 1 —

UN HOMME D'ÉTAT RUSSE (Nicolas Milutine), d'après sa correspondance inédite. — Étude sur la Russie et la Pologne pendant le règne d'Alexandre II (in-16, Hachette) . . . . 1 —

LA FRANCE, LA RUSSIE ET L'EUROPE (in-18, Calmann Lévy) . . . . 1 —

PARIS. — IMPRIMERIE CHAIX, RUE BERGÈRE, 20. — 2064-2-97. — (Encre Lorilleux).

ANATOLE LEROY-BEAULIEU
MEMBRE DE L'INSTITUT

ÉTUDES RUSSES
ET
EUROPÉENNES

L'EMPEREUR ALEXANDRE II — L'EMPEREUR ALEXANDRE III
LA FRANCE, L'ITALIE ET LA TRIPLE ALLIANCE
FAUT-IL ALLER A L'ALLEMAGNE ?
M. CRISPI — M. GLADSTONE — LE PAPE LÉON XIII
LA VISITE DU TSAR NICOLAS II

PARIS
CALMANN LÉVY, ÉDITEUR
ANCIENNE MAISON MICHEL LÉVY FRÈRES
3, RUE AUBER, 3

1897

AVANT-PROPOS

LE CONCERT EUROPÉEN ET LES ALLIANCES

Les études réunies dans ce volume sont toutes consacrées à l'étranger. Elles touchent les grands problèmes internationaux qui ont dominé la politique et la diplomatie européennes durant les dernières années. La question des alliances, notamment, y est plusieurs fois exposée et discutée. Alliance germano-austro-italienne, alliance franco-russe, nous avons recherché quelle était la genèse, quelles étaient les conditions, et, aussi, quels étaient les résultats et les promesses des deux combinaisons entre lesquelles se partage le continent, depuis l'année de Cronstadt. On connaît, de longue date, notre opinion. La Triple Alliance devait, tôt ou tard, avoir pour contrepoids une contre-alliance franco-russe, — non pour la guerre, mais bien pour la paix. La paradoxale union de l'autocratie tsarienne et de la démocratie républicaine, trompant les espérances téméraires des belliqueux, devait — pour combien de temps? le xxe siècle nous le dira — restaurer ce que nos pères appelaient l'équilibre ou la balance de l'Europe. Sur la Triple Alliance et sur la Double Alliance, comme sur deux colonnes incertaines, repose le nouveau concert européen. Cela, non plus, ne nous a pas surpris; nous avons dit pourquoi. Ce concert européen, cette moderne amphyctionnie, dont philosophes et philanthropes invoquaient le rétablissement, attendant d'elle l'avènement de la Paix et de la Justice, nous venons de la voir à l'œuvre. L'Europe avoue sans peine qu'elle n'a pas lieu, jusqu'ici, d'en être bien fière. Les puissances n'ont guère pu s'entendre qu'à condition de ne pas agir. Elles n'ont su, ces grandes puissances, en vain omnipotentes, ni réprimer le massacre impuni des Arméniens, ni prévenir l'inutile guerre turco-hellénique. Il a fallu pour les sortir d'embarras une victoire musulmane. La diplomatie n'a su faire qu'une chose, — œuvre ingrate et sans gloire, dont, malgré tout, un bon Européen aurait mauvaise grâce à ne pas lui savoir gré, — écarter de nos têtes le spectre justement redouté d'une grande guerre européenne.

L'Europe a bravement tout sacrifié à sa sécurité,

sentant que si elle osait avoir des visées plus hautes, elle n'était plus sûre de demeurer d'accord, se résignant à ne montrer de résolution que pour maintenir un *statu quo* que chacun sait ne pouvoir durer. Réduite à l'unique souci de l'heure présente, la pauvre Europe a dû ajourner toutes les questions et toutes les solutions.

Les impatiences et les souffrances des opprimés, les aspirations des peuples, les revendications des faibles ont dû se taire devant la prudence inflexible des forts et les défiances inquiètes des grands. La diplomatie nous a montré que la politique de paix peut, elle aussi, avoir ses égoïsmes et ses duretés, pour ne pas dire ses cruautés. De là, dans l'Europe qui sent et qui pense, — chez ceux des compatriotes de Hugo, de Byron, de Leopardi, qui se souviennent et qui comparent, — les mécomptes des rêveurs et les protestations des idéalistes. Les peuples n'ont pas toujours été satisfaits des paroles et des gestes de leurs gouvernements. La diplomatie leur a paru, tout ensemble, timide et brutale; il leur a semblé que les grandes puissances avaient le cœur pusillanime et la main lourde. Les esprits chagrins ont découvert que l'Europe de la Sainte Alliance avait plus de générosité que la nouvelle Europe; et les jeunes générations se sont prises à regretter l'âge lointain où la voix des timidité venue de nos malheurs et conscience de nos faiblesses intimes? L'Europe vient encore d'en faire l'expérience, et il nous est bien permis, à nous Français, de le constater, la cause de la justice et les droits de l'humanité ont bien, décidément, perdu quelque chose à la mutilation et à l'affaiblissement de la France. Les dernières semaines ont montré, à tous, quel cas nos vainqueurs de 1870 font de l'existence des faibles et des revendications nationales, là même où ils n'ont nul intérêt à les fouler aux pieds, sur ces rivages classiques éclairés, à nos yeux, des reflets éblouissants du génie de l'Hellade. La primauté de la force a, de nouveau, été proclamée à la face du monde, dans cet Orient où, par la faute de nos pères, les chrétiens s'étaient habitués à compter sur leur faiblesse, comme sur une force.

Elle n'a donc pas mis fin aux brutalités de la politique, l'alliance appelée, par tant d'ingénus, comme la grande réparatrice des torts du passé et des crimes de l'histoire. Elle n'a rien redressé, en Occident; et quant à l'Orient, Arméniens ou Grecs, anciens clients de la France catholique ou de la Russie orthodoxe, ceux qui avaient tant de fois bénéficié de l'appui du Franc ou du Slave russe, savent quel profit les chrétiens d'Europe et d'Asie ont retiré de cette alliance, sur laquelle l'Orient, en d'autres jours, eût entassé tant d'espérances. Beaucoup d'entre nous avaient, à vrai dire, attendu mieux de l'union des deux grandes protectrices de la Croix vis-à-vis du Croissant, des deux nations qui naguère se disputaient, les armes à la main, la gloire du patronat chrétien. Laquelle des deux, France ou Russie, a paralysé la main de l'autre? J'espère, pour notre honneur et pour notre conscience, que ce n'est pas la France.

N'importe, si l'alliance russe a eu ses déceptions trop récentes et trop douloureuses pour qu'un Français ose y insister, est-ce une raison, pour nous, de rejeter l'alliance et de nous réfugier dans notre isolement ancien? Non pas, croyons-nous, en toute sincérité. Étant du petit nombre de ceux qui avaient mis la France en garde contre les mécomptes de l'alliance, nous sommes à l'aise pour la prémunir contre les déboires ou contre les révoltes du désenchantement.

L'alliance russe a donné à la France la sécurité, à l'Europe la paix. Cela, il faut en convenir, est bien quelque chose; et cela, nous n'avons cessé de le répéter, est tout ce que les sages étaient en droit d'espérer. Le reste était illusion, rêve d'esprits toujours prompts à croire aux vagues mirages du lointain. Il y a eu, de notre part, dans l'alliance, quelque chose de trop sentimental, et, pour tout dire, de trop amoureux. Un de nos moralistes a dit, méchamment : « Il est de bons mariages ; il n'en est pas de délicieux. » Boutade impertinente peut-être d'un célibataire sceptique ; mais si ce n'est pas toujours vrai de l'amour ou du mariage, cela l'est assurément des alliances entre gouvernements et des amours ou des amitiés entre nations. Il faut, ici, consulter la raison plus que le sentiment. C'est ce que trop d'entre nous avaient oublié ; l'alliance russe souffre, aujourd'hui, d'avoir été faite, en grande partie, par le sentiment. Il ne faut pas laisser maintenant le sentiment la défaire. Ce serait une autre faute, et plus grave. Telle qu'elle est, même après ces tristes déboires d'Orient, l'alliance russe peut encore rendre service à la France, et à l'Europe, et à l'équilibre du monde. A peine conclue et déclarée devant les peuples, cette union du tsarisme russe et de la république française, ce serait folie, de notre part, de la répudier. En politique étrangère, au moins, il sied d'avoir quelque esprit de suite, et nous serions mal récompensés d'appliquer à notre diplomatie les mêmes procédés qu'à notre politique intérieure. Dénoncer l'alliance avec le jeune empereur, passionnément acclamé il y a quelques mois par la France, ce ne serait pas seulement nous montrer plus mobiles que nous ne le sommes ; ce serait encore réjouir ceux de nos voisins qui nous veulent le moins de bien. L'alliance rejetée par nous, d'autres sont là, qui nous guettent, prêts à la recueillir et à la garder. Sachons donc la conserver ; soyons fidèles à nous-mêmes, en étant fidèles à nos amis, — aussi longtemps du moins qu'ils nous garderont leur foi. Mais, alliés récents ou anciens rivaux, ne nous mettons aveuglément à la suite de personne ; sachons apprendre aux autres à compter avec nous, avec nos intérêts, avec nos sympathies, avec nos idées, et, s'il nous en reste encore un, avec notre idéal. Et pour que peuples et gouvernements comptent avec nous, soyons unis et soyons forts ; car toute alliance ne vaudra, pour nous et pour les causes qui nous sont chères, qu'autant que nous aurons contraint le monde à nous apprécier et à nous estimer, à apprécier nos forces et à estimer notre politique. Après cela, n'allons pas trop mettre notre confiance en autrui ; — ce n'est pas aux mains des autres, fût-ce de nos amis, c'est en nos mains françaises, ne l'oublions jamais, que doit demeurer le sort de la France.

Paris, mai 1897.

ÉTUDES RUSSES ET EUROPÉENNES

I

L'EMPEREUR ALEXANDRE II[1]

Peu de temps après la guerre de Crimée, le futur empereur Alexandre III, alors âgé d'une douzaine d'années[2], disait, mystérieusement, à un de ses petits camarades de qui je tiens l'anedocte : « Sais-tu que j'ai fait une découverte ? J'ai surpris un grand secret, promets-moi de ne le révéler à personne : l'empereur Paul est mort assassiné. » Hélas ! les petits-fils du tsar Alexandre II n'ont pas eu de peine à pénétrer le mystère de la mort de leur grand-père. Il serait malaisé, aujourd'hui,

1. Étude parue dans la *Revue des Deux Mondes*, le 1er avril 1881, au lendemain de la mort de l'empereur Alexandre II.

2. Était-ce bien le futur Alexandre III, ou son frère aîné, le césarévitch Nicolas, mort à Nice, je l'ai oublié ; mais peu importe ; c'était l'un des deux princes.

d'élever un héritier du trône dans la croyance que la vie d'un empereur est au-dessus des coups d'un assassin; tant les attentats sont devenus chose commune sur la route des tsars russes !

L'histoire de Russie, après comme avant Pierre le Grand, est pleine de morts tragiques et de sanglantes catastrophes. Bien des tsars ont péri de mort violente; l'empereur Alexandre II est le premier qui soit tombé dans la rue, victime d'une main inconnue et de colères anonymes. Jusqu'à lui, la Russie ne connaissait que les révolutions de palais; le régicide y était exécuté en secret, loin des yeux du peuple, de nuit, au fond d'une salle obscure ou d'une chambre fermée; l'autocrate était mystérieusement étranglé, par quelques généraux ou hauts fonctionnaires, conjurés pour changer le souverain. Tout se passait derrière la scène, dans les coulisses, entre acteurs de la haute politique. Le peuple apprenait, à l'improviste, qu'un mal soudain avait emporté l'empereur, et l'inviolabilité du trône restait intacte aux yeux de la foule.

Le prince que, en Russie, comme au sud des Balkans, on se plaisait à nommer le Tsar Libérateur est le seul qui ait été tué en public, en plein jour, par des mains populaires, au nom de ce minotaure moderne, d'origine étrangère, que, faute d'un mot national, on appelle, en Russie, comme chez nous, la Révolution. Jusque-là, aucun homme du peuple n'avait osé porter la main sur l'oint du Seigneur. Sous l'empereur Nicolas Ier, de despotique mémoire, la sainte Russie semblait encore, à cet égard, demeurer en dehors de l'Europe, dès longtemps habituée à de sinistres exploits de ce genre : c'est sous Alexandre II que le régicide révolutionnaire y a fait son apparition, et à la promptitude, à l'audace, à l'acharnement des coups qu'il a, déjà, portés au trône naguère le plus sûr de l'Europe, on se demande, avec inquiétude, quelle place peuvent, dans l'histoire prochaine de la Russie, prendre les machines infernales et les bombes, chez un peuple enclin, en toutes choses, à renchérir sur ses aînés.

I

L'empereur Alexandre II a été tué, un an à peine après le jour où la Russie célébrait le vingt-cinquième anniversaire de son avènement et récapitulait toutes les réformes accomplies en ce quart de siècle.

Peu de règnes, en effet, ont jamais été illustrés par une œuvre aussi grande. Pierre Ier et Catherine II occuperont seuls une pareille place dans l'histoire de Russie. Quel beau sujet pour les historiens nationaux, pour les Solovief ou les Kostomarof de l'avenir! et, si la mode était encore aux fastueux tombeaux avec allégories et bas-reliefs historiques, à la façon de la Renaissance, quelles belles images, quelles nobles et originales figures pour le ciseau du sculpteur! D'un côté, le serf russe, après trois siècles d'esclavage, délivré de ses chaînes; de l'autre, le Slave bulgare, après quatre ou cinq cents ans de mort ou de léthargie, rappelé soudainement à la vie nationale. Ici, la Justice, jadis muette ou bâillonnée, à laquelle Alexandre II a rendu la parole; en face, hôte nouveau chez les Russes, la Liberté, introduite dans le *zemstvo* et dans la *douma ;* — et si, pour compléter la décoration du monument, il fallait des vaincus et des captifs, n'a-t-on pas, sans compter la Pologne réprimée, le Turc défait et l'Asie centrale conquise?

En dehors de toutes ces images et figures, ailleurs si souvent menteuses, quelle noble épitaphe, latine ou slavonne, on composerait à l'empereur défunt, rien qu'en énumérant, dans le laconisme un peu emphatique du style funéraire classique, les principaux actes de son règne ! « Il a brisé les fers de vingt millions d'esclaves et assuré aux laboureurs le champ qu'ils cultivaient. — Il a purifié les tribunaux et institué le jury. — Il a donné aux provinces et aux villes des représentants élus. — Il a établi l'égalité civile, supprimé les privilèges devant l'impôt ou l'armée et appelé tous les Russes à servir la patrie. — Il a étendu l'empire de ses pères jusqu'au cœur de l'Asie et ouvert le berceau des Ginghiz-Khan et des Tamerlan aux paisibles colons de l'Europe. — Il a effacé le traité de Paris et fait voir aux aigles russes les flots bleus de la Propontide. »

Une pareille épitaphe ne serait qu'une brève récapitulation des principaux événements d'un règne dont les réformes de tout ordre ont été si nombreuses qu'un jour, dans leurs examens d'histoire, les successeurs des jeunes nihilistes d'aujourd'hui, sur les bancs des écoles, auront peine à indiquer toutes les grandes mesures du prince si cruellement assassiné par des étudiants.

Par quelle funeste perversion des sentiments humains, ce réformateur, dont l'œuvre marquera dans l'histoire de Russie, autant que celle de Pierre le Grand ou de la grande Catherine, comment ce prince qui, s'il n'eut pas leur génie, n'eut pas les vices de Catherine ou de Pierre, ce souverain, avant tout renommé pour son aménité et pour sa bonté, est-il devenu l'objet d'attentats presque aussi nombreux et aussi variés que ses réformes? Et ce qui est plus triste encore, ce qui est moins connu de l'Europe, comment se fait-il que, parmi ceux de ses sujets qui avaient le plus d'horreur pour les balles et pour les bombes, beaucoup, tout en maudissant le crime de quelques jeunes gens à peine sortis de l'adolescence, se réjouissent, intérieurement, et presque malgré eux, de voir s'ouvrir, pour la Russie, une nouvelle ère, avec un nouveau règne?

La raison de cet attristant phénomème est à la fois dans le temps où nous vivons et dans les exigences croissantes des peuples vis-à-vis de leurs gouvernements; elle est dans l'état social, dans l'état moral ou l'état mental du peuple russe, tourmenté de besoins nouveaux et d'aspirations presque aussi malaisées à satisfaire qu'à comprimer; dans le contraste des instincts et des passions de notre époque, partout si troublée, avec la nature du pouvoir autocratique établi par les siècles, pouvoir dont l'ombre épaisse offusque, déjà, les couches supérieures de la nation, sans que les racines en aient été ébranlées au fond du peuple.

Alexandre II a régné vingt-six ans. Un quart de siècle, c'est beaucoup, de nos jours, pour un gouvernement absolu, obligé de remplir la scène à lui seul, d'occuper les imaginations, de donner un aliment aux intérêts et aux passions ; car, dans la Russie contemporaine, de même que, partout ailleurs en Europe, l'absolutisme, si paternel qu'il soit, ne peut se maintenir qu'à la condition d'agir, de créer, de se justifier sans cesse par ses œuvres. Les hommes vieillissent et inclinent au repos, les souverains se fatiguent, alors que les peuples, incessamment renouvelés par les générations, restent jeunes, entreprenants et avides de mouvement. Alexandre II avait eu un règne bien rempli, durant les premières années du moins ; — on répétait même parfois, dans son entourage, qu'il avait trop innové ; — il pouvait se flatter d'avoir payé sa dette à sa patrie et à l'histoire, d'avoir le droit de se reposer et de laisser à son successeur la continuation de l'œuvre qui, chez les peuples en progrès, n'est jamais achevée. Sans être encore d'un grand âge (il était né en 1818), le tsar Alexandre Nicolaiévitch était, depuis longtemps, las de corps et d'esprit ; et, en face de lui, surgissaient des générations nouvelles, une jeunesse impatiente, nerveuse, devenue chaque année plus exigeante, grâce aux réformes mêmes du tsar émancipateur. Car ce qu'avait fait Alexandre II rendait plus sensible le besoin de ce qui restait à faire; ce qu'il avait changé, dans les institutions anciennes, rendait plus choquant, par le contraste, ce qui n'avait pas été remis à neuf.

Au début de son règne, l'héritier de Nicolas Ier s'était engagé, vaillamment, dans la voie des réformes. Les premières étapes en étaient pour ainsi dire marquées d'avance; c'était l'émancipation, c'était la justice, c'était l'administration locale; mais, arrivé au bout de cette première moitié du chemin, Alexandre II s'était rencontré à un de ces carrefours historiques où, pour ne pas faire fausse route, la bonne volonté ne suffit point. Il avait, presque à son insu, accompli la plupart des réformes compatibles avec le pouvoir autocratique, et, à sa grande surprise, à sa naturelle inquiétude, il s'aperçut alors que ce qui était en cause, c'était, au fond, le pouvoir souverain lui-même, le grand moteur de l'histoire russe, celui qu'on en pourrait appeler le ressort unique, l'autocratie[1]. L'empereur n'a pas voulu y porter la main. Bien qu'il tînt peu lui-même au pouvoir, bien qu'il fît sans cesse appel au concours de la nation, il n'a pas osé associer, effectivement, la nation au trône. Aucun souverain n'eût pu, il y a quelques années, le faire avec plus d'autorité que l'émancipateur des serfs; ce concours du pays, il aurait été libre d'en fixer la mesure et la forme. Il n'a pas voulu l'essayer, il a trouvé

1. Voyez *l'Empire des Tsars et les Russes*, t. II, liv. III, IV et V.

qu'il était allé assez loin, il s'est arrêté, abandonnant à ses successeurs une tâche qu'il n'osait lui-même entreprendre.

On avait plusieurs fois, sans fondement, semble-t-il, parlé de son abdication ; il est certain qu'il paraissait considérer sa tâche comme terminée, qu'il se renfermait, de plus en plus, dans les occupations et les plaisirs de la vie privée, oubliant même parfois que tout n'est pas permis à qui peut tout, satisfaisant ses goûts et ses affections, au risque d'amoindrir le prestige de la couronne. Si, dans les derniers temps, dans les dernières semaines, il allait, sous de nouvelles influences, tenter, comme on l'a su depuis, quelque chose dans la voie où l'opinion le pressait d'entrer, il avait, malheureusement, trop de fois laissé entendre que, de son vivant, la Russie ne pouvait plus attendre aucun changement important. Cette croyance, presque universelle, a été, pour beaucoup, dans l'acharnement avec lequel de jeunes exaltés se sont attaqués à la vie du vieil empereur.

II

Alexandre II possédait de nobles qualités de cœur et d'esprit, une âme naturellement généreuse, avec de hautes aspirations qu'avaient développées les maîtres de son enfance[1]. En cela, il n'était pas sans ressemblance avec son oncle Alexandre Ier ; mais, comme ce dernier, que par ses réformes il a laissé bien loin derrière lui, il était dépourvu de certaines des facultés essentielles à un réformateur, ou à un grand souverain. C'était, par-dessus tout, un homme de bonne volonté, loyalement dévoué au bien de son pays ; mais, en politique, ni le bon vouloir, ni la droiture ne suffisent ; ce qu'il

1. On a publié, en 1880, à l'occasion du vingt-cinquième anniversaire de son avènement au trône, le plan d'études et pour ainsi les cahiers qui avaient servi à l'enseignement d'Alexandre II. On est étonné de la largeur des vues et même des tendances libérales dont s'était inspirée l'éducation de l'héritier de Nicolas Ier.

faut avant tout, c'est l'intelligence et le caractère, le coup d'œil qui, au milieu de la confusion des circonstances, découvre la voie à prendre, l'esprit de décision et de persévérance qui, le chemin une fois trouvé, le fait suivre, à travers tous les obstacles, jusqu'au but. Or, Alexandre II était dénué de ces qualités souveraines, et, ne les possédant pas lui-même, il n'a pu ou il n'a su les rencontrer, autour de lui, dans un de ses sujets. Pas de ministre dont il eût fait son Richelieu ou son Bismarck. Un tel homme eût existé, près de lui, qu'Alexandre II eût été peu propre à le distinguer, et l'eût-il découvert, qu'il aurait été peu disposé à déléguer, à un de ses sujets, la meilleure part de son pouvoir. Ce n'était pas, comme notre Louis XIII, un de ces princes capables de s'identifier avec un grand ministre et, au besoin, d'en supporter le joug.

Comme Napoléon III, Alexandre II aimait peu les visages nouveaux et passait beaucoup de choses à ses amis. Il se laissait facilement aller à des préventions dont il était malaisé de le faire revenir; puis, comme bien des princes et comme, en dehors même des cours, bien des hommes d'État, il craignait d'être rejeté dans l'ombre, d'être dominé ou annihilé par un conseiller trop puissant. S'il ne se montrait pas défiant de toute supériorité, il se défiait de toute influence exclusive. Sans les attentats de ses dernières années, sans le désarroi de son gouvernement en face des nihilistes, jamais il n'eût admis, près de lui, un ministre dirigeant et presque omnipotent, comme le comte Loris Mélikof. Il n'aimait pas à laisser le pouvoir à des mains trop libres d'agir; il craignait de donner à ses serviteurs carte blanche; il ne s'irritait pas de les voir inquiéter ou molester, dans la mission que lui-même leur avait confiée. Quoique épris de tranquillité et désireux d'assurer son repos personnel, il ne détestait pas, surtout dans les premières années, les luttes d'influence et les compétitions d'amour-propre; il ne lui déplaisait point que ses ministres se combattissent et se tinssent en échec les uns les autres. A ses yeux, c'était là, semble-t-il, le gage d'une sorte d'équilibre qui lui assurait l'intégrité de son pouvoir. Nous en avons donné de nombreux et singuliers exemples, à propos des affaires russes, comme à propos des affaires polonaises, dans notre biographie de N. Milutine [1].

Alexandre II a subi beaucoup d'influences de diverses sortes, publiques et privées, masculines et féminines; mais soit calcul, soit penchant naturel, il semble s'être attaché à ne pas tomber sous une influence unique, à ne point subir le joug d'un ascendant dominateur. Si quelques personnes de son entourage ont gardé sur lui, jusqu'au bout, un pouvoir incontestable, c'étaient surtout des amis privés, des personnages peu capables du rôle d'homme d'État et de premier ministre.

1. Voyez *Un homme d'État russe* (Nicolas Milutine), d'après sa correspondance inédite; étude sur la Russie et la Pologne pendant le règne d'Alexandre II. (Paris, Hachette.)

De cette défiance contre tout ascendant étranger, de cette répugnance à remettre la direction des affaires en des mains fermes et résolues, de ce souci d'opposer es uns aux autres, comme des contrepoids, les hommes et les ambitions, vient, en grande partie, le défaut d'unité, l'incohérence, les contradictions que nous avons été, trop souvent, obligés de signaler dans les lois et dans la pratique de son gouvernement, et jusque dans ses meilleures réformes[1]. De là, aussi, une des raisons du peu de résultats apparents de tant de mesures, excellentes en elles-mêmes, mais mal combinées, mal conduites, et parfois discréditées, presque à dessein, par les mains chargées de les appliquer. De là, enfin, une bonne part des déceptions du pays, le découragement des esprits sages et modérés, les progrès constants, durant les dernières années, du pessimisme ou du scepticisme chez les hommes mûrs, du nihilisme révolutionnaire chez les jeunes gens.

Par quelques-uns de ses défauts et de ses qualités, par certains traits surtout de l'époque difficile où il a été appelé à régner, Alexandre II pourrait être rapproché de Louis XVI. Comme le roi martyr, celui que le peuple russe appelle déjà le tsar martyr, avait, pour le bien public, un dévouement que, faute d'énergie ou faute de clairvoyance, il ne savait pas toujours rendre efficace. S'il avait quelque chose de Louis XVI, c'était un

1. Voyez *l'Empire des Tsars et les Russes*, tome II, liv. II et III.

Louis XVI mieux préparé au métier de souverain et moins mal conseillé, plus pénétré de la nécessité d'agir, plus résolu, au moins dans sa jeunesse, à aboutir. Si l'on a pu dire qu'il avait, lui aussi, renvoyé Turgot, il ne l'a renvoyé qu'après avoir signé l'acte d'émancipation[1]. Il eut, du reste, le bonheur de venir moins tard, en un siècle moins vieux, d'avoir devant lui, dans ses premières années du moins, des problèmes, après tout, plus simples; et s'il doit faire dans l'histoire une toute autre figure que l'époux de Marie-Antoinette, c'est que la Russie de 1860 était bien loin d'être aussi mûre pour la révolution que la France de 1780.

Ce qui manquait peut-être le plus au successeur de Nicolas Ier, c'était l'énergie, la volonté, l'esprit de suite; il semble en avoir eu lui-même le sentiment, et, comme il arrive souvent, il était préoccupé de ne pas le laisser apercevoir aux autres. Au milieu des intrigues qui s'agitaient autour de lui et qu'il encourageait, indirectement, lui-même, en maintenant au pouvoir ou en fonctions, à côté les uns des autres, des compétiteurs ou des adversaires occupés à se desservir et à se paralyser, mutuellement; au milieu de toutes ces luttes de cour et de cabinet, l'empereur tenait, par-dessus tout, à ce qu'on ne doutât point de sa parole, de sa conviction, de sa fermeté. Selon l'expression de Milutine, alors que Tcherkasski invitait son ami à trouver un moyen d'ac-

1. Voyez *Un homme d'État russe* (Nicolas Milutine).

compagner l'empereur à Kovno, et de ne pas le laisser seul en présence du vice-roi de Pologne, c'était là, chez Alexandre II, le point sensible [1].

De ce côté, il était aisé à froisser, et une fois blessé, il ne revenait guère. Il n'oubliait point volontiers les torts que, à ses yeux, on avait eus envers lui ; il avait des antipathies et des rancunes qu'il n'était pas assez dissimulé pour déguiser et dont il n'était pas assez politique pour triompher. Jamais, par exemple, il ne pardonna aux Polonais la fatale insurrection de 1863. La Pologne eut beau demeurer tranquille, pendant dix-huit ans ; elle eut beau ne prêter aucun appui aux sinistres entreprises des révolutionnaires, l'empereur ne voulut apporter aucun adoucissement aux mesures de rigueur prises contre les provinces de la Vistule. Il n'a jamais, non plus, croyons-nous, pardonné, entièrement, à la France, sinon la guerre de Crimée, du moins l'accueil, relativement froid, qu'il avait rencontré, à Paris, en 1867, et le coup de pistolet tiré, dans nos rues, par Berezowski. Ces ressentiments personnels, associés à sa vieille affection pour son oncle, le roi de Prusse, ne furent peut-être pas étrangers à l'imprévoyant concours que, en dépit de l'opinion publique, il prêta, en 1870, à la prépotence germanique. Il est vrai que, depuis, en 1875, Alexandre II, mieux éclairé sur les intérêts de la Russie et de l'Europe, contribua, par son veto, à refréner les velléités

1. Lettre de Milutine, 2/14 juin 1864.

belliqueuses de Bismarck et de l'état-major prussien.

Le caractère du prince a naturellement laissé son empreinte sur son œuvre; presque partout, dans cette œuvre multiple, on retrouve la marque des hésitations et des inconséquences du pouvoir.

L'émancipation a été suivie de nombreuses réformes, administratives, judiciaires, militaires, financières même; mais toutes ces réformes, élaborées par des commissions différentes, sous des influences rivales ou hostiles, ont été entreprises, isolément, d'une manière fragmentaire, sans esprit de suite, sans programme défini. Il s'agissait de créer une Russie nouvelle, on reprenait en sous-œuvre les fondations du vieil édifice, et tout cela se faisait sans plan général, sans devis préalable, sans que, pour présider aux travaux, il y eût un architecte chargé de les coordonner. De cette façon, en faisant çà et là des innovations coûteuses et en négligeant dans le voisinage des réparations indispensables, en accolant partout les constructions neuves aux vieux murs, l'empereur Alexandre II n'avait abouti, après beaucoup de travaux, qu'à faire, de la Russie des réformes, une demeure inachevée et incommode, où amis et ennemis des nouveautés se trouvaient, presque également, mal à l'aise.

Et ce défaut de plan n'était pas le seul. Le manque d'un esprit supérieur, tel qu'un Pierre le Grand ou un Frédéric II, le défaut d'un souverain ou d'un ministre capable de tout conduire et de tout régler, avait un autre inconvénient non mois grave. Faute de savoir où il allait, faute de savoir précisément ce qu'il voulait, le gouvernement, livré à des influences diverses, s'effrayait lui-même de ses propres œuvres, cherchait à reprendre en détail, silencieusement, ce qu'il avait accordé en bloc solennellement, se mettait sans cesse en contradiction avec sa propre législation, élaguant et rognant, à plusieurs reprises, ses réformes encore mal implantées, au risque d'en arrêter la sève et d'en retarder les fruits.

Naturellement bon, confiant dans son peuple et dans la gratitude des hommes, l'empereur Alexandre II avait, dans les premières années, touché à presque tous les rouages de la machine politique, sachant, au besoin, comme dans la dotation territoriale des paysans, triompher des influences hostiles ; puis, il s'était, peu à peu, lassé de cet effort continu. Fatigué de lutter contre une partie de son entourage, il avait fléchi devant des difficultés sans cesse renaissantes. La plupart des princes, on doit le dire, auraient fait de même, à sa place. Une pareille œuvre ne pouvait s'accomplir sans résistances, sans tiraillements, sans revirements de toute sorte; pour ne pas se laisser aller aux tergiversations et aux perplexités, pour demeurer inébranlable, au milieu des contradictions des hommes et des doléances des partis, dans ce conflit des principes nouveaux avec les habitudes anciennes, il eût fallu un homme de fer, comme Pierre le Grand.

Tel n'était pas Alexandre II. Il s'étonnait de ne pas

recueillir plus d'avantages des meilleures réformes, il s'attristait de voir les changements s'appeler sans fin les uns les autres, il se troublait d'assister à des désordres auxquels il ne s'attendait point. Placé en face des revendications de plus en plus exigeantes d'une partie des classes cultivées, de ce que, par opposition avec le peuple, on appelle, en Russie, du nom un peu ambitieux d'*intelligence*, le tsar réformateur s'était pris à douter de son œuvre et de ses propres réformes ; en plus d'un cas, il avait fini, sous prétexte de corriger ses glorieuses réformes, par les laisser mutiler ou annihiler dans la pratique, sans comprendre que, une fois lancé sur la route des innovations, on n'est pas maître de s'arrêter court ; sans bien sentir qu'il ne pouvait comprimer impunément des aspirations, en partie provoquées par ses propres lois ; sans s'apercevoir, enfin, que les réformes, comme les révolutions, s'appellent et s'enchaînent les unes les autres, et que rien ne fomente l'esprit révolutionnaire, comme le défaut d'harmonie des institutions entre elles et le désaccord entre les lois ou les maximes du gouvernement et les pratiques gouvernementales.

Dans la seconde partie du règne d'Alexandre II, l'optimisme si confiant des premiers temps avait, presque partout, fait place à un pessimisme découragé ou à un scepticisme anxieux. A la veille de la guerre de Bulgarie, la Russie, quinze ans plus tôt, si ouverte à l'enthousiasme, était visiblement désabusée, incertaine de sa voie, mécontente d'avoir été trompée dans ses espérances.

Si les comités slaves de Moscou, sans influence au début et tournés, à Pétersbourg, presque en dérision, réussirent, en quelques mois, à s'emparer de l'opinion et à soulever peu à peu une véritable agitation nationale, c'est que la société était lasse d'une stagnation intérieure qui menaçait de se prolonger indéfiniment ; c'est que, dans son appétit d'action et de mouvement, elle se laissait aller à chercher, au dehors, la vie et l'intérêt qu'elle ne trouvait plus au dedans, espérant, vaguement que, de la guerre contre le Turc et de l'émancipation des Slaves du Sud, il sortirait quelque chose, pour la Russie et pour les libertés russes.

Cette guerre de Bulgarie, à laquelle l'empereur répugnait, personnellement, qu'il ne se résigna à entamer qu'après l'avoir longtemps retardée, cette guerre de 1877-1878, loin d'être, pour le gouvenement et pour le souverain, une diversion heureuse, ne devait faire qu'affaiblir l'autorité morale du pouvoir, infliger de nouvelles déceptions au pays et, par là-même, donner une impulsion violente aux penchants révolutionnaires qui couvaient chez la jeunesse.

III

Dès le début des opérations militaires, le public russe, étonné des lenteurs de l'entrée en campagne, se dédommageait de son désappointement par des critiques du pouvoir et des chefs de l'armée. On se moquait, presque ouvertement, de la répartition des hauts commandements militaires que, à l'instar de son oncle, le roi de Prusse, en 1870, l'empereur avait confiés aux princes de la famille impériale. Défiante et frondeuse à l'égard des talents stratégiques des généraux grand-ducs, l'opinion n'était nullement inquiète du succès des opérations de l'armée. Le Turc, en décadence, était un ennemi qui ne pouvait tenir, de longues semaines, devant les régiments russes. Sur ce point, la présomption du public ne le cédait en rien à celle du quartier général.

Aussi, violente et profonde fut l'émotion du pays

lors des échecs successifs d'Arménie et de Bulgarie, lors de la retraite précipitée en deçà du Balkan et de la double défaite de Plevna. Sous le coup de ces mauvaises nouvelles, inutilement dissimulées par une censure suspecte, Moscou, Saint-Pétersbourg, la Russie entière passaient tour à tour par l'incrédulité, la stupeur, la colère. Après la surprise des premiers jours, toute l'irritation du patriotisme déçu retomba sur le gouvernement, sur l'administration civile et militaire, sur le défaut d'organisation. De toutes parts, on se mit à examiner le système qui, après vingt ans de réformes, valait à la Russie de telles humiliations. On se demandait comment, en 1877, on avait pu rencontrer, dans les armées et dans l'administration, beaucoup des fautes, des erreurs, des vices mêmes de la campagne de Crimée. La guerre, peut-on dire, est la pierre de touche des États ; les Russes eurent la douleur de constater que, malgré l'émancipation des serfs, la Russie d'Alexandre II différait moins de celle de Nicolas Ier, que ne l'eussent espéré les patriotes.

Entre les deux défaites de Plevna, on parlait, ouvertement, à Saint-Pétersbourg et à Moscou, de la nécessité d'un changement de régime, de l'urgence de convoquer une assemblée de délégués des États provinciaux (zemstvos). Le président des comités slaves, un des principaux instigateurs de la guerre, Ivan Aksakof, ne craignait pas de faire remettre au tsarévitch, au futur Alexandre III, un mémoire réclamant la réunion immédiate d'une sorte d'assemblée nationale, pour aviser aux périls du moment. « La dynastie a commencé la guerre, la nation seule peut la mener à bonne fin », s'écriait, après Plevna, Ivan Aksakof.

Le mécontentement était universel; il s'étendait à toutes les sphères du gouvernement, à tous les hommes en place, n'épargnant rien ni personne. La confiance dans le pouvoir semblait perdue, irrévocablement. Les bruits les plus bizarres, les soupçons les moins justifiés trouvaient créance dans le peuple et jusque dans les cercles les mieux informés. Défaites, trahisons, révolution, tout paraissait possible, et l'on s'attendait à tout. Presque aussi prompte à se relever qu'à se laisser abattre, l'opinion publique, comme un ressort longtemps comprimé et subitement détendu, revint bien vite de son affaissement. Le pays recouvra son assurance orgueilleuse, mais non sa confiance ancienne dans le pouvoir. Le prestige de l'autocratie avait reçu, dans les fossés de Plevna, une atteinte profonde.

Le rôle de l'empereur, durant toute cette longue et pénible campagne, était plus fait pour lui valoir l'estime et l'admiration de ceux qui l'approchaient que pour relever, aux yeux de ses sujets, son ascendant personnel. Alexandre II, on le sait, avait voulu rejoindre ses troupes au sud du Danube; il avait tenu à être témoin de leurs exploits, à partager leurs fatigues et leurs dangers, mais soit modestie, soit crainte de la responsabilité, il avait décliné le commandement en chef pour le remettre à son frère, le grand-duc Nicolas. C'est ainsi que, dans une petite maison de Gorni-Stouden, il passa de longues semaines anxieuses, supportant les chaleurs d'un été balkanique et les privations de la vie de camp; attendant le résultat d'opérations dans la direction desquelles il se fût fait scrupule d'intervenir; assistant, en spectateur, aux défaites de Plevna et, en témoin attristé, aux récriminations de ses généraux et aux discordes des princes de sa famille; ayant pour principale occupation de visiter les ambulances, de réconforter les blessés, d'encourager les médecins et les sœurs de charité, donnant à tous, par sa présence, l'exemple d'une patience résignée.

Certes, c'était là une fonction noble, digne d'un grand cœur, et plus d'un pauvre soldat russe dut être touché de voir son empereur s'associer, ainsi, à ses souffrances; mais cette abnégation même, ce rôle effacé et silencieux de premier volontaire de la Croix rouge avait, aux yeux de l'opinion, quelque chose de peu impérial. On voyait là les vertus privées d'un particulier et non ces qualités souveraines dont l'éclat rehausse le trône et fascine les peuples. On trouvait, en Russie, qu'Alexandre II, devant Plevna, ressemblait plutôt à Napoléon III, à Metz ou à Sedan, qu'à l'empereur Guillaume, dans la guerre de France. On allait parfois jusqu'à insinuer que la présence de l'empereur était un embarras pour l'armée et une gêne pour le commandement. Comme s'il n'eût voulu partager que les tristesses de ses troupes, ou comme s'il n'eût attendu qu'un succès pour reparaître en Russie, Alexandre II n'accompagna pas ses armées victorieuses au sud du Balkan ; ayant été à la peine, il ne chercha pas à être à l'honneur.

La victoire du reste devait apporter, au souverain, des tracas d'un autre genre et, au pays, des déceptions nouvelles. Dans la paix, comme dans la guerre, le gouvernement du tsar devait se trouver incapable de répondre à l'attente de l'opinion. En vain les diplomates russes, affectant des airs superbes et enveloppant à dessein les négociations d'un voile mystérieux, choisissaient, fastueusement, pour signer la paix, le vingt-troisième anniversaire de l'avènement d'Alexandre II au trône.

Aux yeux du public russe, le traité de San-Stefano n'avait rien que de modéré. Jamais, disaient la presse et les salons, un gouvernement n'avait donné pareille preuve de mesure et de désintéressement. Au point de vue russe, en tenant compte de l'exaltation nationale et de la présence des armées du tsar au pied des murailles en ruines de Constantinople, le traité de San-Stefano, loin d'avoir rien d'excessif, n'était, en effet, qu'un minimum. Les Russes s'étaient arrêtés aux portes de Stamboul ; ils n'avaient point promené l'aigle impériale à travers les places de l'ancienne Byzance ; ils avaient résisté à la pieuse tentation d'arborer, sur la coupole de Sainte-Sophie, la croix victorieuse ; pouvaient-ils donner au monde une preuve plus insigne de modération ? A vrai dire, Moscou et Pétersbourg ont su peu de gré à l'empereur Alexandre d'avoir, ainsi, arrêté ses aigles tsariennes aux portes de « la ville impériale[1] », devant les cuirassés de lord Beaconsfield. Bien des patriotes ont vu là une marque de faiblesse, alors que, à leurs yeux, il suffisait d'un peu de décision et d'une heure d'audace pour imposer à l'Europe, désunie et réaliste de nos jours, l'autorité du fait accompli, et résoudre à jamais la question d'Orient.

Presque personne, en tout cas, n'admettait que la Russie pût se départir des stipulations dictées au Turc, à San-Stefano, par le général Ignatief. On s'étonnait de l'étonnement causé en Occident par la délimitation de la Bulgarie. Les limites données à la nouvelle principauté slave n'étaient-elles pas celles acceptées, quelques mois plus tôt, par les plénipotentiaires des six puissances, à la conférence de Constantinople ? Aussi l'opinion répugnait-elle, singulièrement, à laisser débattre les conditions de la paix dans un congrès européen. Si elle s'y résignait, elle affectait de ne voir, dans le congrès des puissances, qu'une sorte de chambre d'enregistrement, dont le rôle devait se borner à consacrer les principales clauses du traité intervenu entre les belligérants.

« Le Tsar ne peut se soumettre aux injonctions de Londres ou de Berlin, s'écriait-on en chœur à Moscou; le peuple russe a dit son dernier mot. » Le tsar céda aux périls d'un conflit que l'état seul de ses finances

1. *Tsargrad*, nom slave de Constantinople, souvent traduit à tort par « ville du tsar ».

lui eût fait un devoir d'éviter; Alexandre II, las d'une guerre faite malgré lui, préféra une politique de prudence et de concession. En cela, il rendit service, assurément, et à la Russie et à l'Europe; mais, en résistant aux entraînements belliqueux d'une notable partie de la nation, il compromit sa popularité personnelle et diminua l'autorité, déjà bien entamée, de son gouvernement.

Dans toutes ces négociations de Londres et de Berlin, il est une clause du traité de San-Stefano à laquelle l'empereur Alexandre II s'était attaché, personnellement, avec la ténacité qu'il apportait parfois, en pareille matière. Cette clause, qui lui tenait si fort au cœur, n'était pas de celles qui préoccupaient le plus sa diplomatie ou l'opinion publique. Les politiques les plus prévoyants, les hommes les plus désireux d'asseoir l'influence russe en Orient eussent préféré voir la Russie faire une concession, sur ce point, pour en obtenir d'autres ailleurs. Il s'agissait de la bande de terre enlevée à la Russie, sur les bouches du Danube, par le Congrès de Paris, et réunie à la Moldavie. En reprenant, à ses alliés de la veille, ce lambeau de la Bessarabie, la Russie risquait de s'aliéner, pour longtemps, les Roumains, dont le secours devant Plevna lui avait été singulièrement précieux. Cette considération avait peu de poids pour Alexandre II; s'il s'obstinait à recouvrer la Bessarabie danubienne, ce n'était pas par calcul politique, mais par une sorte de point d'honneur. Il tenait, par-dessus tout, à effacer les clauses du traité qu'il avait été obligé de subir, vingt ans plus tôt ; il croyait devoir à ses ancêtres de rendre à la Russie Ismaïl, le témoin des exploits de Souvorof, Ismaïl dont le souvenir est consacré par le nom d'un des régiments de la Garde.

La façon dont furent menées les négociations du Congrès ne fit qu'accroître le désappointement du pays. Les bases du traité de Berlin étaient arrêtées, déjà, secrètement, entre le comte Schouvalof, lord Beaconsfield et M. de Bismarck, alors que la Russie se persuadait encore que, en acceptant le Congrès, le gouvernement du tsar n'avait fait à l'Europe qu'une concession de forme. Qu'on juge de la déception, lorsqu'on apprit, par les feuilles étrangères, qu'avant l'ouverture même du Congrès, le plénipotentiaire de la Russie avait sacrifié la grande Bulgarie du général Ignatief ! Les membres les plus ardents du parti national se refusaient à croire à pareille nouvelle. Pour sauver la grande Bulgarie, ils cherchaient, audacieusement, à peser sur le gouvernement, par leurs comités et par la presse. On affectait de proclamer que la Russie n'oserait se déshonorer en manquant de parole au peuple bulgare. L'irritation croissait, à mesure qu'avançaient les séances du Congrès, quand on apprenait, successivement, que la Bosnie et l'Herzégovine devaient être livrées à l'Autriche ; que la Bulgarie allait, non seulement, être réduite, mais être coupée en deux ; que la Bulgarie méridionale, perdant sa demi-indépendance, avec son nom slave, allait, selon l'expression du comte Schouvalof, être démarquée.

Du traité de San-Stefano, ainsi abandonné par le gouvernement qui l'avait imposé à la Porte, il ne resta, pour les Russes, qu'un désappointement amer. Les sacrifices consentis, à Berlin, par la diplomatie impériale firent perdre de vue tous les résultats réels de la guerre. Le traité qui enlevait à la Turquie le large fossé du Danube et ne lui conservait, nominalement, le haut rempart du Balkan qu'en y rendant presque impossible la présence des sentinelles turques; le traité qui, en agrandissant les deux protégés traditionnels de Pétersbourg, la Serbie et le Montenegro, faisait reconnaître leur indépendance; qui, entre le Danube et les Balkans, érigeait, pour un allié du tsar, une principauté de Bulgarie et, à côté d'elle, une province autonome, manifestement destinée à revenir tôt ou tard aux Bulgares; le traité enfin qui, en Europe, faisait désormais confiner la Russie aux bouches du Danube et qui, en Asie, lui donnait Batoum, le meilleur port de la mer Noire avec Kars, la meilleure forteresse de l'Asie Mineure, ce traité de Berlin, qui effaçait les principales stipulations de celui de Paris, fut reçu comme une humiliation et honni comme une banqueroute de l'honneur russe.

Dans un discours du 22 juin (3 juillet) 1878, l'infatigable Ivan Aksakof avait, aux applaudissements d'une nombreuse assistance, dénoncé la mutilation de la Bulgarie et l'abandon de la Bosnie aux Allemands ou aux Magyars de l'Autriche-Hongrie comme une trahison de la cause slave et une désertion de la mission historique de la Russie. Pour mettre un terme à cette agitation et à cette ingérence toute nouvelle des particuliers dans sa politique étrangère, le gouvernement d'Alexandre II dut recourir à des mesures de rigueur. Il lui fallut suspendre plusieurs journaux et faire interner dans ses terres, par la IIIe section, l'indocile président des comités slaves.

Qui, aux yeux de la Russie, était responsable de tous ces mécomptes successifs? Ce n'était pas seulement l'Angleterre de lord Beaconsfield, l'Autriche-Hongrie du comte Andrassy, l'Allemagne du prince de Bismarck, c'était, avant tout, le gouvernement russe, les hommes en place, le régime en vigueur. De cette guerre entreprise avec un loyal et sincère enthousiasme, la Russie sortait irritée contre autrui et contre elle-même, mécontente de son gouvernement et du système d'alliances de l'empereur Alexandre II, défiante de l'administration, de la direction militaire, de la diplomatie impériale, lasse en un mot de tout l'ordre de choses existant. La guerre de Bulgarie, terminée aux rives légendaires de la Propontide, avait, sur la nation et sur l'opinion publique, presque la même influence que, vingt ans plus tôt, la guerre de Crimée et la chute de Sébastopol. Le besoin de changements, l'urgence d'une refonte des institutions et d'un renouvellement de la machine gouvernementale se faisaient, tout à coup, sentir, partout à la fois.

La désaffection, la méfiance, le pessimisme fomentés

par les déceptions de la guerre et de la paix devaient, après la rentrée des troupes, trouver un nouvel aliment dans les récits des soldats et des officiers, des médecins et des « sœurs de charité[1] ». Les souffrances des soldats, l'incurie des chefs, la corruption de l'administration allaient, dans la bouche de témoins oculaires, fournir une pâture nouvelle à l'esprit critique et à l'irritation de la jeunesse. Durant les mois qui suivirent le rapatriement de l'armée, la presse était remplie de récits de guerre, souvent assombris par la rancune et la malignité. Il se formait toute une littérature populaire qui exaltait le soldat et l'homme du peuple aux dépens des chefs et du pouvoir, littérature qui, par l'inspiration et par les sous-entendus, était insidieusement hostile à l'autorité et au système officiel.

En passant le Danube pour affranchir les Bulgares, beaucoup de Russes s'imaginaient travailler à leur propre affranchissement. On rêvait d'une autre émancipation, de constitution, d'assemblées représentatives. Or, la réalité venait bientôt dissiper tous ces beaux songes. La chancellerie impériale rédigeait un projet de constitution, mais c'était pour les Bulgares, délivrés par les armes russes, et ainsi mis en possession de libertés refusées à leurs libérateurs. Il y avait là, pour l'amour-propre national, un froissement pénible. Les

1. On appelait sœurs de charité les femmes qui, durant la guerre, s'étaient enrôlées, en grand nombre, pour soigner les blessés et les malades de l'armée.

Russes ne pouvaient guère se résigner, de bonne grâce, à demeurer, politiquement, au-dessous des petits États d'Orient, déjà pourvus de constitutions politiques, au-dessous de leurs frères puînés et encore enfants du Balkan ou du Rhodope; car, pour le génie et la civilisation, ni Pétersbourg ni Moscou n'avaient assez d'humilité pour mettre le Serbe ou le Bulgare au-dessus du Slave russe.

De la double campagne d'Orient sortait une situation nouvelle. Plevna avait donné au vieux système une secousse dont il avait peine à se remettre. A cet égard, la guerre de Bulgarie eût pu, toutes proportions gardées, être comparée à notre guerre d'Amérique, sous Louis XVI. L'une et l'autre, entreprises sous la pression de l'opinion et des sentiments les plus nobles, ont réagi, à l'intérieur, dans le sens de la révolution, donné un stimulant aux instincts de nouveauté et précipité le cours des événements.

Que si, à toutes ces déceptions de la guerre et de la paix, on ajoute la gêne financière, les nouveaux impôts, la baisse du papier-monnaie, les disettes et les mauvaises récoltes des dernières années d'Alexandre II et, par-dessus tout, l'amer désenchantement laissé dans bien des âmes par l'inefficacité, l'inexécution ou l'inachèvement des grandes réformes de la première moitié du règne, on ne s'étonnera point de la crise intérieure qui succéda à la guerre étrangère. Rien ne surprend plus, ni l'ardeur et l'audace des ennemis de l'ordre, ni l'indifférence et l'apathie apparente de la société, ni l'isolement moral et les irrésolutions des gouvernants. Nulle part, en Europe, l'esprit révolutionnaire ne pouvait trouver un terrain mieux préparé. Le « nihilisme » a moissonné ce qui avait été semé par la désillusion et par la désaffection. Grâce au désarroi du gouvernement, à la vénalité de l'administration, à la répulsion excitée par la police, à la complicité passive d'une partie de la société, une poignée de jeunes conspirateurs des deux sexes a pu combiner et exécuter des attentats qui, en tout autre pays, eussent semblé chimériques.

IV

On sait quels étaient les mobiles et les instruments de propagande des révolutionnaires russes; nous avons, ailleurs, indiqué les causes et les caractères du « nihilisme[1] ». Ce mal, loin d'être indigène, est venu du dehors et de la contagion européenne. Les miasmes révolutionnaires en suspens dans l'atmosphère de l'Occident ont, avec notre civilisation et nos idées, pénétré en Russie, et ils y ont fait d'autant plus de victimes que moins sain était le climat moral du pays, que moins aguerri était le tempérament national et plus débilitant le régime politique. La propagande révolutionnaire a pris, chez les néophytes russes, une ferveur passionnée, un fanatisme intense qui, malgré leur petit nombre, leur a permis de

1. Voyez *l'Empire des Tsars et les Russes*, t. II, librairie Hachette.

faire planer sur les fonctionnaires, sur tout le pays, sur le tsar lui-même, une sorte de terreur.

De quelle façon l'empereur Alexandre II a-t-il lutté contre cet ennemi invisible, en guerre déclarée avec l'autocratie ? Hélas ! ici, comme en toutes choses on ne rencontrait ni programme défini, ni direction arrêtée. Le pouvoir, vivant au jour le jour, essayait tantôt des rigueurs et tantôt des concessions, sans savoir s'arrêter à aucun système, sans esprit de suite et presque sans conviction. Après les premiers attentats, des sévérités jusque-là inconnues sous Alexandre II, la IIIe section et la haute police érigées, comme sous Nicolas Ier, en arbitres de l'État, la presse muselée, les nouveaux tribunaux mutilés, des milliers de suspects incarcérés ou expédiés en Sibérie, la Russie divisée en six ou sept grandes satrapies, ayant chacune à leur tête, sous le nom de gouverneur général, un petit autocrate investi de pleins pouvoirs. Un peu plus tard, après l'explosion du Palais d'hiver, un soudain changement de front : les pouvoirs, naguère dispersés entre sept ou huit gouverneurs généraux, sont concentrés aux mains d'une sorte de grand vizir ou de dictateur improvisé ; grâce à ce dernier, une subite détente dans tous les rouages du gouvernement : la parole rendue à la presse, les arrestations en masse suspendues, nombre même de déportés rappelés dans leur famille. « La rigueur n'a pas réussi, avait dit, dans un conseil extraordinaire, le général Loris Mélikof, il faut essayer d'autre chose » ; et Alexandre II, heureux de pouvoir donner cours à sa naturelle bonté, s'était rallié au système de l'habile Arménien.

L'essai a duré un an, et, durant cette année, pure d'attentats, la société recommençait à respirer et à espérer. Au fond, il n'y avait là qu'un temps de répit dont, faute de hardiesse ou faute de résolution, le gouvernement ne devait pas tirer parti.

L'ordre de choses, issu de l'arrivée au pouvoir du général Loris Mélikof, était manifestement provisoire; une dictature, si intelligente qu'elle fût, ne pouvait se prolonger indéfiniment. Le gouvernement ne pouvait longtemps rester dans une situation aussi anormale; il lui fallait avancer dans les voies nouvelles, ou reculer vers l'ancien système. Selon l'expression d'un Russe, c'était un dégel, et sous le ciel du Nord, le froid et la gelée ont de brusques retours. Durant cette dernière année, remplie d'espérances si cruellement déçues, il n'y eut, en réalité, que des changements de personnes ou des changements de noms. Rien de modifié dans le régime; s'il fonctionnait d'une autre manière, cela tenait, uniquement, à ce que la direction en était en d'autres mains.

Alexandre II avait bien fait, à son peuple, un sacrifice qui, en d'autres temps, eût été salué comme une des grandes réformes du règne. Je veux parler de la suppression de la trop fameuse IIIe section; mais, en fait, on avait supprimé plutôt le nom que la chose. De la chancellerie impériale, la haute police était passée au Ministère de l'Intérieur. C'était plutôt une concentration des pouvoirs, au profit du gouvernement, qu'une garantie pour les sujets du tsar. Les arrestations par voie administrative restaient autorisées, et, s'il ne s'en faisait plus le même abus, au général Loris Mélikof en revenait tout l'honneur.

Il en était de même pour la liberté de la presse, de même pour les inspections sénatoriales, dont le pouvoir et l'opinion avaient, tous deux, également, beaucoup espéré. La presse, retrouvant, inopinément, une tolérance inaccoutumée, s'adonnait avec passion à la poursuite des abus administratifs. Les oreilles russes étaient surprises d'entendre raconter, tout haut, d'innombrables actes d'arbitraire et de corruption que, en tout autre temps, on se fût transmis à voix basse. Les déportés, revenus des extrémités de l'empire, dénonçaient, dans les journaux, les vexations et les illégalités donts ils avaient été victimes, de la part des proconsuls de province. L'enquête sénatoriale même, dirigée par des hommes intègres et indépendants, faisait de tristes découvertes dans l'administration provinciale. De toute façon, par la presse et par les agents du gouvernement, se dévoilaient, à tous les yeux, les plaies administratives qui rongeaient l'empire. Plus grand apparaissait le mal, plus il devenait évident que, pour purifier l'administration russe, il fallait autre chose que des inspections de sénateurs et des procédés de contrôle qui, à dix siècles de distance, semblaient empruntés aux *missi dominici* de Charlemagne.

Pendant que se montraient, ainsi, à nu, les vices et les tares du système, de graves événements s'accomplissaient dans la famille impériale, et diminuaient le prestige du trône ou la considération du souverain. L'impératrice régnante, depuis longtemps malade, mourait estimée et regrettée de tous; et quelques semaines après avoir, selon l'usage russe, porté sur ses épaules la bière de sa femme, l'empereur sexagénaire se mariait, en secret, à une jeune favorite dont il avait déjà plusieurs enfants.

C'était la première fois, croyons-nous, qu'un tsar russe contractait, en cachette, un mariage morganatique. La nouvelle épouse du tsar, ancienne demoiselle d'honneur de la défunte impératrice, avait, déjà, son appartement au Palais d'hiver, au-dessus de celui de l'empereur; depuis longtemps, déjà, elle avait sa petite cour et exerçait, autour d'elle, une influence que d'aucuns ont peut-être jugée avec sévérité. Le mariage qui consacrait cette situation ne pouvait pas ne point froisser la famille impériale, encore en deuil de la dernière impératrice. On se demandait si celle qu'il avait épousée, clandestinement, Alexandre II ne voudrait pas, un jour, la couronner à Moscou; s'il n'y serait pas même obligé par le peuple de la vieille capitale, incapable de comprendre que la femme de l'empereur pût ne pas être impératrice. On se demandait si la Russie du XIXe siècle n'allait pas, comme la France de Louis XIV, avoir ses bâtards légitimés. Un pareil événement n'était pas fait pour relever l'autorité morale du pouvoir, ni l'ascendant personnel d'Alexandre II. Aussi, dans les derniers mois, y avait-il, autour du souverain, une sorte de froideur et de désaffection. Il a fallu sa mort cruelle, son courage en face des assassins, son héroïque oubli de soi-même devant les bombes du canal Catherine, pour lui faire pardonner ses faiblesses d'homme privé. L'excuse d'Alexandre II était dans ses scrupules religieux, dans son désir de légaliser une situation dont l'irrégularité lui pesait, de donner un état civil à la femme qu'il aimait et à ses propres enfants. Sa hâte à convoler à de secondes noces, au milieu de son veuvage officiel, assez de choses l'expliquaient, et ses noirs pressentiments, et l'ébranlement trop naturel de sa santé et de ses nerfs, et les menaces de mort qui, depuis trois ans, planaient sur lui et ne lui laissaient pas le loisir d'attendre.

Pour la Russie, hélas ! il a attendu. Tous ces soucis de l'homme privé, durant cette dernière année, toutes ces questions de mariage, d'étiquette et de relations domestiques, parfois embarrassantes à trancher, alors même qu'on est autocrate, laissaient à Alexandre II moins de loisir pour les affaires et moins d'énergie pour les graves résolutions. Au milieu de sa nouvelle lune de miel, il entendait, moins distinctement, les murmures ou les vœux de son peuple ; — le mot que l'on répétait partout en Russie et qui résumait toutes les vagues aspirations de l'opinion arrivait plus difficilement jusqu'à lui.

Que de fois, durant son long règne, Alexandre II avait

entendu résonner l'écho étranger de ces mots nouveaux de constitution et de liberté politique, — ou mieux, comme le nom en était interdit, que de fois il avait entendu, sous des périphrases plus ou moins habiles, discuter et demander la chose! Au début, c'était dans les assemblées de la noblesse qui, en compensation de la perte de ses serfs, attendait du tsar des droits politiques. Un peu plus tard, c'était dans les nouvelles assemblées provinciales, ou dans les municipalités, et un jour, vers 1868, le prince Tcherkasski, comme maire de Moscou, présentait au tsar une adresse de la *douma* de cette ville implorant la convocation d'une Assemblée nationale. Au commencement, pour ne pas irriter l'empereur par ces réclamations malséantes, ou ces mots malsonnants, on avait essayé, après avoir en vain recouru aux assemblées publiques, de voies plus discrètes et plus mondaines. Sous l'inspiration de la grande-duchesse Hélène, on avait, un jour tenté, de glisser le grand mot à l'oreille d'Alexandre II, dans un bal masqué de la cour. Une jeune femme, costumée en abeille, avait été chargée de cette délicate mission, et l'empereur, dit-on, en sut mauvais gré à l'audacieuse abeille.

Douze ou quinze ans plus tard, quelle différence! c'est bien, encore, par des moyens mystérieux que le tsar est sollicité de donner la liberté à ses sujets; mais, au lieu d'une insinuation enjouée, jetée dans un bal par une gracieuse bouche de femme, ce sont des lettres de menaces, des assignations révolutionnaires qui pénètrent jusque dans le cabinet impérial. Les avertissements, c'est le revolver de Solovief, ce sont les attentats répétés sur les chefs de la haute police. De jeunes illuminés, des jeunes hommes, des jeunes filles, presque des enfants, rassemblés, la nuit, dans une clairière des forêts, ont décidé d'en finir avec le tsar, se flattant, dans leur barbare ingénuité, de tuer l'autocratie avec l'autocrate. Ils s'imaginent, ces sinistres philanthropes, que pour régénérer un peuple et renouveler un empire, il suffit d'apprendre à fabriquer de la nitro-glycérine et d'avoir en poche quelques petites boules grosses comme une orange. Les lignes de chemin de fer par où passe Alexandre II sont minées; dans son propre palais, à l'heure où il va se mettre à table, avec sa famille, sa salle à manger fait explosion. Et comme il ne répondait pas plus aux menaces des conjurés anonymes qu'aux suppliques de la noblesse libérale, l'empereur apprend, un jour, qu'il a été jugé et condamné par la Sainte-Vehme révolutionnaire. Au moment où l'on s'imaginait avoir arrêté tous les conspirateurs, quand on se flattait d'avoir rétabli le calme dans les esprits, avec quelques changements de personnes et quelques libertés de détails, Alexandre II, revenant en traîneau d'une visite au palais où son grand-père Paul avait été étranglé, rencontre, le long d'un canal désert, une jeune fille voilée de noir; une bombe éclate, blessant des cosaques de l'escorte impériale; l'empereur, oubliant pour ses serviteurs son propre salut, descend de traîneau ; une seconde bombe le fait rouler, tout sanglant, dans la neige. Transporté, à la hâte, dans son cabinet du Palais-d'Hiver, une artère ouverte, les deux jambes fracassées, assiégé de médecins qui voulaient pratiquer l'amputation, l'autocrate expirant dut s'estimer heureux de mourir, plutôt que d'exposer les Russes à voir, sur le trône, le tronc mutilé d'un empereur cul-de-jatte.

Et, chose triste, entre toutes ces tristesses, il semble que, au moment même où il était renversé par les bombes de Kibaltchich et de Sophie Perovsky, Alexandre II s'était enfin décidé à entrer dans cette voie des réformes politiques où il avait tant de répugnance à s'engager. Il allait — le fait paraît certain — convoquer les députés des *zemstvos* ou états provinciaux à se réunir, à Pétersbourg ou à Moscou, pour rechercher, avec eux, les moyens de procurer au gouvernement la coopération régulière du pays[1]. Pourquoi faut-il que ce projet n'ait pas été connu quelques jours, — quelques heures plus tôt? Peut-être la publication en eût-elle arrêté le bras de fanatiques égarés; peut-être un grand deuil eût-il été épargné à la Russie et de grands dangers à l'empire.

1. Sur ce projet d'Alexandre II, voyez *l'Empire des Tsars et les Russes*, t. II, livre V.

II

L'ANNÉE DE CRONSTADT[1]

Entre la foule anonyme des années qui tombent, une à une, dans le passé de l'histoire, 1891 aura eu la chance d'avoir un nom. C'est pour nous, Français, l'année de Cronstadt ; et, à bien des oreilles naïves, ce nom tudesque sonne aussi fièrement qu'une victoire. Du triomphal voyage de notre escadre dans les mers du Nord, la courte mémoire du peuple, incapable de retenir plusieurs noms à la fois, ne se rappelle guère que Cronstadt ; — l'ingrate a oublié, déjà, Copenhague, Stockholm, Portsmouth où anciens alliés et vieux rivaux ont pourtant, eux aussi, chacun à sa manière nationale, fait fête à nos marins et à notre tricolore.

Un ministre a dit, devant les chefs de notre armée,

1. Préface écrite pour la troisième année de *la Vie politique à l'étranger* (Charpentier, 1892).

que Cronstadt avait créé, en Europe, une situation nouvelle. Il serait plus juste de dire que Cronstadt a consacré, officiellement, une situation vers laquelle s'acheminait, depuis plusieurs années, l'Europe. La réception de Péterhof et les vivats de Pétersbourg et de Moscou ont donné, au rapprochement de la France et de la Russie, une sanction impériale à la fois et populaire. Avec la permission du tsar, c'est bien deux nations qui, à la face du monde, se sont serré la main, sur le pont du *Marengo*.

L'Europe n'en a pas été trop surprise; l'Europe y était préparée. C'est chez nous, en France, que les hourras de Cronstadt ont eu le plus de retentissement. Le bénéfice en a été pour la République, autant que pour la France. La visite du tsar au vaisseau de l'amiral Gervais, le télégramme de l'empereur Alexandre III au président Carnot ont été, de la part de l'autocrate russe, comme une solennelle et cordiale reconnaissance de la République française. C'était, en quelque sorte, le pendant de ce que faisait, à Rome, vers le même temps, avec des façons forcément différentes, le pape Léon XIII. De l'orphéon des Pères Blancs du cardinal d'Afrique, *la Marseillaise*, naguère encore honnie des rois et des prêtres, a passé sur les cuivres de la garde du tsar. La République a eu la bonne fortune de gagner, simultanément, la faveur des deux plus grandes puissances conservatrices du globe. Puisse-t-elle avoir la sagesse de ne se les aliéner, ni l'une ni l'autre, et fasse le ciel que nos radicaux cessent de s'amuser à les froisser par de puériles manifestations !

Les amitiés politiques sont toujours, pour une bonne part, faites d'antipathies communes. C'est ainsi que l'entente franco-russe est sortie de la triple alliance. L'alliance des Trois, dirigée à la fois vers l'Ouest et vers l'Est, semblait faite exprès pour rapprocher l'Est russe et l'Ouest français. L'obstacle était la complexion et le tempérament des deux puissances, le contraste de leurs institutions et, plus encore, l'opposition de leurs tendances. Les formes et les procédés de gouvernement des deux pays avaient de quoi les choquer, mutuellement. A Pétersbourg surtout, autour du petit-fils de l'empereur Nicolas Ier, il était difficile qu'on se sentît beaucoup d'attrait pour notre République, ou beaucoup de confiance en nos gouvernements de gauche.

Entre Gattchina et l'Élysée, il y avait, depuis l'affaire Hartmann, des préventions que venaient encore renforcer les frasques du Palais-Bourbon, les scandales politico-financiers et les démonstrations des camelots autour du cheval noir. Le bon génie de la France est venu, une fois de plus, à son aide ; le maintien de l'ordre matériel, la réussite de l'Exposition du Centenaire, la défaite de l'aventure boulangiste, — et aussi l'arrestation des conspirateurs nihilistes qui essayaient leurs bombes dans les bois de Meudon ont eu raison de tous les préjugés. Un signe de la main du tsar a autorisé les hourras de son peuple à la France. Mais les toasts de

Pétersbourg n'ont pas changé le fond des choses. Veut-on que l'entente franco-russe persiste, il ne faut pas que, par ses incartades, notre démocratie républicaine mette les bonnes dispositions de l'autocratie russe à trop rude épreuve.

Il est bon de ne pas oublier le débat de M. de Bismarck avec M. d'Arnim. Le chanceller comptait, pour nous isoler des monarchies militaires, sur la République et sur les témérités des républicains. Cronstadt a démenti les calculs de Friedrichsruhe, mais si la République devait justifier les espérances mises sur elle à Berlin, Cronstadt ne laisserait pas plus de trace, dans notre fin de siècle, que n'en a laissé, sur les eaux endormies du golfe de Finlande, la quille des vaisseaux de l'amiral Gervais.

S'il faut être franc avec quelqu'un, c'est avec soi-même. La durée et l'intimité de notre entente avec le tsarisme russe dépendent, avant tout, de notre politique intérieure. Tout ce qui diminue la confiance mise en nous risque de décourager ou de rebuter nos amis. Pour qu'on fasse cas de la France et de l'alliance française, il faut qu'on nous croie forts; et, pour nous croire forts, il ne faut pas qu'on nous croie fous. Si, par ce côté, la Russie avait quelque ascendant sur la France, je ne pense pas que la République en devînt moins solide; — et j'ajouterai que si la France, à son tour, avait quelque influence sur la Russie, les Russes n'en seraient pas plus à plaindre.

Quant aux résultats d'une entente franco-russe en Europe, il semble bien, jusqu'ici, que l'Europe, tout comme la France, n'ait qu'à s'en louer. Trois ou quatre ans plus tôt, quand le ministère de la guerre était aux mains du général Boulanger, lorsque l'alliance russe avait pour apôtre « la Ligue des patriotes », il était permis de s'en montrer quelque peu défiant. On pouvait craindre, à Paris comme à Moscou, que l'alliance fût la préface de la guerre; — et la guerre, je ne sais laquelle des deux nations, France ou Russie, avait le moins de goût pour elle. Ni la France, ni surtout la Russie n'étaient prêtes pour la guerre, et l'eussent-elles affrontée, toutes deux, de concert, que le poids et les périls en fussent surtout retombés sur la France[1].

Cronstadt sera une date pour l'Europe. La poignée de main du tsar à l'amiral a restauré l'équilibre du continent. Entre l'autocratie russe et la démocratie française, l'histoire nous dira s'il y a un traité. Il semble bien qu'il y ait une alliance. M. de Giers est venu à Paris, il a vu M. Ribot; les deux ministres ont-ils signé un protocole? Nous le saurons quelque jour. A qui n'a en vue que la paix, les protocoles de chancellerie ne sont, du reste, pas nécessaires. Les traités aux clauses secrètes sont souvent faits pour inquiéter, non pour rassurer: la triple alliance est là pour le montrer. L'entente

1. Voyez *la France, la Russie et l'Europe*, Calmann Lévy, 1888.

franco-russe, en tout cas, n'a en vue que la paix : de cela nous sommes sûrs.

Cronstadt n'a rien d'inquiétant pour personne ; la paix en a été affermie et non ébranlée. La paix ne dépend plus, uniquement, de la triple alliance ; elle n'est plus autant à la merci du jeune *Kaiser*, qui se plaît, la nuit, à faire sonner le boute-selle. L'Europe, en vérité, ressemblait, par trop, à ces escadrons d'uhlans de la Marche qui dorment tout équipés, dans la crainte d'une alarme soudaine.

La paix, telle que l'entendait la triple alliance, avait des allures provocantes. La paix, aujourd'hui, semble plus solide, car si elle est arc-boutée, d'un côté, par l'Allemagne et ses deux alliés, elle l'est, de l'autre, par la France et le tsar russe ; et pour qu'elle dure, cette paix si chère à l'Europe en armes, le mieux est qu'il n'y ait pas, dans un sens, une poussée plus forte que dans l'autre. — Triste paix assurément ! paix précaire qui ne se maintient que par une sorte d'équilibre des armes ; mais, si lourde et ruineuse qu'elle semble, c'est l'unique paix que puisse, de longtemps, goûter l'Europe nouvelle.

Pour que l'Europe pût en connaître une autre, il faudrait que la triple alliance prît fin. Or, la triple alliance a, précisément, fait un nouveau bail en 1891. L'empereur Guillaume II en a célébré le renouvellement, en un bruyant dithyrambe qui semble avoir ému ou froissé Pétersbourg, non moins que Paris. Et, pour renouveler leurs engagements, les trois puissances n'ont pas attendu l'échéance de leurs traités. Les grands ministres de la triple alliance, M. de Bismarck, M. Tisza, M. Crispi, n'étaient pourtant plus là pour en resserrer les nœuds. L'alliance a survécu à leur règne ministériel. Chez nous, lors de la chute de M. Crispi, au commencement de 1891, quelques naïfs ont cru que l'Italie aller s'empresser de ressaisir sa liberté. C'était s'abuser sur l'Italie et sur les ressorts de la politique italienne. J'étais à Rome, au lendemain du renversement de M. Crispi. Le patron de la « mégalomanie » semblait devenu l'homme le plus impopulaire du royaume. Les masses, qui ont toujours besoin de bouc émissaire, rendaient le Sicilien responsable des souffrances qu'imposent à la péninsule les armements de la *triplice*. Mais dans l'Italie unifiée, les masses comptent encore peu. Il n'y a eu de changé qu'une signature au bas des traités qui lient l'Italie à l'Allemagne et à l'Autriche. M. di Rudini ne pouvait refuser d'y apposer son nom. Qui veut être ministre du roi Humbert doit accepter la triple alliance. C'est, pour le Quirinal, la condition *sine qua non*.

Aux yeux de la maison de Savoie, l'alliance austro-allemande reste une alliance dynastique, une sorte d'assurance mutuelle monarchique contre les périls du dehors et du dedans. Le Parlement italien, le Cabinet en ignorent les conditions ; le roi et son premier ministre sont seuls à les connaître. Il s'est bien rencontré, à

Montecitorio, des indiscrets pour réclamer communication des traités ; on leur a répondu que cela ne regardait pas la Chambre. L'unique différence entre la politique de M. di Rudini et celle de M. Crispi, c'est que la première se pique d'être moins fastueuse et moins nerveuse ; c'est surtout qu'elle prétend ménager davantage les forces de l'Italie, — problème malaisé pour qui veut maintenir les charges militaires sous lesquelles plie le royaume.

Le renouvellement de la triple alliance n'a pas seul marqué l'année 1891. Les nœuds diplomatiques, Berlin les a renforcés par des liens économiques. Sur l'alliance militaire, s'est greffée une alliance commerciale à laquelle on s'efforce d'attirer les États secondaires d'Orient et d'Occident, de façon à conquérir, pour l'Allemagne et l'Autriche, l'hégémonie industrielle du continent. Ce n'est pas que Berlin ait renoncé au protectionnisme ; mais, de même que les États-Unis d'Amérique, l'Allemagne a découvert qu'il n'était pas impossible de marier le régime protecteur au système des traités de commerce, — tandis que la France repoussait, aveuglément, tout nouveau traité, sous prétexte de garder « la liberté de ses tarifs ».

C'est ainsi que, l'année même où elle se félicitait d'être sortie de l'isolement politique, la France s'est complue à s'enfermer dans l'isolement économique, au risque de détourner de ses ports les grands courants commerciaux et de voir ses voisins, grands et petits, liés par traité à Berlin, devenir les clients et les satellites de l'Allemagne. Il semble que la France eût dû s'efforcer, au moins, d'opposer à la triple alliance une entente commerciale franco-russe. C'eût été resserrer l'amitié des deux pays en les y intéressant, tous les deux, par des avantages matériels, — alors que, jusqu'ici, il faut bien le dire, tout le profit de Cronstadt a été pour le Trésor russe, auquel l'épargne française a joyeusement porté ses louis d'or, sans même regarder au taux de l'émission des emprunts timbrés de l'aigle à deux têtes.

Et pendant que la France et la triple alliance modifiaient, en sens inverse, leurs relations économiques, les questions sociales, rendues plus irritantes par les excès du protectionnisme, continuaient à préoccuper les gouvernements et à remuer les peuples. Ici encore, 1891 aura peut-être marqué une date. Au-dessus du bruit des écoles en lutte, au-dessus de la clameur des intérêts en conflit, s'est élevée, de la vieille Rome, une voix désintéressée, la seule impartiale peut-être sous les cieux, qui a prêché au monde la paix sociale et lui en a rappelé les conditions premières. Ce n'est point que, dans son encyclique *De statu opificum*, le pontife octogénaire ait révélé aux hommes des vérités nouvelles. Tel n'était point son office; il s'est contenté de leur remémorer les règles oubliées de la fraternité évangélique, leur assurant qu'elle peut satisfaire les aspirations des démocraties modernes[1]. Et ce faisant, le Pape s'est plu à montrer que l'Église n'a rien qui répugne aux transformations sociales ou aux mutations politiques, — pourvu que restent intacts le Décalogue et l'Évangile. C'est en cela, surtout, que le langage de Léon XIII a été nouveau, et c'est pour cela que cette encyclique latine du Pape humaniste marque une évolution dans l'histoire de l'Église. Trente ans à peine après les anathèmes du *Syllabus*, le successeur de Pie IX a prouvé que le Saint-Siège entendait les conditions d'existence des sociétés contemporaines. L'Église a déclaré, par la bouche du Pontife infaillible, qu'il ne lui convenait pas d'être regardée comme le rempart du passé ; l'Église a prévenu le siècle que la foi catholique n'avait rien contre l'avènement de la démocratie. Pour qui n'envisage que le côté politique des choses, cela seul serait un événement, alors surtout que, en tant de pays, la Papauté semble en train de redevenir un des facteurs de la politique générale.

1. Voyez notre étude sur *le Socialisme, la Papauté et la Démocratie*, Calmann Lévy.

III

L'EMPIRE DES TSARS ET LES RUSSES

PRÉFACE DE LA TRADUCTION EN LANGUE ANGLAISE[1]

L'ouvrage offert ici au public de langue anglaise est interdit en Russie. Le lecteur anglais ou américain s'en étonnera. Il aura tort. A l'Anglo-Saxon qui veut juger des choses russes, il faut commencer par se défaire des idées américaines ou britanniques. Pour obtenir droit de cité dans les États du tsar, il ne suffit pas, à un livre, de se montrer sympathique au grand peuple slave et plein de respect envers son noble souverain. L'autocratie, comme la foi, a son *Noli me tangere.* Elle ne peut laisser discuter ni ses actes, ni son principe. Or, c'est ce que

1. En 1893-95 a paru, à Londres et à New-York, maison Pullman, la traduction en langue anglaise de *l'Empire des Tsars et les Russes* (Hachette, trois volumes in-8). L'auteur a écrit, pour cette édition anglo-américaine, une préface spéciale dont nous donnons le texte original français.

nous avons fait ici ; et quelque déférente bienveillance que nous ayons témoignée à l'autorité tsarienne, nous y avons apporté une liberté, manifestement incompatible avec le régime autocratique.

Aussi aurions-nous mauvaise grâce à nous plaindre de l'ostracisme qui frappe ces volumes. Loin d'en garder rancune au gouvernement impérial, nous serions plutôt tenté de l'en remercier, comme d'un certificat donné, par la censure russe, à notre sincérité et à notre indépendance.

Une chose que je ne saurais trop inculquer au lecteur : nous n'avons pas le droit, nous autres Occidentaux, d'appliquer à la Russie les mêmes notions et les mêmes règles qu'à l'Europe ou à l'Amérique. Ce serait, de notre part, un acte d'ignorance et un acte d'injustice. C'est pourtant l'erreur de la plupart des étrangers. Ils se laissent tromper par les géographes qui leur assurent que l'Europe s'étend jusqu'aux croupes de l'Oural et aux crêtes du Caucase. Il faut laisser tout ce bagage de collège et ces limites conventionnelles. La Russie n'est ni l'Europe ni l'Asie ; elle est un monde à part entre l'Europe et l'Asie, tenant à la fois de l'une et de l'autre.

L'empire russe est bien, en un sens, un État européen, comme il est un État chrétien, mais ce n'est pas un État de notre temps. Appartient-il vraiment à l'Europe, c'est à une Europe ailleurs disparue, plutôt qu'à l'Europe moderne. Veut-on comprendre la Russie, il faut, pour la bien voir, reculer, dans le temps, de trois ou quatre siècles. S'imaginer, sur la foi du calendrier, que la Russie de l'empereur Alexandre III appartient à la fin du XIXe siècle, c'est, en dépit de toutes les chronologies, le plus grossier anachronisme. Le tsar Alexandre Alexandrovitch, couronné au Kremlin, n'est point le contemporain de la reine Victoria d'Angleterre. Ni lui ni son peuple ne vivent dans la même atmosphère intellectuelle que nous. Si, à quatre siècles de distance, le tsar russe prend, contre ses sujets juifs, des mesures qui nous rappellent les édits rendus, en 1492, par *los reyes catolicos*, c'est que la Russie orthodoxe n'est pas sans ressembler à l'Espagne catholique du XVe siècle.

Entre cette sainte Russie et nos démocraties républicaines, ou nos monarchies constitutionnelles d'Occident, il y a, pour qui sait observer, un intervalle de plusieurs centaines d'années. La présomptueuse légèreté des touristes, qui courent, en train express, à travers les plaines russes, en est elle-même souvent frappée. Ce qui rend la Russie si malaisée à comprendre, c'est qu'étant moderne par le nombre des années, par le côté extérieur de sa civilisation, par les emprunts faits à nos sciences mécaniques, par son armée et par sa bureaucratie, elle en est demeurée au moyen âge, par l'esprit de son gouvernement comme par les mœurs et par l'esprit de son peuple.

Urbaines ou rurales, les masses russes n'ont senti passer sur leurs têtes ni la Renaissance, ni la Réforme, ni la Révolution. Tout ce qui s'est fait, en Europe ou en Amérique, depuis Christophe Colomb et depuis

Luther, depuis Washington et Mirabeau, est pour elles comme non avenu.

Ce n'est pas que la Russie se soit isolée, entièrement, de l'Occident, ou qu'elle n'ait pas cherché à se rapprocher de lui. Toute son histoire, depuis Pierre le Grand, et dès avant Pierre le Grand, est un effort pour rattraper l'Europe. J'ai dit, en quel sens, Pierre et ses successeurs y avaient réussi ; en quel sens, ils avaient échoué. Certes, elle n'est pas restée stationnaire, la Russie des Romanof. Elle a marché, depuis Pierre le Grand ; parfois même ses gouvernants, dans leur hâte de progrès, ont voulu imprimer, au pesant et compact empire, une allure accélérée que ne pouvaient suivre les lourdes masses populaires. A l'inverse des autres nations de l'Europe, toute initiative a dû venir d'en haut, du pouvoir ; et jamais chefs de peuples n'ont eu un pareil poids à soulever.

Puis, si la Russie faisait des progrès, en tous sens, l'Europe, elle aussi, l'Occident tout entier continuait à marcher, forçant le pas à mesure qu'il avançait dans des voies nouvelles, si bien que, au lieu de le rejoindre, la massive et lente Russie se trouvait toujours en arrière, à grande distance de nous.

Autre chose encore, dont nous aurions mauvaise grâce à nous montrer surpris. Notre mobile Occident, (car, pour la lointaine Russie, Europe et Amérique, c'est tout un), notre instable Occident, en sa course précipitée vers ce qu'il appelle le Progrès, a fini par inquiéter le sens pratique et l'âme religieuse de la vieille

Russie. Il y avait déjà, dès le règne de Pierre le Grand, de « vieux Russes », des Moscovites endurcis, que scandalisait l'imitation de l'Europe, — de l'Europe de Louis XIV et de la reine Anne. Qu'est-ce donc, aujourd'hui, de nos républiques et de nos Parlements, de nos luttes de classes, de nos gouvernements de partis qui font ressembler notre vie politique à une guerre civile perpétuelle, à coups de mensonges et de calomnies?

Nos libertés, trop souvent oppressives pour les faibles, et notre licence destructrice de tout respect et de toute tradition ; notre démocratie avide de pouvoir, qui, dans sa soif de nouveautés et son appétit de bien-être, montre, inconsciemment, un naïf et grossier matérialisme ; notre agitation incessante, pareille au remous stérile des vagues de la mer ; toute notre instabilité, réelle ou supposée, ont effrayé la Russie et le tsar. Après avoir cru longtemps, avec une foi d'enfant, que la civilisation consistait à nous imiter, à nous ressembler, nombre de Russes, jusque dans la mince couche cultivée, en sont venus à se demander si la large route du progrès, ouverte par nos politiques ou par nos penseurs, n'aboutissait pas à une falaise abrupte. Et ainsi, après avoir mis son ambition à se rapprocher de nous, la Russie, devenue défiante, inquiète des excès produits chez elle par l'importation de nos idées, la Russie gouvernementale s'est résolument rejetée en arrière. Elle ne tient plus à nous ressembler, elle ne tient plus à nous rattraper. Elle croit plus sûr de demeurer elle-même. Au lieu de se faire européenne, elle prétend redevenir russe.

Tel est le sentiment qui prédomine autour du tsar Alexandre III. Son règne marquera, dans l'évolution historique de l'empire, une phase d'arrêt volontaire. Depuis deux siècles, l'histoire de la Russie ressemble à un balancier, attiré en sens inverse, vers deux pôles contraires. Elle oscille, tour à tour, entre l'imitation européenne et la tradition moscovite. Aujourd'hui, c'est Moscou et le pôle russe qui l'emportent. Sous ce rapport, le règne d'Alexandre III est le pendant du règne de Nicolas Ier. Le courant n'est plus, comme sous Catherine, comme sous Alexandre Ier ou sous Alexandre II, à l'imitation de l'Europe. L'empereur Alexandre III met sa gloire à être national. C'est le tsar orthodoxe de la tradition populaire. Il est Russe, rien que Russe, et n'a d'autre ambition que d'incarner en lui son peuple. Le tsar, aujourd'hui, c'est la Russie faite homme.

Quelque sentiment que nous inspirent certains de ses actes, impossible de méconnaître la dignité de son caractère. Jamais peut-être la Russie n'a eu prince plus soucieux de ses devoirs, plus sincèrement passionné pour le bien de son peuple. Ses qualités souveraines et ses vertus privées lui appartiennent; ses procédés de gouvernement ne sont pas à lui; ils proviennent du sol russe, du régime autocratique dont le tsar est le représentant, et dont il croit de sa mission de maintenir l'intégrité. Il est courageux, il est droit, il est simple, il est modeste, il est calme, il est patient. Cet autocrate, qui d'un simple signe peut mettre en mouvement dix millions d'hommes, est un pacifique. Si notre Europe, tout entière hérissée de baïonnettes, est demeurée en paix, le mérite en revient, pour une bonne part, au tsar Alexandre III. Gardien de la paix du monde, c'est un beau rôle pour un autocrate ; — nous souhaitons, en France, qu'Alexandre Alexandrovitch le tienne longtemps.

Quoi qu'il en soit de l'avenir qui n'est à personne, quelque résultat qu'ait la politique du tsar au dedans ou au dehors ; que la Russie en soit affaiblie ou fortifiée, que l'autorité souveraine s'en trouve raffermie ou ébranlée, un fait certain, c'est que cette énorme Russie demeurera, de toute manière, un des trois ou quatre grands États du globe. Elle sera, dans notre moitié du monde, le pendant des États-Unis dans l'autre moitié. Cela suffirait pour intéresser, à l'empire des tsars, quiconque se passionne pour les destinées de l'humanité. Si loin qu'il paraisse de nous, ce massif peuple russe ; si arriérées que nous semblent sa civilisation et ses institutions, il a déjà, ce nouveau venu, dans presque toutes les branches de l'activité humaine, dans l'art, dans la science, dans les lettres, fait preuve d'un génie original. Aussi, tout en notant ses défauts ou ses vices, n'avons-nous pas le droit, nous autres Occidentaux d'Europe ou d'Amérique, nous, ses aînés, de l'accabler de nos dédains. Sa jeunesse peut réserver bien des surprises à notre vieux monde. Néo-Latins ou Anglo-Saxons, gardons-nous de l'inepte orgueil de race dont fait trop souvent montre, sur l'Elbe ou sur la Vistule, le Teuton vis-à-vis du Slave. Le Slave n'a pas dit son dernier mot; à peine a-t-il balbutié ses premières paroles. Parce qu'il est différent de nous, et que la nature et l'histoire ont retardé son développement, n'allons pas le condamner à une infériorité éternelle. Notre présomption pourrait avoir de cruels mécomptes. Pour que le Slave russe nous prouve qu'il a toute l'étoffe d'un grand peuple, il ne lui faut peut-être qu'un crédit d'un ou deux siècles.

IV

VOYAGE EN ORIENT DU CÉSARÉVITCH NICOLAS

(AUJOURD'HUI L'EMPEREUR NICOLAS II[1])

I

Le jeune prince, dont ce volume raconte le voyage autour de l'Orient, est l'héritier du plus vaste empire du continent. Sur aucunes épaules, peut-être, ne pèsent autant d'espérances. De ce jeune homme, de son intelligence, de son cœur, de sa raison dépend l'avenir de cent vingt-cinq millions d'hommes. Car un empereur russe n'est point un souverain comme un autre. Pareil aux Césars, qui portaient dans la main le globe symbolique, le tsar russe tient son empire dans le creux de sa main. Il est, de la mer Caspienne aux mers

1. Ce voyage, écrit par le prince E. E. Oukhtomsky, compagnon de route du Grand-Duc héritier, a été traduit en français par M. Louis Léger, professeur au Collège de France. Le tome Ier, le seul encore traduit, a paru, à la librairie Delagrave, avec une préface de M. Anatole Leroy-Beaulieu, que nous donnons ici.

4

polaires et des bouches du Danube aux déserts de Mongolie, le maître unique, la loi vivante. Son pouvoir a gardé, aux yeux de ses peuples, un caractère à la fois patriarcal et religieux. Il est le père de la Sainte-Russie, et il est l'oint du Seigneur, sacré solennellement au Kremlin. La filiale vénération de ses sujets orthodoxes nimbe son front d'une auréole dont l'éclat rejaillit sur les fils de son sang. Non point, comme le répète, obstinément, notre ignorance occidentale, que le tsar autocrate soit le chef visible, le pape de l'Église nationale; mais parce qu'aux yeux des Russes orthodoxes, il a, tout comme le « tsar David » ou comme le « tsar Salomon », été élu par le Seigneur, pour régner sur son peuple, le peuple de Dieu.

Le tsarévitch ou, comme dit la langue officielle, le césarévitch Nicolas Alexandrovitch, a aujourd'hui [1] vingt-cinq ans, étant né en mai 1868. Il est l'aîné des trois fils et des deux filles de l'Empereur Alexandre III et de l'impératrice Maria Féodorovna, née princesse Dagmar de Danemark. De taille moyenne, les traits fins, délicats, le césarévitch, comme il arrive souvent aux fils, ressemble plutôt à sa gracieuse mère. Au rebours de son père, l'empereur régnant, qui n'était que le fils cadet d'Alexandre II et n'a succédé au trône que par la mort de son aîné, le césarévith actuel a été élevé pour régner. De bonne heure, il lui a fallu, comme prince

1. En 1893.

héritier, s'associer aux grandeurs et aux dangers de la puissance tsarienne. Il n'avait pas encore treize ans, le 1er/13 mars 1881, lorsque, au retour d'un manège de cavalerie, son grand-père, le « tsar libérateur », fut renversé, tout sanglant, sur la neige des quais du canal Catherine, par des bombes fabriquées de mains russes. De pareils souvenirs, à un pareil âge, projettent, sur toute la jeunesse, une ombre de mâle tristesse.

Sérieuse et sévère a été l'éducation du grand-duc. Les premières années du règne paternel, le césarévitch, adolescent, les a passées, sous l'œil anxieux de sa mère, dans la solitude recueillie de Gattchina, loin du faste bruyant du Palais d'Hiver et des plates flatteries des courtisans. On sait la simplicité du tsar Alexandre III et la pureté de sa vie domestique. Inaccessible aux séductions des favoris ou des favorites, si puissantes sur d'autres monarques, l'empereur Alexandre III inspire, à ses enfants, non moins de vénération, comme père, que de respect, comme tsar. Fortune peu commune pour un prince, Nicolas Alexandrovitch a trouvé, à ce foyer impérial, avec l'exemple du courage qui sied aux souverains, le modèle de ces vertus de famille qui, sur le trône comme ailleurs, font l'homme de bien. Nous avons, nous autres étrangers, le droit de discuter les actes de l'empereur — pour ma part, je me le suis plus d'une fois permis; — Russe ou étranger, il serait de mauvaise foi de ne pas rendre hommage à la dignité de sa vie privée.

En d'autres pays, les princes héritiers ne se font pas scrupule de se placer, aux yeux du public, en opposition apparente, ou en contraste voulu, avec leur père, le souverain régnant. Ils apportent à ce rôle, devenu presque traditionnel, une sorte de coquetterie, réservant aux mécontents le meilleur de leur aménité et de leurs sourires, comme si la tâche d'un héritier du trône était de ne décourager aucune espérance et de faire prendre patience à toutes les ambitions. Rien de semblable dans la Russie autocratique. En Russie, pas de partis constitués qui se disputent le pouvoir; point d'opposition publique et légale avec laquelle la dynastie croie devoir compter. Le tsar règne et gouverne, au nom de Dieu, assisté de ministres de son choix, qui ne forment même pas de cabinet, et que sa volonté seule tient unis. Le prince héritier n'est que le premier serviteur du souverain; il ne prend part aux affaires qu'autant que son père daigne l'y associer et, ni dans sa conduite ni dans ses propos, il ne se permettrait une critique de l'autorité suprême.

Si jeune qu'il soit, le grand-duc Nicolas Alexandrovitch a été appelé, déjà, par son père, à la présidence de plusieurs grands comités. En Russie, où il n'y a pas de parlements, l'étude des affaires les plus importantes, des questions nouvelles surtout, est souvent confiée, par le tsar, à une commission *ad hoc*, composée à la fois de hauts fonctionnaires et de spécialistes. C'est ainsi que, lors de la terrible disette qui, en 1891-1892, a désolé les plus fertiles provinces de l'Empire, le jeune prince a été placé à la tête du comité chargé de pourvoir aux besoins les plus pressants du peuple qui, selon l'habitude, n'avait d'espoir qu'en Dieu et dans le tsar. « Voilà le train du tsar ! » s'écriaient les paysans, en voyant arriver en gare les wagons qui leur apportaient leur noir pain de seigle. N'était-ce pas une noble façon d'initier le césarévitch aux réalités du gouvernement, dans cet Orient russe, que de le mettre, ainsi, en face des souffrances et de l'endurance du fidèle moujik ?

Une autre fois, le prince héritier a été nommé président du comité du chemin de fer de Sibérie, le paradoxal railway, vrai trait d'union entre l'Europe et l'Asie, qui doit traverser notre continent dans toute son épaisseur, de la Baltique aux mers du Japon, et nous permettre d'aller en *sleeping* de Paris aux portes de Pékin. Ce transcontinental européo-asiatique, plus de deux fois plus long que les transcontinentaux américains, non moins long en réalité que la future ligne de Londres ou de Paris au Cap de Bonne-Espérance par le détroit de Gibraltar, les Russes, qui ont fait leurs preuves avec le transcaspien d'Annenkof, prétendent l'avoir achevé avant la fin du siècle. Ce sera la grande œuvre du règne d'Alexandre III, « œuvre de paix et de civilisation de la Russie en Orient [1] » ; œuvre nationale dans son exécution, mondiale dans ses

1. Expression du rescrit impérial adressé S. A. I. le Grand-Duc Césarévitch.

effets, qui doit ouvrir, à la colonisation russe et à l'activité européenne, des espaces immenses. On comprend que le souverain ait tenu à y associer son héritier. Les travaux du transsibérien ont été inaugurés, sur la mer du Japon, en juillet 1891, et le premier coup de pioche a été donné, à sept ou huit mille kilomètres de Saint-Pétersbourg, par le césarévitch en personne.

C'est le récit de ce voyage aux extrémités du continent que nous a donné le compagnon du grand-duc héritier, le prince E. E. Oukhtomsky. De Vladivostok, « la reine de l'Orient », qui attend de la nouvelle ligne la justification de son nom ambitieux, le jeune prince est revenu, vers l'Europe, en poste, en *troïka* à trois chevaux de front, par l'interminable route sibérienne, à travers les montagnes de la Sibérie orientale et les steppes de la Sibérie occidentale, tantôt suivant, tantôt coupant le tracé, encore indécis, du futur chemin de fer. Pour aller, il avait suivi la route de mer, celle que prennent, aujourd'hui, la plupart des voyageurs, colons libres ou forçats déportés qui, de Russie, s'en vont aux côtes de Sibérie. Comme eux, le prince était passé par Suez, faisant le tour du massif continent asiatique, de la Méditerranée et de la mer Rouge, à la mer du Japon. Après une visite à l'Égypte, devenue, plus que jamais, la grande porte du monde asiatique, et comme le pylone de l'Extrême-Orient, le tsarévitch a effectué le périple de l'Asie, de l'Asie de l'histoire et de la légende, celle des Grecs, des Arabes, des Perses, des Hindous, des

Malais, des Chinois, des Japonais; et sur son chemin il a rencontré toutes les grandes races et les grandes civilisations de cette vieille mère Asie.

Un siècle ou deux plus tôt, c'est en Occident, c'est en Europe, sans doute, — dans notre prosaïque Europe qui, oublieuse de l'Asie, ose, elle aussi, se dire vieille, — qu'eût voyagé, de préférence, un héritier de Pierre le Grand. C'est en lui faisant visiter nos musées, nos laboratoires, nos usines, nos fonderies qu'un tsar eût cru devoir achever l'éducation d'un tsarévitch. Mais, il faut bien l'avouer, le temps n'est plus où la Russie se sentait obligée de se mettre à notre école. La Russie contemporaine, la Russie officielle, du moins, ne croit plus avoir grand'chose à apprendre de nous. Elle ne se soucie pas de trop nous ressembler. Elle se juge assez européenne, ou assez européanisée comme cela. Ce qu'il y avait de sain et de fort dans notre civilisation, elle se flatte de se l'être approprié. Au lieu de songer à nous faire de nouveaux emprunts, elle semble plutôt redouter notre contact et la contagion de nos idées. Depuis l'avènement de l'empereur Alexandre III, l'imitation européenne est passée de mode.

Ce n'est pas que l'Europe ait été interdite au césarévitch. Loin de là, le jeune grand-duc en connaît presque toutes les capitales; il les a visitées, par devoir professionnel, en prince, chargé de représenter l'empereur, son père. Ainsi, successivement, auprès des cours d'Allemagne, d'Autriche-Hongrie, d'Angleterre, mission délicate, pour un jeune homme, dans l'Europe de la triple alliance. Le césarévitch s'en est acquitté avec un tact accompli. Il a eu, de cette façon, l'honneur d'être associé à la politique paternelle et de contribuer, pour sa part, au maintien de la paix du monde, dont Alexandre III semble s'être constitué le gardien.

Je ne vois guère qu'un pays en Europe, où le grand-duc héritier, moins libre que ses frères, n'ait pas encore posé les pieds ; ce pays, faut-il le dire, c'est la France. Après Cronstadt et après Toulon, nous serions mal venus de lui en faire un grief. Ce qui le retient loin de nous, ce n'est ni l'antipathie pour nos institutions, ni l'indifférence pour nous, c'est la prudence paternelle. Le césarévitch recevrait, de la France, un accueil trop passionnément enthousiaste ; le tonnerre des acclamations de nos foules françaises risquerait de retentir, trop bruyamment, au delà du Rhin ou de la Manche. Scrupule peut-être outré, et tel que d'autres n'en ont peut-être pas assez, d'un souverain chrétien, loyalement attaché à la paix et qui, dans notre Europe partagée en camps hostiles, se fait un devoir de conscience d'éviter toute apparence de provocation.

Des voyages du grand-duc à travers l'Europe, je ne noterai ici qu'un incident, parce qu'il montre au clair les sentiments dans lesquels a été élevé l'héritier du trône de saint Vladimir.

Lors de sa visite à l'empereur d'Autriche, dans l'automne de 1892, le grand-duc Nicolas a fait, sur les côtes méridionales de l'Italie, une excursion qui attire peu de touristes d'Occident et qui, dans les *izbas* russes, a fait plus de bruit que la reception impériale de la Hofburg. En se rendant d'Athènes à Vienne, le jeune prince se fit débarquer à Bari, pour s'agenouiller sur la tombe de son patron, le grand saint Nicolas, le saint préféré du moujik russe, et comme le protecteur traditionnel de la Sainte Russie. Les restes du favori de la légende populaire — un saint, également honoré des deux Églises, — reposent, en effet, depuis le XIe siècle, dans l'ancienne capitale de la Pouille, aujourd'hui terre latine, jadis terre byzantine ; et le grand-duc héritier n'est pas le premier orthodoxe qui soit allé, à Bari, vénérer les reliques de l'archevêque de Myre. J'y ai moi-même, voilà déjà plus de vingt ans, rencontré une troupe de rustiques pèlerins russes qui, du mont Athos, avaient poussé jusqu'à l'Adriatique. Comme ses voisins infidèles, — le Tatar musulman, l'Hindou brahmaniste ou le Mongol bouddhiste, — le Russe orthodoxe a gardé le goût des pèlerinages lointains, ne comptant ni son temps, ni ses peines pour aller prier aux sanctuaires de ses rêves.

II

C'est à Trieste, sur une frégate russe, que s'est embarqué le césarévitch pour son grand voyage d'instruction à travers l'Orient et l'Extrême-Orient. Le plan en avait été médité longuement ; à la rédaction de l'itinéraire avaient pris part, avec le général comte Gr. Danilovitch, gouverneur du jeune prince, feu l'amiral Chistakof et le géographe russe Voeikof. Peu de personnes, toutes de haute distinction, avaient été admises à suivre le grand-duc. A leur tête avait été placé, par la confiance du souverain, le général Vlad. Anat. Bariatinsky. Le césarévitch fut rejoint, au cours de son voyage, par son frère, le grand-duc Georges Alexandrovitch, et par son cousin, le prince Georges de Grèce. Un aquarelliste de talent, M. N. Gritsenko, élève du célèbre peintre de marine Bogolioubof, accompagnait l'expédition. Ce voyage princier, sur lequel la Russie avait les yeux fixés, il fallait quelqu'un pour en raconter au public les incidents et les merveilles. Cette tâche délicate fut confiée au prince E. Oukhtomsky, spécialement détaché, à cet effet, du « département des confessions étrangères ». C'est ce récit, sous forme de journal, dont mon savant ami, M. Louis Léger, a bien voulu nous donner la traduction. Je crois que les Français lui en sauront gré. A côté du compte rendu d'orientales réceptions, auxquelles la diversité des pays et des mœurs prête une variété inaccoutumée, on trouvera, dans ces pages sans pédantisme, de vivants tableaux des plus vieilles contrées et des plus anciennes races.

De l'Égypte à l'Inde, à la Malaisie, à la Chine, au Japon, c'est, à bien dire, un voyage à travers les civilisations de l'Orient. Un voyage, et non une de ces rapides courses à toute vapeur, comme en exécutent, aujourd'hui, autour de notre petite boule de planète, tant de fastidieux émules du héros de J. Verne. Le césarévitch est resté près de dix mois en route. Il a quitté la résidence paternelle de Gattchina, le 23 octobre /4 novembre 1890 et il n'a été de retour que le 4 /16 août 1891. Toute la traversée maritime, de Trieste et du canal de Suez à la mer du Japon, le prince héritier l'a effectuée sur une frégate dont le nom est devenu familier aux oreilles françaises, sur le *Pamiat-Azova*, « le Souvenir de l'Azof », qui navigue en ce moment, vers Toulon, sous le pavillon de l'amiral

Avelane. Le souvenir du Grand-Duc héritier va se trouver, ainsi, associé aux fêtes que, en mémoire de Cronstadt, la France prépare à l'escadre russe de la Méditerranée [1].

L'Orient, l'Asie ne sont point, pour un Russe, ce qu'ils sont pour nous Français ; c'est, pour lui, quelque chose en même temps de plus voisin et de moins étranger. L'Asie, pour un Russe, c'est l'autre versant de l'Oural, l'autre moitié du monde dont la Russie occupe le milieu, car c'est elle, plutôt que la Chine, le véritable empire du milieu. Par son histoire, tout comme par sa situation géographique, la Russie tient à l'Orient, à l'Asie, non moins qu'à l'Europe. Elle est entre l'Europe et l'Asie, elle participe de l'une et de l'autre ; elle peut se dire que sa mission historique est de les unir, peut-être de les unifier. L'aigle à deux têtes, empruntée par ses anciens tsars aux Paléologues de Byzance, regarde en même temps l'Orient et l'Occident, posée à la fois sur l'Europe et sur l'Asie; mais c'est du côté où le soleil se lève, vers l'Asie, que se projette, déjà, le plus loin, l'ombre gigantesque de ses ailes encore à peine éployées.

Regardez la carte (il faut toujours une carte pour suivre un voyage) — des plateaux de l'Arménie et des

1. Le *Pamiat-Azova* était accompagné, durant le voyage, de deux autres vaisseaux de la marine impériale, le *Vladimir-Monomaque* et l'*Amiral-Kornilof*, qui lui faisaient escorte.

sources de l'Euphrate aux racines montagneuses de la presqu'île de Corée, la Russie tient, en quelque sorte, l'Asie par les deux bouts. De cet épais continent asiatique, la plus vaste de nos cinq parties du monde, bien peu de régions semblent à l'abri du bec et des serres de l'aigle boréale.

Vers l'Ouest, depuis que le colosse a enjambé la formidable barrière du Caucase, toute l'Asie antérieure, l'Asie classique, l'Asie musulmane, turque ou perse, cède, lentement, à la lourde poussée de l'empire du Nord. A l'opposé, vers l'Orient, du Pamir où les Russes viennent de mettre le pied, à l'Oussouri et à la mer du Japon, les avant-postes de la Russie serrent sa lointaine voisine, la Chine. sur un arc de mille lieues de long. Que le transasiastique soit achevé, que la Sibérie, de l'Irtych à l'Amour, soit largement ouverte à la colonisation du moujik, déjà à l'étroit sur ses terres noires d'Europe, et il ne faudra pas un demi-siècle pour que les conseils des envoyés du tsar pèsent autant, près du fils du Ciel, que près du Commandeur des croyants[1].

Entre l'Asie antérieure et l'Extrême-Orient, au cœur du continent, la Russie occupe, depuis la prise de Merv, une position dominante. Il n'y a plus de Turkestan : les Tatars, jadis suzerains de Moscou, sont enrégimentés dans la cavalerie du tsar. Samarkande, la capitale de Tamerlan, est un chef-lieu de district russe; Bokhara

1. Ceci était écrit avant la guerre sino-japonaise, et cette facile prédiction est, déjà, en train de se réaliser.

la sainte, Bokhara la savante, est la docile vassale du tsar blanc. Entre les Turkmènes russes et les Indes britanniques, il n'y a plus que l'épaisseur de l'Afghanistan. Russes descendus de Moscou, par les steppes ou par le Volga et la Caspienne, et Anglais débarqués de la lointaine Bretagne sont virtuellement en contact. Déjà, pour fixer les ondoyantes frontières de l'émir de Kaboul, officiers russes et officiers anglais sont obligés de se donner rendez-vous sur le haut Oxus.

Je ne vois dans toute cette énorme Asie — en dehors des déserts de la presqu'île arabique — qu'une région qui échappe entièrement à la pression du colosse russe, c'est l'Indo-Chine. Libre aux Anglais, jaloux de nous écarter du Haut-Mékong, de représenter l'Inde britannique comme menacée d'être prise dans un étau, entre les possessions russes et nos établissements indo-chinois. Il y a, entre l'Asie russe et nos minces possessions françaises, — en face des spacieux domaines de la Russie et de l'Angleterre, l'on a honte de dire notre empire d'Indo-Chine, — il y a toute une large zone de déserts inhospitaliers et tout un chaos de murailles montagneuses qui barrent le chemin. Pour forcer le passage, de l'Asie russe à notre petit coin d'Asie française, il n'a fallu rien moins que la constance héroïque de Bonvalot et du prince Henri d'Orléans. Les voies ferrées, que les Russes sont en train de jeter à travers les steppes sibériennes ou turcomanes, pourront conduire dans l'Iran, dans l'Inde, en Chine, au Japon, partout, sauf au Tonkin et en Cochinchine. En Asie, pas plus qu'en Europe, la Russie et la France ne sont à la veille de confiner l'une à l'autre.

Cette Indo-Chine française, — deux Deltas, deux grasses Égyptes asiatiques, reliées par un étroit cordon de littoral, — le césarévitch n'a pas négligé de la visiter. Il a fait escale dans nos ports; c'est la seule fois, si je ne me trompe, qu'il ait foulé une terre française, et nos compatriotes de Cochinchine se sont efforcés de lui faire l'accueil qu'il eût trouvé dans la mère patrie. Si peu d'espace qu'elle couvre sur la carte, cette France indo-chinoise, nous n'avons pas à en rougir, devant le fils du tsar. Saïgon est une grande cité, comparée à Vladivostok; le Tonkin est un paradis, à côté des déserts du Transbaïkal, et toute l'immense Asie russe, Transcaucasie, Turkestan, Transcaspienne, Sibérie, qui un jour peut-être nourrira plus de cent millions d'hommes, n'égale pas encore, en population, ni peut-être en richesse, cette jeune France d'Extrême-Orient, trop longtemps dédaignée de la métropole.

En touchant à Saïgon, le grand-duc Nicolas venait de l'Inde, *viâ* Java, et s'en allait en Chine et au Japon. L'Inde, la Chine, le Japon, tels sont, pour les Russes, plus encore que pour nous, les trois grands centres d'attraction de l'Asie. Quels tableaux différents et presque également captivants pour les yeux et pour l'esprit, offraient à l'impérial voyageur ces trois vieilles contrées de l'Orient païen! Ce qu'ils ont peut-être de plus curieux pour nous, ces trois centres de la vie asiatique, c'est la façon si diverse, dont chacun d'eux réagit, au contact forcé de la civilisation européenne.

L'Inde, miracle de l'art politique; un empire de deux cent cinquante millions d'Asiatiques où, sous la férule de quelques milliers d'Européens, toutes les races, les castes, les religions sont contraintes de vivre en paix, côte à côte, gardant librement chacune leurs usages, leurs traditions, leurs croyances, tout en se frottant peu à peu aux mœurs et aux idées de l'Europe, sans qu'on puisse pressentir encore ce qu'en sauront prendre ces cerveaux hindous, et si, de cette rencontre de deux génies opposés, il sortira, jamais, un nouveau peuple et une civilisation nouvelle.

La Chine, au contraire, monde fermé, plus vaste encore ; l'Asie jaune, avec sa civilisation enfantine à la fois et vieillote ; la Chine des mandarins à longue queue qui persiste à demeurer repliée sur elle-même, gardant son antique dédain pour les barbares du dehors et n'acceptant, de leurs inventions, que leurs vaisseaux cuirassés et leurs armes perfectionnées ; sans qu'on puisse prévoir si cette Chine obstinée, aux travailleurs robustes et au gouvernement décrépit, saura jamais s'assimiler assez de nos industries et de notre esprit de progrès, pour rajeunir sa caducité et acquérir une puissance proportionnelle à sa masse, ce qui ferait d'elle le premier empire du globe, — ou si, tout au rebours, également incapable de s'approprier notre culture scientifique et de s'en passer, elle ne doit pas se dissoudre un jour, s'en aller en morceaux à notre prochain choc et peut-être finir, elle aussi, comme le reste de l'Asie continentale, par tomber, à son tour, sous la domination des « diables d'Occident ».

Au Japon, à l'inverse, spectacle peut-être plus instructif encore pour un prince russe, un empire asiatique qui, sur l'ordre d'un monarque issu des dieux, prétend, d'un seul coup, se transformer en état européen; — un Pierre le Grand mongol, un phénoménal Pierre le Grand païen, plus hardi que son prototype de Moscou, qui, du fond de son palais, refait un peuple à neuf, rejetant tout le pesant attirail des anciens *samouraï*, renversant, en quelques années, une féodalité séculaire et empruntant simultanément à l'Occident chrétien ses arts, ses mœurs, ses modes, jusqu'à ses codes et ses constitutions politiques. Et dans ce Japon d'humeur paisible, où les touristes d'Europe circulent tranquillement en *djirinka*, voilà que, au cours d'une excursion aux temples de l'intérieur, le grand-duc de Russie voit à l'improviste se lever sur son front le sabre d'un fanatique agent de police, ennemi des étrangers et des réformes. Le barbare a été contraint d'admirer le sang-froid et la douceur du prince chrétien; mais quelle brutale leçon de choses pour un césarévitch, pour un futur autocrate qui, lui aussi, sera un jour en droit de tout ordonner! Ne dirait-on pas que l'affreux petit Japonais a voulu lui démontrer que, pour réformer un peuple et changer l'âme d'une nation, il ne suffit pas toujours des édits d'un mikado ou des oukazes d'un tsar?

Le lecteur remarquera la large place faite, dans ces récits de voyage, aux religions de l'Asie, berceau de toutes les grandes religions du monde. Il aurait mauvaise grâce à s'en plaindre. La religion, chez la plupart des peuples asiatiques, est identique à la civilisation. Elle n'est pas seulement la forme extérieure, comme le vêtement traditionnel de la civilisation, elle en est le corps, elle en est l'âme. Tout l'Orient, en vérité, est dans ses religions. Cela est particulièrement vrai de l'Inde et des pays musulmans. De plus, en Orient, chez le musulman, chez l'indou brahmaniste, parfois chez le chrétien, la religion se confond avec la nationalité, ou tient lieu de nationalité, substituant au sentiment de la patrie et à la solidarité nationale la solidarité religieuse. C'est ainsi que, hier encore, au farouche cri de : *Din*, *din*, les querelles des disciples du Prophète et des adorateurs de Vichnou ou de Siva ensanglantaient les rues de Bombay. Au politique, non moins qu'au philosophe, vous pouvez affirmer que, du Levant méditerranéen jusqu'aux mers de la Chine, l'objet le plus digne d'attention est toujours la religion.

Pour la Russie, comme pour tous les peuples qui ont des possessions en Asie, l'étude des religions de l'Orient est d'un intérêt national. Ce n'est pas seulement, pour un Russe, affaire de curiosité, car presque toutes ces religions asiatiques, la Russie en possède des échantillons, chez elle, en Europe même, parmi ses *inorodtsy*, ses allogènes de races diverses, qui demeurent, dans ses steppes ou ses forêts, comme des témoins des anciennes invasions asiatiques, on pourrait dire comme des fragments brisés de l'antique Asie, scythe ou mongole, dont l'épée des tsars et la charrue du moujik ont lentement repoussé les limites vers l'Orient.

De même que la France, la Russie a des sujets musulmans et des sujets bouddhistes ; et, plus encore que la France, la Russie est, aujourd'hui, une grande puissance musulmane. Pour elle, en Asie, comme pour nous en Afrique, l'autorité du Coran et les sympathies du monde musulman sont loin d'être une quantité négligeable. L'Islam, dans les deux continents d'Asie et d'Afrique, reste un des grands facteurs de l'histoire : dans l'un et dans l'autre, il a gardé sa vertu de prosélytisme ; dans tous deux, le nombre des vrais croyants est en progression constante, jusque sous la domination chrétienne. Avoir, pour soi, l'Islam peut, à une heure prochaine, décider de la victoire dans les compétitions européennes pour l'hégémonie de l'Asie ou de l'Afrique. Or, la Russie, vis-à-vis de ses sujets musulmans, s'est peut-être montrée plus équitable que la France, et plus habile que l'Angleterre. Le Russe n'a, pour ses voisins mahométans, ni le dédain du colon algérien, ni la morgue du fonctionnaire anglo-indien. Le Russe, au rebours du Français, se sent plus près du musulman que du juif; — les juifs de Russie seraient heureux d'obtenir les mêmes droits que le musulman. Le Russe, à l'opposé de l'Anglais, ne craint pas de faire commander ses régiments par des officiers mahométans. Cela n'est pas sans flatter les fiers disciples du Prophète, et le bruit s'en répand au loin, jusque dans les bazars de Lahore et de Delhi. Savez-vous quel est un des soucis de la politique indo-britannique? c'est que, aujourd'hui, chez les chiites de l'Iran, comme chez les sunnites de l'Asie antérieure, les préférences de l'Islam semblent peu à peu, se tourner vers le tsar blanc.

Un des grands problèmes du siècle qui vient, auquel notre XIXe siècle finissant léguera tant de questions ouvertes et si peu de solutions, c'est, assurément, l'accession de l'Orient et des peuples orientaux, à notre civilisation occidentale. Turcs et Arabes, Persans, Hindous, Malais, Chinois, Japonais, — musulmans, brahmanistes, bouddhistes, voilà un problème qui ne concerne guère moins que mille millions d'êtres humains. A tout prendre, c'est, pour l'avenir de l'Asie et de l'Afrique, j'oserai dire pour l'avenir de notre planète, la question capitale. L'Orient, l'Extrême-Orient surtout, avec ses multitudes humaines, doit-il jamais entrer dans notre civilisation, et par quelle porte? Lui faudra-t-il, pour cela, comme au Slave ou au Germain de l'Europe, courber la tête sous le baptême chrétien, et, ce qu'il refuse, jusqu'ici, à nos missionnaires, abjurer, sur l'Évangile, la foi guerrière de Mahomet ou la religion du doux Çakya-Mouni; — ou bien, au contraire, l'islam, le brahmanisme, le bouddhisme sauront-ils jamais se régénérer, se moderniser, en quelque sorte, au souffle de l'Occident? Il suffit d'en poser les termes pour montrer l'importance du problème; et l'on n'en peut calculer les données qu'en analysant les religions de l'Orient, en mesurant leur degré de vitalité, en évaluant, d'après leurs phases d'existance antérieures, leur faculté de transformation ou d'adaptation dans l'avenir.

Les pages attribuées dans ce volume aux religions et aux civilisations de l'Orient, on n'oubliera pas qu'elles ont été écrites par un Russe, pour des Russes. Cela leur donne souvent une piquante saveur. Ce que j'en ai goûté surtout, pour ma part, c'est le sentiment. Leur a-t-on assez souvent répété, à ces pauvres Russes, qu'ils étaient à demi orientaux, à demi asiatiques! C'est peut-être, ici, le lieu de s'en souvenir. Ils ont une autre façon que nous de voir et de comprendre l'Orient. S'ils le connaissent parfois moins bien, ils le sentent mieux.

Elle a beau nous sembler à demi asiatique, la Russie est encore novice aux études orientales. Le passé de l'Asie, de l'Égypte, de l'Inde lui est moins familier qu'à tel peuple de l'Occident. Ses savants n'ont pas eu le temps de faire, dans les ruines des temples ou les décombres des palais, d'aussi nombreuses ou d'aussi profondes fouilles que les nôtres. Cette orientale Russie n'a encore eu ni Champollion, ni Eugène Burnouf, ni

Mariette. En fait d'érudition, comme en bien des choses, elle est encore jeune, tout en n'étant plus ignorante. Ne nous montrons pas trop pédants avec elle ; il peut arriver parfois au Russe, dans ses explorations du sol de l'Orient, de découvrir ce que nous avions déterré avant lui, parce qu'étant plus vieux, nous sommes partis les premiers. Par contre, il tient souvent, de son tempérament national et de ses origines à demi orientales, une faculté de compréhension des choses de l'Orient, un sens de la vie et de l'âme de l'Asie, qui fait défaut à trop de nos érudits de cabinet. On s'en apercevra, plus d'une fois, en feuilletant ces pages. Le lecteur se rappellera, involontairement, qu'entre l'esprit russe et l'esprit hindou, entre la Russie de Tolstoï et l'Inde du Bouddha, on a cru reconnaître une sorte de parenté, comme si le Slave russe et l'Hindou aryen étaient, sans le savoir, deux frères séparés dès leur enfance, deux frères grandis sous des cieux différents et à l'école de religions diverses, qui, sous les neiges du Pôle et sous le soleil du Tropique, conservent à travers les siècles, en dépit de la distance et de leur mutuel oubli, quelque chose de leur ressemblance primitive.

Ce que nous aurions voulu surtout connaître, ce sont les impressions personnelles du jeune prince. D'habitude, son compagnon de voyage nous les laisse entrevoir plutôt qu'il ne nous en fait part. C'est là une des conditions du genre ; à nous, de savoir lire entre les lignes. S'il peut s'épancher, librement, sur les beautés de l'art et de la nature, un prince, pour le reste, est tenu à une discrète réserve. Ses réflexions sur les hommes et sur les choses, il est accoutumé à ne pas les faire tout haut; et, s'il les confie à ceux qui ont l'honneur de l'approcher, il n'aime guère qu'elles soient répétées au public. Mais, le plus souvent, il ne nous faut, pour les deviner, qu'un peu d'imagination.

Puis les noms, les lieux, les souvenirs, les rencontres des hommes, les rapprochements du passé et du présent parlent ici d'eux-mêmes. — Le fils du tsar orthodoxe, héritier de l'aigle de Byzance, reçu par un vassal du Sultan, sous la garde de sentinelles anglaises, aux bords de ce vieux Nil où depuis Alexandre, descendu du Taurus, se sont, tant de fois, abreuvés les chevaux des hommes du Nord; — le fils du tsar blanc salué, dans leur salle de dourbar, par les maharadjas du Pendjab et du Radjpoutana, ou passant en revue, sur les places de Bombay ou de Calcutta, aux sons du *Boje Tsaria Khrani*, les cipayes en turban de la reine-impératrice des Indes; — le césarévich russe débarquant au milieu des mandarins hypocritement obséquieux de l'invisible Fils du Ciel, et s'entretenant, par interprète, avec les dignitaires tatars ou chinois, du maudit chemin de fer qui va bientôt, malgré elle, joindre la Chine à l'Europe; — ou encore, le futur autocrate de toutes les Russies visitant, en touriste, dans la capitale du mikado, le palais tout neuf des nouvelles Chambres japonaises; — ne sont-ce pas là des tableaux suggestifs? Et, pour en faire valoir l'intérêt et en rehausser la poésie historique, est-il besoin de longues dissertations ou de comptes rendus minutieux ? Les noms suffisent, et c'est ici, ou jamais, que le silence est éloquent.

Quelles leçons et quels avis ont donnés à l'inexpérience réfléchie du jeune prince les vieux empires de cette Asie, pareille à un musée de tombeaux où les races et les religions semblent pétrifiées dans les traditions d'un passé lointain ? Que lui a dit, sous les palmiers de Memphis, le colosse de Ramsès, le vainqueur de l'Asie, étendu, depuis quinze siècles, dans le limon du Nil ? Que lui a dit, dans les palais déserts de Delhi, le trône vide des Grands Mogols, des conquérants du Nord, sortis de ce Touran sur lequel plane, aujourd'hui, l'aigle russe ? Que lui ont conseillé la Chine immobile au chef branlant, et le Japon, brusquement rajeuni par un autocrate novateur ? Quels rêves lui a suggérés le passé, à cet héritier de la puissance tsarienne ; et de quelles chansons l'a bercé l'avenir, sur les fleuves du Sud ou sur les mers de l'Orient, le mystérieux avenir, aux voix indistinctes, qui murmure tant de promesses à l'oreille des jeunes princes et des peuples jeunes ? L'histoire est un livre qui n'est jamais achevé ; et des golfes de la mer Egée à la mer du Japon, quelles que soient les destinées futures des peuples orientaux, le sort de l'Orient, le sort de l'Asie, — celui-ci peut-être de tout notre vieux continent, — dépend, pour beaucoup, de l'avenir prochain de la Russie.

Et, maintenant, s'il nous est permis de terminer par un vœu, puisse ce mémorable voyage de l'héritier des tsars n'être pas inutile à ses futurs sujets d'Europe ou d'Asie ! Puisse-t-il servir au progrès de la Russie et au bien-être de ses peuples de toute race ! Puisse-t-il, enfin, aider au rapprochement pacifique de l'Orient et de l'Occident, et au libre développement de la civilisation dont les conquêtes nous tiennent encore plus à cœur que la grandeur des empires et la fortune des peuples amis !

V

L'EMPEREUR ALEXANDRE III[1]

I

Quel Français, en ces semaines d'angoisse, n'a les regards tournés, là-bas, vers la côte de Crimée et vers le chevet de cet empereur qui, seul en Europe, a tendu la main à la France? Si les vœux des peuples pouvaient arrêter la mort, Alexandre III leur serait conservé. Sur aucun homme de ce siècle finissant n'a pesé pareil fardeau; et, si lourde que fût sa tâche d'autocrate, ses robustes épaules la portaient, hier encore, sans fléchir. La santé, la force semblaient l'un des traits dominants de sa puissante et calme personnalité. Il était si vigoureux, de corps et d'âme, il avait affronté tant de fatigues et traversé tant de périls qu'il nous paraissait invulnérable. Pour qui l'a vu, à la tête du brillant état-major

1. Cette étude a paru, dans la *Revue de Paris*, le 1er novembre 1895, le jour même de la mort de l'empereur Alexandre III.

qu'il dominait de sa mâle prestance, il semblait incarner l'idéal populaire des légendes nationales, pareil au géant bon enfant et souriant des contes russes.

C'était, — faut-il donc, déjà, parler de lui au passé ? — c'était, dira l'impartiale histoire, le vrai tsar russe. A l'inverse de tant de ses prédécesseurs, il était russe du cœur à la tête, et mettait sa gloire à le montrer. Si haut qu'il fût placé, ses fidèles moujiks reconnaissaient en lui leur sang et leur race. Il avait, chose rare partout sur le trône, toutes les vertus de l'homme privé et quelques-unes des qualités souveraines qui font les grands princes. On sait la simplicité, la pureté de sa vie domestique. Au faste bruyant du Palais d'Hiver, il préférait la solitude recueillie de Gattchina, où il goûtait, bourgeoisement, les joies saines de la vie de famille. De tout temps, ennemi des plaisirs corrupteurs et des hommes corrompus, inaccessible aux séductions féminines si puissantes sur son père, ne connaissant ni favoris ni favorites, scrupuleusement économe des deniers de l'État et adversaire passionné du péculat et des exactions, il était tout plein de la grandeur et de la sainteté de sa mission. Souverain par la grâce de Dieu et l'onction du saint chrême, ne voulant tenir son autorité que du Ciel, et n'en rendre compte qu'au Roi des Rois, il sentait, en chrétien, les obligations de sa charge impériale. Il en connaissait les devoirs, comme il en savait les droits. Ce tsar, sorte de dieu terrestre, non moins puissant que les Césars de Rome ou les califes de Bagdad, ce monarque absolu, qui tenait son empire dans la paume de sa main, comme un globe inerte, était, avant tout, un consciencieux, préoccupé, par-dessus toutes choses, de remplir, dignement, son écrasante fonction d'autocrate. Investi de l'omnipotence qui fait les Néron et les Caligula, qui, en Russie même, avait fait les Pierre III et les Paul Ier, il est toujours demeuré homme de sens et homme de bien. Il se peut que son âme fût plus haute que son intelligence, et, ce qui vaut mieux pour les peuples, qu'il fût plus grand par le caractère que par le génie.

C'était un honnête homme et un homme d'honneur. Chacun, en Europe comme en Russie, savait qu'on pouvait se fier à lui et faire fond sur sa parole. Il était courageux avec simplicité, bravant tous les périls pour ce qu'il croyait son devoir d'empereur. Il avait de la sagacité et de la droiture, il avait de la volonté et de la ténacité. Ce qu'il avait décidé, l'on savait, au dehors comme au dedans, qu'il était résolu à le poursuivre, sûr de sa volonté et fidèle à lui-même, comme aux autres. Il aura montré une qualité peu commune chez les tout-puissants : l'empire de soi. Alors même que l'amour-propre de sa politique semblait en jeu, comme en Bulgarie, il répugnait aux coups de tête et aux coups de force. Il était patient ; il savait attendre, sentant que, pour les forts, le temps est un allié précieux.

Et voilà que le temps va lui manquer ; voilà que, après l'avoir miraculeusement préservé de tant de complots, la Providence, dans laquelle il avait foi, menace de lui arracher brusquement le sceptre, à l'heure où l'Europe et le monde semblaient avoir le plus besoin de lui !

II

Nul n'a oublié en quelles circonstances terribles Alexandre Alexandrovitch fut appelé à régner. C'était le 1er/13 mars 1881, lorsque l'empereur Alexandre II, frappé par les bombes de Sophie Perovsky et de Kibaltchich, fut rapporté, mutilé et mourant, au Palais d'Hiver. Jamais souverain n'hérita de plus lourde couronne, à une heure plus solennelle. Tout était en désarroi, dans le palais et dans l'empire. Les attentats répétés de conspirateurs insaisissables avaient jeté, dans les âmes, le trouble et l'effroi. Beaucoup, même autour du nouveau tsar, croyaient l'autocratie atteinte mortellement. Certains se voyaient, déjà, à la veille d'un 89; d'autres, à la veille d'un 93.

Rencontre tragique, et qui montre à quoi tient parfois le sort des princes et des empires, l'empereur

Alexandre II, à l'heure où il tomba sur le quai du canal Catherine, allait doter ses sujets, sinon d'un parlement, du moins d'une assemblée représentative qui pouvait devenir, pour la terre russe, le point de départ d'une transformation libérale. Ce sont les bombes des « nihilistes » qui ont arrêté la Russie au seuil de la terre promise où ils prétendaient la faire entrer par la terreur. Non pas qu'il s'agît d'une constitution, comme on l'a parfois raconté depuis : il n'était question que d'une assemblée consultative, choisie parmi les États provinciaux et les *doumas* des grandes villes ; mais c'était toujours une représentation du pays, et, de pareilles assemblées une fois réunies, ni souverains ni ministres ne savent jamais jusqu'où ils peuvent être conduits.

Le jour même de sa mort, le matin du dimanche 1er/13 mars 1881, avant de partir pour la « parade », d'où il ne devait revenir qu'expirant, Alexandre II avait donné, à son ministre de l'Intérieur, l'ordre de faire annoncer, le lendemain lundi, dans le *Messager officiel*, la convocation de l'assemblée accordée aux vœux du pays. L'ordre était transmis ; l'oukaze, envoyé à l'imprimerie, était entre les mains des compositeurs, au moment où le « tsar martyr » rendait l'âme. J'ai raconté ailleurs[1] comment, au milieu même de la confusion du palais en deuil, le général Loris Mélikof, ministre de l'Intérieur, s'était approché du nouveau souverain et

1. *L'Empire des tsars et les Russes*, t. II, 3e édition, Hachette.

lui avait demandé s'il devait se conformer aux instructions données, le matin, par l'empereur défunt. — « Ne change rien aux ordres de mon père, ce sera son testament », répondit, au premier instant, Alexandre III. L'amour filial primait, à cette heure douloureuse, toute autre considération, chez Alexandre Alexandrovitch. La nuit qui suivit, dans les transes de cette veillée de mort, le jeune empereur, assiégé par des conseils divers, hésita. Il voulut se donner le temps de la réflexion, sentant que la charte posthume de son père allait le lier, pour tout son règne. Le ministre de l'Intérieur reçut contre-ordre, au milieu de la nuit. Le projet sanctionné par Alexandre II, déjà sous presse, ne parut pas au *Messager officiel*. Quelques jours plus tard, l'apôtre moscovite des traditions autocratiques, Katkof, était à Pétersbourg, et l'empereur se rangeait du côté de ceux qui affirmaient que, après avoir fait la Russie, l'autocratie demeurait la condition de la grandeur russe. Maintenir, dans son intégrité, le pouvoir autocratique, c'était, au dedans, leur semblait-il, consolider l'unité de l'empire ; c'était, au dehors, lui assurer une supériorité organique sur l'Occident, débilité par un libéralisme énervant, ou ébranlé par les aveugles convulsions de la démocratie.

Alexandre III avait hésité ; il avait entendu les partisans des deux thèses opposées et, après avoir réfléchi, mûrement, il s'était décidé. Avec sa fermeté habituelle, une fois sa résolution prise, il s'y est tenu, toujours.

L'avenir de la Russie et de la dynastie dira si, à cette heure critique dont pouvaient dépendre les destinées de l'empire, le tsar Alexandre III fut bien inspiré. Une chose certaine, c'est que, après avoir tout pesé, Alexandre Alexandrovitch choisit le parti le plus périlleux, pour lui et pour les siens. En annonçant à ses peuples, dans son manifeste, le maintien obstiné du pouvoir autocratique, il repoussait la trêve que lui osaient offrir les meurtriers de son père : il optait pour les bombes.

Il faut bien l'avouer, à la confusion de nos idées occidentales, Alexandre III, durant ses treize années de règne, ne paraît pas s'être repenti, un instant, de la résolution prise en mars 1881. L'instabilité de nos gouvernements parlementaires, l'agitation stérile de nos Chambres pareille au clapotement incessant des eaux de la mer, n'étaient, hélas ! pas faites pour convertir le tsar et les Russes au gouvernement représentatif.

L'histoire de la Russie, depuis Pierre le Grand, présente une sorte d'oscillation entre deux pôles opposés. Ainsi que l'aigle à deux têtes, héritée des Paléologues, l'empire des Romanof regarde, à la fois, vers l'Orient et vers l'Occident, comme incertain de sa voie. Chaque règne semble en réaction sur celui qui l'a précédé. Aux princes épris de la culture occidentale et jaloux d'y acheminer leur lente et pesante patrie, succèdent des empereurs effrayés de la contagion des idées de l'Ouest et enclins à fermer la terre slave aux souffles de l'Europe.

Le règne d'Alexandre III, venu après celui d'Alexandre II, n'a pas échappé à cette règle. Sous Alexandre Alexandrovitch, ce n'est pas vers l'Occident qu'est attiré le balancier de l'histoire russe. L'imitation de l'Occident, en vogue sous le père, se trouva démodée sous le fils. La Russie ne se crut plus obligée de rester à notre école. A tort ou à raison, elle ne se souciait pas de trop nous ressembler; elle parut même craindre de nous avoir déjà fait trop d'emprunts, pour sa sécurité et pour son repos. De notre brillante civilisation germano-latine, n'avait-elle pas pris ce que convoitait Pierre le Grand, ce qu'elle avait besoin de s'assimiler pour sa puissance, les inventions, les procédés techniques, les méthodes scientifiques? Le reste, les idées, les théories, les formes politiques, le mouvement perpétuel de nos démocraties, tout ce que nous résumons, avec orgueil, sous le nom d'esprit moderne, au lieu de l'attirer, l'inquiétait. Après avoir mis son amour-propre à copier l'Occident, la Russie mit sa fierté à rester ou à redevenir russe. Tel sera, devant l'histoire, le trait dominant du règne de l'empereur Alexandre III.

Être russe, redevenir russe, fut l'idée maîtresse d'Alexandre Alexandrovitch. Au rebours de son père, le tsar réformateur, il sembla, dans sa politique intérieure, renouer les traditions de son grand-père, Nicolas Ier. Comme sous Nicolas Ier, la devise du règne fut *autocratie, orthodoxie, nationalité.* Tout ce qu'il avait de volonté opiniâtre et d'énergie tenace, Alexandre III l'employa à restaurer le principe d'autorité, avec le dogme de l'autocratie, à fortifier l'orthodoxie orientale, à ses yeux, comme à ceux de ses sujets, intimement liée avec la nationalité russe. Double tâche à laquelle se ramènent presque tous les actes de son gouvernement.

Au point de vue politique, le règne d'Alexandre III, tout comme celui de Nicolas Ier, a marqué un temps d'arrêt dans le développement de la Russie. Veut-on lui appliquer la langue courante de l'Occident, les treize années d'Alexandre III ont été une époque de réaction et de compression. Hommes et choses, tout ce qui était suspect de libéralisme a été impitoyablement écarté. Les grandes réformes d'Alexandre II n'ont pas été abrogées par Alexandre III ; mais, sans les supprimer, il les a remaniées de telle manière que le « tsar libérateur » eût souvent eu peine à les reconnaître. Les principes nouveaux, empruntés à l'Occident, que l'empereur Alexandre II avait introduits dans l'administration et dans la justice, l'empereur Alexandre III semble s'être appliqué à les évincer des codes et des lois de l'empire. Alexandre II, dans ses grandes réformes, avait partout travaillé à l'abaissement des barrières de classes ; Alexandre III, tout en se montrant soucieux du bien-être de ses fidèles moujiks, cherchait à restaurer, dans les campagnes, l'ascendant de la noblesse territoriale, considérée comme la classe conservatrice. La grande mesure intérieure du règne, la réforme de l'administration locale, a été, en réalité, une contre-réforme, destinée à reprendre, dans un esprit tout différent, l'œuvre de l'émancipation des serfs [1]. La commune rurale, dont les patriotes étaient si fiers, le fameux *mir* russe, émancipé par Alexandre II de la tutelle seigneuriale, a été replacé, par Alexandre III, sous l'autorité de fonctionnaires omnipotents, choisis parmi la noblesse locale. Aux idées d'égalité et de liberté, dont s'étaient plus ou moins inspirés les conseillers de son père, Alexandre III tentait à substituer, partout, avec le principe d'autorité, les notions hiérarchiques et les pratiques patriarcales. En cela, il pouvait se faire gloire d'être fidèle à l'esprit slave et aux traditions nationales. C'était bien se montrer russe et gouverner à la russe.

En même temps qu'il s'appliquait à éliminer, des institutions de la Russie, les idées et les influences occidentales, Alexandre III s'efforçait de russifier cette large zone d'Oukraïnes multicolores, de Marches d'origine étrangère et de nationalités diverses, qui s'étend des vasques de granit de la Finlande aux steppes crayeuses de la mer Noire. Ici encore, le successeur d'Alexandre II a été le continuateur de Nicolas Ier. Comme son aïeul, il a fait, de la propagande orthodoxe, le grand instrument de russification, servi, en cela, par le zèle ardent de son ancien précepteur, M. Pobédonostsef, devenu haut procureur du très saint Synode.

1. Voyez *l'Empire des Tsars et les Russes*, tome II, livre 1er.

De là les rigueurs de ce prince, justement réputé pour sa bonté, envers les luthériens des provinces baltiques, les catholiques de Lithuanie ou les juifs de l'Ouest.

Cette politique religieuse, à nos yeux d'Occidentaux incompatible avec la tolérance, Alexandre III n'en était pas l'inventeur. Il l'a trouvée dans la tradition et dans les codes russes ; il n'a guère fait qu'appliquer, en juge inflexible, les lois de l'empire. Certes, ni les paysans lithuaniens fouettés par la police ou condamnés à la prison pour n'avoir pas craint de s'opposer à la transformation de leur église catholique en *tserkov* orthodoxe; ni les pasteurs luthériens exilés, dans les *toundras* du Nord, pour avoir consenti à bénir le mariage de jeunes Livoniens inscrits par le pope sur ses registres de paroisse ; ni les derniers Uniates de Podlachie déportés dans l'Oural pour s'être obstinés, malgré les oukazes impériaux, à demeurer fidèles à Rome ; ni les juifs, de tout sexe et de tout âge, expulsés, par centaines de mille, des provinces où ils étaient nés et où ils avaient grandi, n'étaient enclins à regarder le tsar comme un père. Mais, aux yeux de la plupart des Russes, ils n'étaient, ni les uns ni les autres, des enfants de la maison : les orthodoxes seuls sont les fils de la sainte Russie et seuls ont droit aux bienfaits de l'autocrate sacré au Kremlin.

Pour être équitable envers la Russie et envers le tsar, il ne leur faut point appliquer les mêmes règles ni les mêmes maximes qu'à nos États d'Occident. En dépit des géographes et malgré Pierre le Grand, l'empire russe ne fait point encore, moralement, partie de la vieille Europe. Nous sommes injustes, envers le grand peuple slave et envers ses maîtres, quand nous prétendons le juger comme l'un de nous. La Russie plonge encore, par toutes ses racines, dans le moyen âge. Un souverain russe peut se permettre, en conscience, ce que notre conscience moderne réprouve. Nous ne pouvons le mesurer à notre aune morale. Pour qui ne se laisse pas tromper par les synchronismes décevants des almanachs, l'empereur Alexandre III était moins le contemporain de la reine Victoria que celui d'Isabelle de Castille ou d'Élisabeth d'Angleterre.

Cette énigmatique Russie ressemble à un Janus *bifrons;* elle est, tout ensemble, jeune et vieille. Si, par ses institutions, et plus encore par l'esprit de son gouvernement, elle reste archaïque, à demi médiéviale, — par son développement économique, par son industrie, par ses ressources militaires, c'est, déjà, un État moderne. Elle l'est devenue, davantage encore, sous Alexandre III. Aucun règne n'aura été marqué par d'aussi grands progrès dans toutes les voies de l'activité économique. Ce sera, devant l'histoire, une des gloires d'Alexandre III. Grâce à son esprit d'ordre, à sa haine des abus et à ses efforts pour moraliser les administrations impériales; grâce aussi, nous avons le droit de nous en vanter, au concours des petits bourgeois, des petits rentiers français, Alexandre III aura été le restaurateur des finances et du crédit russes. Par son entente avec la France, il a procuré, à son vaste empire, ce que l'énorme Russie ne pouvait trouver en elle-même, les milliards dont elle avait besoin pour consolider ses finances, pour achever son équipement militaire, pour mettre en valeur ses immenses ressources naturelles.

Presque seul des tsars russes, depuis Pierre le Grand, Alexandre III n'a jamais eu recours à l'épée ; s'il a, lui aussi, reculé les bornes du colossal empire, c'est grâce au prestige du tsar blanc plus qu'à la force des armes. La générosité du maître acheva ce qu'avait commencé la vaillance de Skobelef. Depuis la reddition volontaire de Merv et le transcaspien d'Annenkof, la Russie peut dire qu'il n'y a plus de Turkestan. Khiva et Bokhara sont les paisibles vassaux de l'ancien vassal du grand khan ; la domination de l'Asie centrale et l'empire des steppes, d'où sont sortis les Ginghiz et les Tamerlan, semblent, pour jamais, dévolus à l'aigle de Moscou.

Un des soucis d'Alexandre III a été de relier l'une à l'autre les deux Russies d'Europe et d'Asie. Au lieu de gaspiller ses ressources, comme certains États de l'Occident, en petits chemins de fer, pour de mesquins intérêts locaux, Alexandre III a osé entreprendre le gigantesque railway, vrai trait d'union entre l'Europe et l'Asie, qui doit relier la Néva à la muraille de la Chine et le Volga à la mer du Japon. Ce transcontinental asiatique, près de trois fois plus long que les transcontinentaux américains ou que le transsaharien d'Alger au Niger, inutilement rêvé par nos ingénieurs ; ce transsibérien qui, aujourd'hui, en face du conflit de la Chine et du Japon, devant la brusque entrée en scène de l'homme jaune, fait visiblement défaut à la Russie et à l'Europe, Alexandre III en a fait attaquer les travaux, simultanément, sur l'Irtych, sur l'Obi, sur le Baïkal, sur l'Oussouri. Ce sera, un jour prochain, une des voies historiques de la planète, et le nom d'Alexandre III, qui la regardait comme la grande œuvre de son règne, y demeurera attaché éternellement.

III

Alexandre III s'est toujours montré un pacifique. *Beati pacifici*, a-t-il été dit sur la montagne. Cette évangélique béatitude, tant raillée par les hommes de fer et de sang, Alexandre III l'a élue pour sienne. Il avait fait la guerre, et il ne l'aimait point : il en avait, dans la dure campagne de Bulgarie, vu les horreurs de trop près. Sa conscience de chrétien et d'autocrate y a toujours répugné. Au début de son règne, les empiriques conseillaient, pour combattre l'inflammation nihiliste, la guerre comme un exutoire : Alexandre Alexandrovitch savait trop, pour les écouter, comment cette recette avait réussi au libérateur des Bulgares. Il semble s'être donné pour mission d'assurer la paix à ses peuples ; et, non content d'en faire jouir ses cent vingt millions de sujets, il a osé s'en faire le garant pour l'Europe. Les flatteurs de son grand-oncle, l'empereur Alexandre Ier, l'appelaient, en 1815, « l'ange de la paix » ; — le véritable ange gardien de la paix, dans notre Europe en armes, a été le tsar Alexandre III ; — et le monde savait que, avec lui, la paix était bien gardée.

Maintenir la paix, tel a été l'objectif constant d'Alexandre III, durant les récentes années ; tel a été le motif déterminant de son entente avec la France. En face de la triple alliance, dont les fanfares les plus pacifiques faisaient toujours sonner une note belliqueuse, Alexandre Alexandrovitch a voulu asseoir la paix sur une sorte d'équilibre des forces. Cronstadt et Toulon ont fait savoir aux peuples que le repos de l'Europe n'était pas à la merci d'un caprice du remuant *Kaiser* dont les lyriques discours s'achèvent en hymnes à la gloire de l'Épée.

L'entente franco-russe a été l'œuvre personnelle d'Alexandre III. Entre la Russie et la France, entre l'empire autocratique et la République démocratique, il y avait, semblait-il, un fossé infranchissable. La fille aînée de la Révolution et la Sainte Russie incarnaient, aux yeux du monde, des principes opposés. Toute alliance, entre elles deux, paraissait encore plus malaisée qu'elle ne semblait naturelle. Pourquoi ne s'était-elle jamais nouée, cette alliance, en apparence tout indiquée, entre deux États qui ne se touchent nulle part et deux peuples attirés, l'un vers l'autre, par une mystérieuse affinité de caractère? Demandez-le à l'histoire, qui n'est pas un jeu de hasard. Entre les deux pays et les deux gouvernements, il y avait des préjugés réciproques, les préventions des hommes d'État, l'influence allemande, longtemps prépondérante à Pétersbourg. Il y avait autre chose encore, la différence des institutions, et, ce qui était plus grave, la divergence de l'orientation politique.

Les adversaires de la France croyaient bien être garantis contre tout rapprochement de l'autocrate russe et de la démocratie française. N'était-ce pas pour parer à cette inquiétante éventualité que l'Allemagne bismarckienne avait souri au berceau de notre République? On se rappelait, pour se rassurer, les orgueilleuses rebuffades de l'empereur Nicolas Ier vis-à-vis de la monarchie de Juillet. Le petit-fils pouvait-il se montrer plus clément, à une république, que le grand-père, à une royauté illégitime? Sur ce point, par bonheur, Alexandre III a montré plus de largeur d'esprit et de hauteur de vues que Nicolas Ier. A l'inverse du patron de Metternich, il n'a pas voulu que sa politique étrangère demeurât captive de sa politique intérieure. Il a compris que, les traditions des peuples et les nécessités des États étant diverses, leurs institutions pouvaient être différentes. La sagacité du tsar russe a, ainsi, trompé les espérances mises par Berlin sur notre constitution républicaine.

S'il y avait une barrière de préjugés entre le Palais d'Hiver et l'Élysée, les appréhensions communes tendaient à la renverser. France et Russie avaient subi des froissements simultanés; France et Russie, depuis le Congrès de Berlin, étaient presque également isolées : quoi de plus naturel que leur rapprochement? La triple alliance semblait un défi à toutes deux; dans les deux pays, la triple alliance devait suggérer une contre-alliance. Et ainsi, à l'effroi des amis de la paix, l'Europe en armes risquait d'être coupée, officiellement, en deux camps hostiles. Le jour où la Russie et la France devaient se donner la main, par-dessus l'Allemagne, semblait devoir précipiter le continent dans la plus terrible guerre qu'eût jamais vue le monde [1].

La prudence d'Alexandre III en a décidé autrement. Le rapprochement de la France et de la Russie, qui, de loin, semblait devoir provoquer le choc des puissances, a valu à l'Europe le raffermissement de la paix. Si le mérite nous en revient, pour une part, il appartient, avant tout, au tsar Alexandre III. A l'entente des deux pays, tous deux également pacifiques, il a imprimé sa marque. De ce qui menaçait d'être un engin de guerre, il a fait le contrefort de la paix.

Pour cela, le tsar a choisi son moment. S'il a cédé au courant qui entraînait, l'une vers l'autre, les deux nations, il l'a fait à son heure. Il n'a eu garde de répondre aux avances des brouillons et aux sollicitations des agités. Il a laissé les apôtres de la revanche

1. Voyez *la France, la Russie et l'Europe*. Calmann Lévy.

faire l'inutile pèlerinage du Kremlin. Il a témoigné, par sa froideur, qu'il ne voulait ni des aventuriers ni des aventures. Pour entendre debout, tête nue, la *Marseillaise*, il a attendu que la fin du boulangisme eût rendu la France à elle-même et à ses instincts pacifiques.

Jamais politique ne fut plus claire, ni plus loyale. La droiture d'Alexandre III a eu sa récompense. Nul ne doutait de sa bonne foi. A l'annonce de sa maladie, Vienne, Londres, Berlin se sont montrés presque aussi émus que Paris. Une seule capitale, Rome, a paru froide. C'est peut-être qu'on y redoute moins le déchaînement de la guerre; puis, on n'y a pas su bon gré, au tsar russe, d'avoir rétabli une légation impériale auprès du pape, souverain sans États. C'est la dernière des hautes mesures diplomatiques prises par Alexandre III, et une de celles qui ont dû coûter le plus aux préjugés de la chancellerie de Pétersbourg.

Ici encore, Alexandre III a montré l'élévation de son âme; ici encore, il a eu la hardiesse de franchir un fossé de préventions invétérées. Le tsar orthodoxe se faisant représenter, officiellement, auprès du captif du Vatican; cela n'était, certes, point banal. En se décidant à un pareil pas, Alexandre III avait toujours en vue son pacifique idéal. Il sentait que la papauté, dépossédée de sa couronne terrestre, demeurait un des grands facteurs de l'histoire; il savait que la Rome de Léon XIII était, elle aussi, une puissance pacificatrice; et cette paix du monde qui lui tenait tant à cœur, l'autocrate de toutes les Russies était heureux de l'appuyer sur les forces morales, plus puissantes encore que les forces matérielles.

***

J'ai, en ce moment, devant les yeux, une de ces naïves images coloriées où, pour les esprits simples, on a personnifié l'entente franco-russe dans la rencontre symbolique des deux chefs d'État. Je vois l'empereur Alexandre III donnant la main au président Carnot. Et, aujourd'hui, le président est mort et l'empereur est mourant. Tous deux, — si la Providence n'écoute nos prières, — auront disparu, à quelques mois de distance, moins d'un an après les fêtes de Toulon ; et, des deux, celui qui est tombé sous le poignard nihiliste, ce n'est point le tsar autocrate, si longtemps traqué par les artisans de la nitro-glycérine, c'est le président irresponsable, l'élu bourgeois de la démocratie française : comme si, en conférant à un modeste président le sacre du sang, l'Anarchie avait voulu montrer que, monarchie ou république, c'était tout un, pour les nouveaux barbares.

Le président est mort et l'empereur est mourant; mais la France et la Russie demeurent. Elles ont, aujourd'hui, les mêmes sentiments, elles ont les mêmes intérêts qu'hier; auront-elles la même politique?

Nous n'avons pas la présomption de connaître la pensée intime du césarévitch Nicolas. Nous savons seulement qu'il a, déjà, eu l'honneur d'être associé, personnellement, à la politique étrangère du tsar, son père. Alexandre III aimait peu voyager en dehors de ses États. Il avait l'habitude de se faire représenter, à l'étranger, par son fils. C'est ainsi que le césarévitch Nicolas a été, successivement, l'hôte des cours d'Allemagne, d'Angleterre, d'Autriche-Hongrie; mission délicate, pour un jeune prince, dans l'Europe de la triple alliance, à l'époque de l'entente franco-russe. Cette politique paternelle, dont il a été le confident et le collaborateur, le césarévitch, devenu souverain, voudra-t-il s'en faire le continuateur? ou cédant aux instigations des ennemis de notre démocratie, s'écartera-t-il de la République française pour se lier aux empereurs, ses frères?

Grave question qui, en ces tristes jours d'angoisse, préoccupe les peuples et les cabinets, et dont la solution, — je ne crains pas de le dire, — ne dépend guère moins de la politique intérieure de la France que des influences qui peuvent prévaloir au Palais d'Hiver.

Le rapprochement de la France et de la Russie, tel que l'a compris Alexandre III, semble si bien assurer les intérêts des deux pays ; il est un garant, si manifeste, de la paix de l'Europe et de l'équilibre du monde, que les héritiers du tsar russe hésiteront à y renoncer, tant qu'ils n'y seront point provoqués par les erreurs de notre démocratie. Si l'entente scellée à Cronstadt et à Toulon vient à être rompue, ce sera, croyons-nous, la faute de nos fautes.

Une puissance nouvelle se dresse, de tous côtés, en Europe, qui se vante, insolemment, de mener les masses à l'assaut des sociétés civilisées. Le temps est proche où la défense contre le socialisme sera le grand souci de tous les gouvernements. Voulons-nous ne pas voir se reformer — en dehors de nous, et peut-être contre nous — une nouvelle Sainte-Alliance des empereurs et des rois, il ne faut pas que la République française devienne le champ d'expériences du radicalisme et du socialisme. C'est assez, pour la France, de s'isoler des monarchies européennes par sa constitution : si la République s'avise de les effrayer par les témérités de sa politique, la France sera seule ; l'histoire ne gardera pas plus de traces des émouvantes démonstrations de Cronstadt et de Toulon que n'en a laissé, sur l'azur de la Méditerranée, le sillage des vaisseaux de l'amiral Avelane.

28 octobre 1894.

VI

LA FRANCE, L'ITALIE ET LA TRIPLE ALLIANCE[1]

La situation de l'Europe est peu rassurante ; pour être devenu banal, cela n'en demeure pas moins vrai. Les splendeurs éphémères du Champ-de-Mars ne nous doivent pas faire illusion. Pendant que les sept ou huit cents jurés de l'Exposition s'apprêtent à décerner, aux concurrents de toute nationalité, le prix des luttes de l'art et de l'industrie, les peuples en armes continuent leur faction. Du Niémen aux Alpes et des Carpathes aux Vosges, les sentinelles aux aguets prêtent l'oreille. Qu'ont à faire les Alpes dans cette veillée des armes ? Les Vosges ont leur blessure ; des deux côtés des Vosges se tendent des mains qui ont été séparées et qui voudraient se rejoindre. Je ne vois rien de semblable sur

1. Étude parue dans *la Revue des Deux Mondes*, le 15 juillet 1889.

les Alpes de la Savoie ou du Dauphiné ; par-dessus leurs têtes blanches, l'on n'entend aucun appel, d'un versant à l'autre. Pourquoi leurs gorges se hérissent-elles de forts d'arrêt ? pourquoi les chasseurs alpins s'exercent-ils à escalader leurs sommets ?

Entre la France et l'Allemagne, il y a Sedan et les souffrances de l'Alsace-Lorraine. Entre l'Allemagne ou l'Autriche et la Russie, entre le germanisme et le slavisme, il y a des antipathies nationales, des rivalités de races. Qu'y a-t-il entre la France et l'Italie ? Entre elles, je ne vois pas de sang, — ou, s'il y a du sang, c'est du sang versé en commun, qui cimente et non qui sépare. Entre elles, je ne vois ni haines de races, ni antagonisme de religions, ni conflit de civilisations. De toutes les nations de l'Europe, ce sont les deux plus voisines par le génie, par les mœurs, par les traditions. Elles peuvent en venir aux mains, — l'histoire a déjà vu des fratricides, — elles n'en seront pas moins sœurs. Qu'y a-t-il donc entre elles ? Hélas ! il y a ce qu'il est le plus difficile peut-être d'écarter, parce que rien de plus malaisé à saisir : des préventions, des malentendus, des susceptibilités, des affections déçues, des sentiments froissés.

I

Entre la France et l'Italie, il y a, d'abord, l'amour-propre national. C'est là, en réalité, le point de départ de leurs divisions ; de là est venue leur mésintelligence. La légèreté française a blessé la juste fierté italienne ; tort grave, car l'amour-propre national est ce qu'il y a de plus sensible chez un peuple, et aussi, ce qu'il y a de plus respectable. Pour les patriotes, il s'identifie avec le patriotisme et l'honneur du pays natal. La faute de la France, faute involontaire, souvent même inconsciente, a été de froisser l'orgueil péninsulaire. Alors même que la France la traitait en sœur, l'Italie se trouvait traitée en cadette. Le rôle d'aîné est parfois délicat ; nulle part, plus que de peuple à peuple. Un député lombard qui n'est pas le premier venu, M. Bonfadini, en a fait l'aveu : à la racine de tous les griefs de l'Italie contre nous est la vanité française, trop peu soucieuse de la dignité d'autrui [1]. Les questions d'amour-propre tiennent autant de place dans la vie des nations que dans celle des individus. On l'oublie trop dans nos Chambres ou dans nos bureaux de rédaction. Cela est surtout vrai, d'un pays neuf comme l'Italie; d'un pays qui, en dépit de toutes ses gloires et de sa noblesse de vingt siècles, est, comme État, un parvenu. Il est d'autant plus susceptible, il tient d'autant plus aux égards qu'il a été, plus longtemps, foulé aux pieds. Si l'Italie a tout sacrifié à l'unité, n'est-ce pas pour avoir le droit de marcher, la tête haute, parmi les nations?

Sous ce rapport, la presse française a fait beaucoup de mal à la France, d'autant que les Italiens, comme la plupart des étrangers, ne lisent guère que les plus frivoles de nos journaux, ceux qui, pour un bon mot, nous aliéneraient le meilleur de nos amis. La presse italienne n'est pas demeurée en reste avec les feuilles du boulevard. Les polémiques de journaux ont pris un ton d'aigreur peu fait pour faciliter les relations des cabinets. La presse des deux pays a, trop souvent, ressemblé à deux roquets qui, du haut des cols des Alpes, aboieraient, de loin, l'un contre l'autre. Si le persiflage des feuilles françaises a parfois été insupportable de suffisance et de fatuité, les insinuations des gazettes italiennes ont été

1. Bonfadini, *La France et l'Italie en 1888.*

plus perfides; la défiante imagination de quelques-unes s'est distinguée par l'énormité de ses accusations. A certaines heures, on aurait pu croire qu'il y avait, contre nous, dans la péninsule, une campagne de presse, dirigée de Berlin, comme si le trop-plein du « fond des reptiles » s'était déversé par-dessus les Alpes. J'ai rencontré, dans des journaux réputés sérieux, les inventions les plus bizarrement odieuses. Ainsi, à la suite d'une collision entre un bateau français et un bateau italien, un journal de ton modéré, *il Tempo*, de Venise, racontait, en septembre 1888, que les capitaines français avaient reçu, de leur gouvernement, des ordres secrets pour couler, par surprise, les vapeurs italiens qui pouvaient servir de transports militaires. Autre exemple : combien de journaux de diverses provinces ont annoncé que les cuirassés ou les torpilleurs français devaient fondre à l'improviste, sans déclaration de guerre, sur les ports ou les arsenaux de l'Italie?

Autre exemple encore. On sait combien il y a d'ouvriers italiens en France. Ils doivent s'y trouver bien, car ils y affluent en masses compactes. Ils s'y sont presque emparés de certains métiers. L'Italien du nord, le Piémontais, comme on dit chez nous, est le Chinois de l'Europe. Il a une capacité de travail, une sobriété, une régularité que nos ouvriers ont, trop souvent, perdues. C'est le terrassier piémontais qui a construit presque tous nos nouveaux chemins de fer. Une bonne part des milliards du plan Freycinet est passée dans sa large ceinture. Sans lui, ce plan, de ruineuse mémoire, fût demeuré inexécuté. En apportant leurs bras à la France, ces Italiens lui apportaient du travail à bon marché. Le gouvernement, les chefs d'industrie devaient s'en féliciter; l'ouvrier français, non. Pour lui, ces étrangers ne sont que des concurrents qui viennent lui enlever son travail et faire baisser son salaire. Comment s'étonner que, sur les chantiers où ils se rencontrent, il y ait des rixes entre les travailleurs des deux nationalités? Des Français ou des Allemands viendraient, par escouades, disputer les constructions de Rome aux maçons italiens, qu'ils risqueraient fort d'être accueillis à coups de stylet. Or, ces querelles inévitables entre ouvriers indigènes et ouvriers étrangers, certaine presse italienne s'est plu à les représenter comme un complot organisé. On a dénoncé la « chasse à l'Italien » et la « barbarie française », comme s'il y avait là autre chose qu'une de ces questions de concurrence et de salaire, sur lesquelles les peuples entendent, difficilement, raison. Le fait mérite d'autant plus d'être signalé, que les ouvriers italiens s'obstinant, malgré les conseils de leurs journaux, à venir chercher leur vie sur cette sauvage terre de France, les conflits d'ouvriers ne peuvent manquer de se reproduire, périodiquement. Française ou italienne, bien coupable la presse qui les exciterait ou les grossirait!

Il faut bien le dire, du reste, au lieu de rapprocher les peuples en les aidant à se comprendre, la presse semble, trop souvent, travailler à les séparer et à les irriter les uns contre les autres. Elle envenime les querelles, elle dénature les incidents, elle stimule les rivalités, elle pique les amours-propres. Si l'Europe est toujours sur le qui-vive, la faute en est, pour une bonne part, à la presse et à son auxiliaire, le télégraphe. Nulle part, cela n'est plus sensible que dans les relations de la France et de l'Italie.

Une chose rendait les froissements entre les deux pays plus faciles et plus douloureux, précisément, ce qui semblait le gage de leur amitié : les services rendus par l'un à l'autre. Il n'est pas besoin d'être grand psychologue pour savoir que la reconnaissance est un fardeau incommode. Elle pèse, encore plus, aux peuples qu'aux individus. Le bienfaiteur n'a qu'un moyen de se faire pardonner ses bienfaits, c'est de les oublier. La France s'est trop souvenue de Magenta et de Solferino, et, qui pis est, elle a, trop souvent, fait mine de s'en repentir. Le rôle de sauveur est de ceux qui demandent le plus de tact; voyez-le au théâtre : n'y réussit pas qui veut. Il ne faut pas imiter ce personnage de comédie qui ne manque aucune occasion de rappeler que c'est à lui que son compagnon de voyage doit la vie. Puis, sans prétendre que la morale n'a rien à démêler avec la politique, on ne saurait appliquer aux nations les mêmes règles qu'aux individus. Un homme peut se sacrifier à autrui; un peuple, non. Si vilaine chose que soit l'ingratitude, les peuples ont parfois le droit d'être ou de paraître ingrats. On pourrait dire que, pour eux, l'égoïsme est le premier des devoirs. C'est celui qu'ils pratiquent le plus facilement; le fâcheux est que leur égoïsme est souvent mal entendu.

Il y avait à peine quelques mois que les armes russes avaient jeté la Hongrie aux pieds des Habsbourg, lorsque le prince Schwarzenberg annonçait que l'Autriche étonnerait le monde par son ingratitude. « De tous les rois de Pologne, disait l'empereur Nicolas, au palais Lazienki, les deux plus fous, c'est Sobieski et moi, qui avons, tous deux, sauvé l'Autriche. » Le souvenir de Sobieski n'avait pas empêché Marie-Thérèse de signer le partage de la Pologne; il est vrai qu'elle n'avait signé qu'en pleurant. Les Bulgares, émancipés par les Russes, n'ont pas attendu dix ans pour s'affranchir de la tutelle de leur grand frère du Nord. Ils gardent, au-dessous des saintes images, le portrait du tsar libérateur, et ils ferment l'oreille aux conseils venus de Pétersbourg. La presse russe a beau répéter : « Plevna! Plevna! » Sophia persiste à en faire à sa tête. La Russie ne recouvrera son ascendant sur la principauté que le jour où Pétersbourg aura convaincu les Bulgares que leur autonomie n'a rien à redouter de la politique russe. C'est là une histoire de tous les temps. Louis XIV, en 1672, reprochait, déjà, aux Hollandais leur ingratitude, « quoiqu'il ne soit pas séant aux princes, plus qu'aux particuliers, de reprocher les bienfaits dont ils ont comblé leurs amis ou leurs voisins [1]. » Louis XIV avait raison, cela

1. Camille Rousset, *Louvois*, t. I, ch. v.

est malséant, et de plus, c'est malavisé. Reprocher les services rendus, c'est le moyen de les faire discuter.

Ainsi, certains Italiens, un petit nombre, je dois le dire, ont découvert que l'Italie ne devait rien à la France. La péninsule avait-elle une dette, c'était envers Napoléon III; les Bonaparte tombés, l'Italie ne nous doit plus rien. Sa dette envers l'empire, elle l'a acquittée en élevant, à Milan, une statue à Napoléon III. Les Italiens qui raisonnent ainsi ne font que répéter ce qu'a dit et écrit plus d'un Français. Il est des patriotes, parmi nous, qui se sont appliqués à démontrer que l'affranchissement de l'Italie avait été, exclusivement, l'œuvre personnelle de Napoléon III. A les entendre, la France n'y a participé que forcée et contrainte; c'est, malgré elle, qu'elle a été traînée à Solferino.

Par malheur, la campagne de 1859 n'est pas assez ancienne pour qu'il n'en reste des témoins. Il n'est pas besoin d'être octogénaire pour avoir vu les ouvriers de Paris acclamer l'empereur partant pour Magenta. A tort ou à raison, la guerre d'Italie a été la plus populaire des guerres du second empire. C'est presque le seul acte de Napoléon III auquel ait applaudi l'opposition. Qui en doute n'a qu'à feuilleter les collections des journaux libéraux ou démocratiques. Le fait est constant; un vent de générosité, comme il ne s'en lève guère que dans nos plaines gauloises, soufflait alors sur la terre de France. Les Français étaient heureux d'aller à la délivrance d'un peuple. Villafranca les contrista; ils eussent voulu pousser jusqu'à l'Adriatique. Il leur en coûtait de laisser Venise « aux Croates » ; ils pardonnaient mal à Napoléon III de s'être arrêté devant la menace d'une intervention de la Prusse. Il n'était que temps, cependant ; sans l'armistice conclu, à la hâte, par les deux empereurs, la Prusse et l'Allemagne entraient en ligne pour leur confédéré, et la France payait, de l'Alsace, l'affranchissement de l'Italie.

Tels sont les faits ; les reproches rétrospectifs, adressés à la politique impériale, n'y sauraient rien changer. La haine de l'empire a beau faire répéter, à nombre de Français, que l'Italie ne nous doit rien, les Italiens savent ce qu'ils en doivent penser. Les politiques peuvent reléguer dans l'ombre les lointains souvenirs de 1859, le peuple de la Lombardie et des Romagnes a la mémoire plus fraîche ; il sait que, sans les pantalons rouges, les habits blancs pourraient encore monter la garde sur la place du Dôme de Milan, et le drapeau jaune et noir flotter sur les portiques des rues de Bologne. Le droit à l'ingratitude, les politiques les plus dégagés ne l'ont jamais proclamé. Interrogez-les ; ils vous diront que, si, en 1870, l'Italie n'a pas payé à la France la dette de 1859, la faute en est à la légèreté du gouvernement français, au coup de tête de 1870, à la rapidité et à l'imprévu des événements.

Le fait est que, en 1869, alors que le choc de la France et de l'Allemagne semblait inévitable, l'Italie nous a offert son alliance. Le diplomate dont les études ont jeté le plus de clarté sur la politique du second empire, M. Rothan, a raconté l'échec de cette négociation [1]. La France cherchait à conclure une alliance avec l'Italie et avec l'Autriche-Hongrie. Le Cabinet de Florence ne refusait pas son concours; il est vrai qu'il y mettait le prix. Les États, d'habitude, ne traitent pas gratis; la France elle-même, avant de passer les Alpes, avait stipulé la cession de la Savoie et de Nice. Le gouvernement italien demandait Rome; l'opinion ne lui eût pas permis de se lier à moins. L'Autriche, la catholique Autriche ne s'en effarouchait point; elle pressait la France « d'enlever à l'Italie cette épine de Rome ». Le gouvernement français ne sut pas s'y décider. Quelque intérêt qu'eût, pour nous, à pareille heure, une alliance franco-austro-italienne, il y avait, on ne saurait le méconnaître, un obstacle à la condition qu'y mettait l'Italie. Ce n'étaient pas seulement les influences féminines qui s'employaient, aux Tuileries, pour le Vatican; c'était une chose qui, de tout temps, a compté en France : l'honneur. La France ne pouvait demeurer, éternellement, en faction au château Saint-Ange; le *jamais* de M. Rouher au Corps législatif avait été le mot d'un avocat plaidant pour un client, en vue d'un succès d'audience; un homme d'État sait que jamais et toujours n'appartiennent pas à la langue politique. La France ne pouvait prolonger, sans fin, l'occupation de Rome; mais il lui était dif-

1. G. Rothan, *Souvenirs diplomatiques : l'Allemagne et l'Italie.*

ficile, Pie IX vivant, de paraître trafiquer d'un vieillard désarmé, qu'elle-même avait rétabli sur son trône temporel. Donc, la triple alliance rêvée par M. de Beust échoua, par le refus de la France, et non de l'Italie. Elle échoua, pour le malheur de l'Europe et le malheur de la papauté, emprisonnée dans son *Non possumus;* car, en cédant, à Rome, la place aux Italiens, la France eût pu obtenir au Saint-Siège ce qui manque, aujourd'hui, aux *guarentigie* italiennes, une garantie internationale.

Les négociations qu'elle avait rompues, par scrupule, en 1869, la France en sollicita la reprise, en 1870, à la veille et au lendemain des premières batailles. Il était trop tard; ni l'Italie, ni l'Autriche n'étaient prêtes. Puis, la France était trop mal engagée; Wœrth et Spickeren avaient refroidi nos amis. Les défaites ne nouent pas les alliances. On n'entre pas en campagne pour un vaincu. Un instant, Victor-Emmanuel, en *re galantuomo*, songea à marcher; ses ministres, Lanza et Sella, étaient là pour le retenir. M. Thiers ne réussit pas mieux que le prince Napoléon. « Parce que la France s'est jetée par la fenêtre, disait M. Visconti-Venosta, ce n'est pas une raison pour que l'Italie s'y jette, après elle. » Et de fait, les armées françaises captives, Paris investi, ce n'était pas assez de l'intervention de l'Italie pour redresser la balance en notre faveur; l'Italie n'avait pas assez de troupes pour rétablir l'équilibre. Son armée était loin d'être ce qu'elle est aujourd'hui. Elle avait été réduite en 1869. Le Cabinet de Florence eût eu de la peine à transporter, au delà des Alpes, plus de cinquante mille hommes, et cinquante mille Italiens n'eussent pas suffi à changer la face de la guerre. Paris était trop loin, et les victoires de la Prusse avaient été trop rapides. Si lestes et si vaillants que soient les bersaglieri, un corps d'armée italien ne nous eût guère plus servi que les volontaires de Garibaldi. Il eût fallu que l'entrée en ligne de l'Italie entraînât celle de l'Autriche; mais la Hofburg, non plus, n'était pas prête, et quand M. de Beust l'eût emporté, l'Autriche était bridée par la Russie. Le prince Gortchakof avait le traité de Paris à dénoncer, et l'empereur Alexandre II s'était chargé de protéger les derrières de son oncle Guillaume. Laissons donc là, une bonne fois, la conduite de l'Italie en 1870. Un peuple qui se lance, tête baissée, dans une guerre, sans consulter ses voisins, ne doit pas compter sur eux pour le tirer d'affaire.

II

« Comment avez-vous toujours tant de plaisir à retourner en Italie, alors que les Italiens doivent être si désagréables pour les Français? » Que de fois m'a été répétée cette naïve question, comme si, au sud des Alpes, le Français était devenu un ennemi devant lequel se ferment toutes les portes. Non, vraiment, les Italiens n'en sont pas encore là avec nous; ils ne nous font point mauvais visage. Cela, du reste, est si contraire à leur naturel que, le voudraient-ils, ils y réussiraient mal. De tous les étrangers, le Français est peut-être, encore aujourd'hui, le mieux accueilli en Italie. Demandez aux jeunes gens qui ont représenté la France au centenaire de l'université de Bologne. Maîtres et élèves ont été étonnés de la spontanéité et de l'enthousiasme de la réception faite, par la jeunesse italienne, à nos étudiants et à notre drapeau. On les a portés en triomphe. On a dételé les chevaux de leur voiture; on se serait cru aux jours où les Autrichiens décampaient des Romagnes, au bruit du canon de Magenta. A Bologne, dira-t-on, les acclamations des étudiants et du peuple s'adressaient moins à la France qu'à la République. Quand le sentiment démocratique n'y eût pas été étranger, jamais un peuple séparé de la France par des haines nationales n'eût fêté, ainsi, des Français.

Entre la France et l'Italie, qu'on ne nous parle donc pas d'antipathies nationales. Les liens officiels de la triple alliance n'ont pas encore étouffé les vieilles sympathies. La triple alliance est une combinaison politique qui n'a rien à voir avec le sentiment populaire. Ce qui est vrai, c'est que nos amis les plus ardents, ou les plus bruyants, se rencontrent surtout aux deux pôles du monde politique. Il en est de républicains; il en est de papalins. On sent l'inconvénient pour nous. Cela tend à nous rendre suspects aux partis dynastiques. Il y a là une sorte de fatalité historique qui pèse, sur nous, depuis un siècle. C'est la rançon de notre grand et double rôle dans l'histoire. En Italie, comme presque partout, au dehors, la France est, pour les uns, la mère de la Révolution, pour les autres, la fille aînée de l'Église, deux personnages qu'elle a peine à mettre d'accord, et qui ne plaisent guère plus, l'un que l'autre, à l'Italie officielle. Pauvre France! on lui fait, à la fois, les deux reproches opposés; elle ne se disculpe de l'un qu'en s'exposant à l'autre. On appréhende d'elle l'eau et le feu, le cléricalisme et la démocratie. Les uns la regardent comme un foyer de révolution; les autres la considèrent comme l'alliée traditionnelle de la papauté, le soldat du pontificat romain. Quelques Italiens nous attribuent, en même temps, les deux qualités, nous mettant dans une main une pique jacobine, un goupillon dans l'autre, se représentant la France sous la figure d'un jésuite coiffé du bonnet rouge.

De là vient que les manifestations en faveur de la France la compromettent. On affecte d'y voir des démonstrations hostiles à la monarchie; ainsi notamment, des *meetings* réunis par les « amis de la paix » pour protester contre la triple alliance. La présence des chefs de l'extrême-gauche, l'assistance des sociétés démocratiques, les lettres ou les discours des radicaux français excitent, contre ces réunions, les défiances du gouvernement. On accuse leurs promoteurs d'avoir moins d'affection pour la paix que de tendresse pour la République. On leur reproche de ne lever leurs pacifiques bannières que pour partir en guerre contre le pouvoir légal. Mais à qui la faute, si le cri de « Vive la paix! » semble une attaque contre les ministres, ou contre la dynastie? Assurément, ce n'est pas à la France.

Les discours antibelliqueux, les protestations contre la politique d'armements à outrance répondent au sentiment populaire ; le tort des modérés est d'en laisser le monopole à l'extrême-gauche. Quelques-uns l'ont senti.

M. Bonghi présidait, il y a quelques mois, un Congrès de la paix. L'Italie aurait le suffrage universel, que les démonstrations pacifiques se multiplieraient, du Mont-Rose à l'Etna. Le sentiment du pays, dans toutes les classes, n'est pas douteux ; il tient pour la paix. J'en ai eu une démonstration piquante, à Rome même, en février dernier. On jouait au théâtre Valle, une comédie intitulée : *Le due Rome.* Ces deux Romes, que l'amour devait réunir, étaient personnifiées par une jeune Italienne de famille libérale et un jeune prince romain de famille papaline. Pour faire vibrer, chez le jeune patricien, la fibre patriotique, l'auteur n'avait rien trouvé de mieux que d'imaginer, au cinquième acte, un débarquement de l'étranger, c'est-à-dire des Français, à Civita-Vecchia. Peut-être comptait-il sur ce tableau pour enlever l'enthousiasme de la salle. Il s'était mépris ; au lieu d'applaudir, le public siffla. On dut retirer la pièce. Le plus curieux, c'est que l'inventeur de cette guerre improvisée, le commandeur C.., était un haut fonctionnaire, rien moins que le directeur général des théâtres et des beaux-arts. Presque tous les adversaires, — Dieu me garde de dire les ennemis de la France, — appartiennent en effet au monde officiel. C'est, par là, que la situation est mauvaise. On pourrait, sans trop d'exagération, la résumer ainsi : un peuple ami, un gouvernement hostile.

Nous ne sommes pas, pour notre part, de ces bonnes âmes qui se persuadent que les sympathies des peuples valent mieux que le bon vouloir des gouvernements. Il est peu sûr de se fier au sentiment des peuples; leurs sympathies ne peuvent toujours s'exprimer, et les gouvernements ont bien des moyens d'en changer la direction. La vérité, c'est que la malveillance de l'Italie envers la France est toute politique; par là-même, en un sens, elle est artificielle. L'alliance de Rome et de Berlin est une alliance de cabinets; c'est, selon les points de vue, sa force et sa faiblesse. Elle repose moins, en réalité, sur des passions ou sur des intérêts nationaux, que sur des convenances de cours et sur des calculs de partis.

III

Qu'est donc la triple alliance pour l'Italie? Quel aimant attire le Quirinal vers Berlin, et quelle force le retient dans l'orbite de la Prusse? Est-ce le ressentiment de l'occupation de Tunis, la crainte de voir la France envahir toute la côte septentrionale de l'Afrique? Est-ce la peur d'une intervention en faveur du Vatican et le besoin d'une garantie contre les revendications du Saint-Siège? Tunis et Rome, voilà d'ordinaire, les deux noms qu'on nous jette pour justifier l'alliance italo-allemande. Va pour Tunis et Rome! Nous comprenons que le traité du Bardo ait froissé les Italiens; mais l'occupation de la Tunisie nous semble avoir été moins la cause que l'occasion de l'alliance italo-prussienne. Le désappointement suscité dans la péninsule par le protectorat français a déterminé l'Italie officielle à une évolution, vers laquelle la politique l'inclinait déjà. Le drapeau français n'était pas planté sur les ruines de Carthage, en 1873, lorsque le roi Victor-Emmanuel allait saluer, à Berlin, l'empereur Guillaume Ier, ou, en 1877, lorsque M. Crispi à la veille de devenir ministre, avait soin d'aller prendre langue auprès du chancelier de fer. Les Français eussent abandonné Tunis à M. Maccio, que l'Italie ne s'en fût pas moins rapprochée de Berlin. M. de Bismarck, qui, pour l'amener à lui, l'a tour à tour, publiquement, malmenée et cajolée, avait plusieurs prises sur l'Italie. Il avait Rome, et, lorsqu'il entrait en coquetterie avec le pape Léon XIII, lorsqu'il faisait mine d'encourager les espérances de la curie, le chancelier savait pour qui il travaillait. Si, à Berlin, le Quirinal est allé chercher une garantie contre les revendications du Vatican, la première des puissances contre l'intervention desquelles la maison de Savoie s'efforçait de se prémunir, c'était l'Allemagne de M. de Bismarck. Pour singulier que cela semble, c'est contre ses propres alliés que l'Italie se mettait en garde. Devenir l'amie officielle de l'Allemagne lui semblait le meilleur moyen d'empêcher Berlin de soulever la question de Rome, — et quel autre cabinet eût osé prendre une telle initiative?

Les rapports des États sont souvent gouvernés par une logique secrète que les historiens découvrent après coup. L'alliance italo-allemande était faite pour suggérer les explications des écrivains philosophes. Ils n'y ont manqué ni à Rome, ni à Berlin. L'entente des deux puissances repose, à les en croire, sur la solidarité naturelle de la nouvelle Allemagne et de l'Italie nouvelle, sur les affinités de l'unité italienne et de l'unité allemande. Les deux révolutions n'offrent-elles pas une sorte de parallélisme? — Rien de plus simple et de plus philosophique, semble-t-il ; aussi pareil raisonnement agrée-t-il à nombre d'esprits ; il contribue à la force de l'alliance, en lui conférant une sorte de cachet scientifique, qui paraît la faire rentrer dans les lois de la nature. Pour qui ne se contente pas de formules générales, cette interprétation perd singulièrement de sa valeur.

Les affinités de l'unité allemande et de l'unité italienne sont plus apparentes que réelles, attendu que l'unité des deux pays a été faite d'une manière fort différente. L'unité de l'Italie a été autrement spontanée que celle de l'Allemagne. Nous ne prétendons point que celle-ci soit artificielle, éphémère, destinée à disparaître avec son fondateur; loin de nous pareille chimère ! Nous savons que l'unité de l'Allemagne, tout comme celle de l'Italie, était dans la logique de l'histoire ; la faute de la France a été de ne s'en pas rendre compte, et c'est une faute qu'il ne lui faudrait pas renouveler. Ce n'est point, par une simple coïncidence, que l'unité de l'Allemagne et celle de l'Italie se sont accomplies dans le siècle de la vapeur et de l'électricité. Il n'en est pas moins vrai que l'unification des deux peuples ne s'est pas faite, selon les mêmes procédés. Les Italiens nous paraissent trop modestes en comparant l'œuvre de M. Cavour à l'œuvre de

M. de Bismarck. La première nous semble supérieure à la seconde ; ce n'est pas qu'elle ait été œuvre de saint, mais le fer et le sang y ont eu moins de part. Si elle a été une violation du droit ancien, — et il n'en pouvait guère être autrement, — elle n'a pas violé le droit nouveau, le droit national dont elle se réclamait. L'Italie, en s'unifiant, n'a pas exercé le *compelle intrare* sur des pays d'autre nationalité. La nouvelle monarchie italienne ne repose pas sur l'oppression de provinces conquises et annexées malgré elles. Il n'y a pas dans ses chairs, de corps étrangers, de Danois, d'Alsaciens-Lorrains, de Polonais asservis et maintenus par la force. Nous n'ignorons pas, à Paris, que le val d'Aoste et telle haute vallée piémontaise parlent notre langue ; mais nous ne faisons pas de la langue l'unique facteur de la nationalité. — Il n'y a, en Italie, que des Italiens, comme il n'y en a, en France, que des Français. Par là, l'unité italienne ressemble beaucoup plus à l'unité française qu'à l'unité allemande.

Et ce n'est pas le seul côté par où l'Italie nouvelle se rapproche bien plus de la France que de la nouvelle Allemagne. Il en est de même pour la constitution intime de l'État italien. Tandis que la Prusse s'est subordonné l'Allemagne, le Piémont s'est fondu dans l'Italie. *Italia e Germania — I due monumenti politici — Del secolo XIX*, lisait-on, sur un arc de triomphe, dressé, à Naples, en l'honneur de l'empereur Guillaume II. Pour être contemporains, ces deux monuments politiques n'ont pas l'air d'être du même temps. Ils n'ont pas la même ordonnance, ils n'ont pas le même style. Regardez-les; l'un, avec sa hiérarchie de souverains et d'États superposés, avec ses étages inégaux aux fenêtres disproportionnées, avec ses tours et ses tourelles de toute grandeur et de toute forme, semble un castel féodal : il a quelque chose d'archaïque, de gothique; — l'autre, avec sa simplicité de structure et l'unité de son plan, avec la régularité symétrique de ses colonnes et de ses frontons, est un palais moderne. Tandis que le nouvel empire germanique, sorte de monstre hybride, n'est ni un État strictement unitaire, ni un État strictement fédéral, l'Italie, ne s'étant pas arrêtée à la fédération, a achevé son unité. Par là encore, elle ressemble plus à la France qu'à l'Allemagne.

Enfin, une troisième et non moindre différence entre l'unité allemande et l'unité italienne : l'Italie a conquis, à la fois, l'unité et la liberté; c'est ce qui fait de sa résurrection nationale une sorte de prodige dans l'histoire. Victor-Emmanuel et Cavour ont été deux grands thaumaturges. On a dit que les peuples, dans leurs révolutions, faisaient rarement coup double : l'Italie y a réussi. L'Allemagne, aussi, visait, simultanément, l'unité et la liberté; on ne saurait dire qu'elle ait touché le double but. La maison de Savoie et les Hohenzollern ne s'inspirent pas des mêmes principes : les maximes en honneur au Quirinal ne sont pas de mise sur la Sprée. Les sujets du roi Humbert seraient désagréablement surpris, si le fils de Victor-Emmanuel leur rapportait d'Allemagne les recettes gouvernementales de Potsdam. Le fait est que, par les formes et l'esprit de leur gouvernement, par leur tempérament et leurs mœurs politiques, l'Italie et la Prusse sont deux États bien différents. On ne saurait dire que leur alliance s'appuie sur la similitude de leurs principes : loin de les rapprocher, leurs institutions semblaient faites pour les tenir éloignées.

Et cependant, il ne semble pas que cette divergence de principes ait été un obstacle au rapprochement de la maison de Savoie avec les Hohenzollern. Par cela même que la jeune monarchie italienne n'est pas une monarchie de droit divin, elle devait être d'autant plus tentée de rentrer dans le giron des vieilles dynasties, de lier partie avec les Habsbourg et les Hohenzollern. Ce qui l'attirait vers l'alliance austro-allemande, ce n'était pas seulement la naturelle ambition de faire figure en Europe, la satisfaction d'amour-propre de prendre, entre Vienne et Berlin, la place laissée vide par la Russie, l'orgueil de marcher aux bras de deux empires; c'était peut-être, davantage, le désir de se rapprocher de l'Europe conservatrice, de se donner une sorte de consécration vis-à-vis des cours, en même qu'une garantie vis-à-vis de la révolution. Une monarchie issue d'une révolution est toujours soucieuse d'effacer cette tache originelle.

La triple alliance, gardons-nous de l'oublier, n'a point

été inaugurée par M. Crispi et la gauche italienne, — bien que M. Crispi ait pu se vanter d'y avoir contribué par ses voyages ; — la triple alliance a été préparée par la droite constitutionnelle. A vrai dire, elle a été moins l'œuvre d'un ministère, ou d'un parti, que l'œuvre de la dynastie. Le ministre qui a signé le traité d'alliance, M. de Robilant, était l'homme de confiance de la couronne. On sait qu'il passait pour avoir du sang de Savoie. Veut-on apprécier la triple alliance, il faut songer que ce n'est pas, seulement, une alliance politique, mais aussi une alliance dynastique. Ici, encore, nous pourrions répéter : c'est là sa force, et c'est là sa faiblesse. C'est sa force surtout.

Nous touchons à un point délicat ; mais il importe de tout dire : la forme du gouvernement français n'a pas été étrangère à l'accession de l'Italie à la triple alliance. M. de Bismarck savait ce qu'il faisait, quand, à l'encontre de M. d'Arnim, il souhaitait l'établissement de la république en France. Il comptait sur la république pour mettre la France en quarantaine. « Nous autres souverains, nous sommes monarchistes, » disait le roi Victor-Emmanuel à un de nos ambassadeurs. Le voisinage de la République française n'était pas sans inquiéter les cours d'Italie et d'Espagne. A Rome, comme à Madrid, on appréhendait la contagion démocratique. Alors même que notre gouvernement avait la sagesse de s'interdire toute progagande, on craignait, sans l'avouer, que le spectacle donné par la France ne fortifiât le parti républicain au delà des monts. « Quand votre république sera sortie de l'enfance, et que son tempérament sera formé, — me disait un Castillan, il y a une quinzaine d'années, — si elle est sage, et si elle donne de bons exemples, gare aux monarchies voisines ! » Les faits ont montré que ces appréhensions étaient chimériques. La République semble avoir pris soin de rassurer les voisins que sa bonne conduite eût pu inquiéter. En Italie, aussi bien qu'en Allemagne, les philosophes politiques ont tiré parti de ses faiblesses pour démontrer, aux peuples, l'infériorité de la forme républicaine et les bienfaits de l'institution monarchique.

Malgré toutes ses fautes, et parfois à cause de ses fautes, la république française a gardé les sympathies des républicains, des radicaux, des révolutionnaires, ce qui eût suffi à refroidir, envers elle, le Quirinal. Ce n'est point que l'Italie officielle souhaite la reconstruction des Tuileries et le rétablissement d'une monarchie chez nous ; elle sait bon gré à la république de contribuer à l'isolement de la France ; mais, en même temps, elle trouve qu'une république, dans une ancienne monarchie, est de mauvais exemple. Puis, tout préjugé dynastique mis de côté, comment lier partie avec un pays dont l'instabilité gouvernementale semble la loi ? — Ce sont les Italiens qui parlent, et, en gens prudents, ils se préoccupent des coups de tête que leur imagination prête à la France.

Pour un gouvernement républicain, le premier intérêt d'un pays, c'est le maintien de la république. On nous le répète assez, en France, nous donnant à entendre que, pour une si noble fin, tout est permis, y compris un coup d'État. Les gouvernements monarchiques raisonnent à peu près de même, avec cette différence que, pour eux, l'intérêt de l'État, c'est, avant tout, l'affermissement de la monarchie. Il faut quelque naïveté pour s'étonner que la royauté italienne ait fait meilleur visage à la monarchie prussienne qu'à la République française. Une seule chose peut surprendre, c'est que l'Italie, un pays avisé s'il en fût, ait été jusqu'à s'enchaîner à l'Allemagne. Elle ne s'est pas sentie assez forte pour oser demeurer isolée; elle a manqué de foi en elle-même; elle a cru que, devant les périls de l'Europe, il lui fallait s'étayer sur une alliance, et, obligée de choisir, elle a opté pour Berlin, — d'autant que Berlin lui paraissait le côté du plus fort.

Pour que la triple alliance soit le palladium du trône, il ne suffit pas cependant qu'elle soit mal vue des républicains. La maison de Savoie montre trop peu de confiance en elle-même et dans l'Italie, lorsqu'elle semble s'appuyer sur ses alliances impériales. En réalité, la monarchie italienne n'a besoin d'aucun étai étranger. Craindre la contagion républicaine, c'est, de sa part, faire trop d'honneur à la République française. Des lagunes à l'Etna, l'arbre de Savoie a poussé de trop profondes racines pour être ébranlé par les vents du dehors. La dynastie a un grand avantage : elle a beau avoir été, récemment, transplantée du Piémont, elle tient au sol par des racines multiples qu'on ne peut couper toutes à la fois. L'Italie a de vieilles et admirables cités; elle n'a pas de capitale en état de faire une révolution. L'unique danger pour elle, en dehors d'une guerre malheureuse, c'est l'appauvrissement, par suite le mécontentement du pays. Or, ce danger, la triple alliance l'y expose plus qu'elle ne l'en préserve. Le moment peut venir où le peuple se demandera si cette onéreuse alliance profite au trône ou au pays. Le plus grand péril pour les monarchies modernes, c'est de laisser croire qu'elles ont une politique dynastique, plus conforme aux préventions ou aux intérêts de la couronne qu'au sentiment ou aux intérêts de la nation.

La triple alliance n'est, déjà, pas très populaire. Le journal le plus répandu de la péninsule, le *Secolo*, la combat, ouvertement. Certaines élections, celles de M. Imbriani, notamment, ont été une protestation contre elle. Il faut dire que la froideur de nombre d'Italiens s'adresse moins à Berlin qu'à Vienne. On subit l'alliance de l'Autriche, parce qu'elle est la condition de l'alliance de l'Allemagne. C'est la Prusse qui réunit les deux adversaires de 1848, 1859 et 1866. Habsbourg et Savoie ne se donnent la main que dans le sein du Hohenzollern. Le gouvernement de Rome a peine à faire taire les revendications de l'*Italia irredenta*. Les patriotes sont disposés à lui reprocher de se faire le geôlier de Trente et de Trieste. Si les Italiens convoitent des territoires en dehors de l'Italie officielle, leurs regards se dirigent, en effet, beaucoup plus vers les Alpes orientales que vers les Alpes occidentales. Un Français aurait mauvaise grâce à ne pas le reconnaître : il n'y a nulle agitation, dans la Péninsule, pour Nice ou pour la Savoie, qui se sont donnés, librement, à la France. Il n'en est pas de même de Trieste et de Trente, deux villes presque également italiennes de mœurs et de sentiments. Il en résulte que les revendications nationales de l'Italie se dirigent, spontanément, vers le territoire de son alliée officielle. Situation singulière, d'autant que, s'il est permis, aux Italiens, de rêver quelque *combinazione* leur permettant d'annexer le Trentin, ils savent que l'Allemagne ne veille guère moins que l'Autriche, sur le golfe de Trieste.

L'Autriche est, du côté italien, le point faible de la triple alliance. Aux yeux du politique qui envisage la situation générale de l'Europe, l'existence de l'Autriche-Hongrie est une garantie d'indépendance pour l'Italie. La détruire, même pour avoir une part de ses dépouilles, serait œuvre de téméraire. Mais les peuples n'ont pas la vue longue ; ils voient, à peine, à quelques lieues au delà de leurs frontières. Quant à nous, Français, si nous nous méfions de la triple alliance, ce n'est point de l'Autriche. La France, depuis 1815, n'a jamais eu d'affaire avec l'Autriche que pour les beaux yeux de l'Italie. Depuis que les *schwarz-gelb* sont hors de la péninsule, nous n'avons rien à démêler avec eux. Nous ne leur en voulons même point d'avoir lié partie avec les vainqueurs de Kœnigsgrætz ; nous savons qu'ils n'avaient guère le choix. L'Autriche-Hongrie ne nous inspire ni ressentiment, ni inquiétude ; nous sommes persuadés que la Hofburg redoute les complications plus qu'elle ne les recherche. Pour un peu, la présence de l'Autriche dans la triple alliance nous rassurerait, au lieu de nous effrayer. Ce n'est pas que la presse ou les hommes d'État de Vienne et de Pesth nous montrent quelque bienveillance. Loin de là, ils ne se croient même pas toujours obligés d'être polis envers nous. On se rappelle l'algarade de M. Tisza dissuadant les Hongrois de se risquer, chez nous, durant notre Exposition du Centenaire [1].

Si la guerre doit sortir de la triple alliance, ce ne sera pas, croyons-nous, du fait de l'Autriche. Elle tempérerait plutôt les ardeurs de ses alliés. Nous sommes, naturellement, moins rassurés du côté de l'Allemagne, surtout depuis la mort du vieil empereur. Nous sentons là un inconnu. Le caractère de l'empereur Guillaume II est un facteur nouveau dans la politique de l'Europe ; faut-il l'inscrire au compte de la paix ? Nous ne savons.

1. Peut-être le premier ministre hongrois avait-il, simplement, voulu donner une leçon au quai d'Orsay. Il se publiait à Paris, sous le nom d'*Autriche slavo-roumaine*, une feuille particulièrement hostile aux Magyars et au gouvernement hongrois. On la disait soutenue par une subvention de notre ministère des Affaires étrangères. Après le discours de M. Tisza, l'*Autriche slavo-roumaine* a cessé sa publication, et M. Tisza a renoncé à ses sorties contre la France.

L'empereur Guillaume II est intelligent, il a l'esprit cultivé, il est d'une activité merveilleuse; c'est une figure; mais on peut redouter sa nervosité, et ce qu'on sait de lui n'écarte pas toute crainte de coups de tête. Des fantaisies soudaines, comme celle du voyage à Strasbourg, de compagnie avec le roi Humbert, sont faites pour donner à penser. Quelques-uns appréhendent, dans ce Hohenzollern, avide d'action, un Charles XII à décisions brusques.

IV

« Ne craignez rien, disent nos amis italiens ; l'alliance est purement défensive. Au besoin, nous sommes là pour retenir Berlin. Nos armements ne visent que les perturbateurs de la paix. Le but de l'alliance est le maintien du *statu quo* ; rien de plus. Le secret des chancelleries est percé à jour : chacun connaît le *casus fœderis* ; les trois puissances se sont mutuellement garanti leur territoire. Qu'y a-t-il là d'inquiétant ? qu'y a-t-il d'offensant pour la France ? »

Il est si difficile, pour un peuple, de se mettre à la place d'un autre que nombre d'Italiens ne semblent pas apercevoir ce qu'a de douloureux, pour les cœurs français, cette garantie réciproque italo-prussienne. Que représente, pour nous, cet engagement de l'Italie envers l'Allemagne ? Une seule chose : la garantie de l'Alsace-

Lorraine, au vainqueur de Sedan, par nos alliés de Solferino. Ses mains déliées par nous, l'Italie les prête au conquérant de 1870, pour serrer les nœuds de Metz et de Strasbourg. La maison de Savoie, devenue par la grâce de Dieu et de la France, — *Gesta Dei per Francos*, — la souveraine de l'Italie, appose son sceau royal, la croix d'argent sur champ de gueules, au bas du traité qui a mutilé la France. Aux Alsaciens-Lorrains, dont des milliers gardent encore la médaille de la guerre d'Italie, le gouvernement italien est venu dire : « *Lasciate ogni speranza ;* si, pour vous tenir séparés de votre ancienne patrie, quatre millions de baïonnettes allemandes ne suffisent point, nous autres, Italiens, nous sommes là. »

Et comme les peuples, de même que les individus, ne se font une juste idée des choses qu'en rapportant tout à eux-mêmes, je demanderai, humblement, à nos amis d'Italie, de se mettre en notre lieu et place. Qu'eussent dit les Italiens les mieux disposés pour la France, si, en 1860, par exemple, Napoléon III avait conclu, avec Vienne et Berlin, une alliance garantissant à l'Autriche Venise et Vérone? Cela, aussi, eût pu être une ligue de la paix, fondée sur le respect des traités : l'Italie eût-elle trouvé le procédé amical? M. de Cavour ou M. Ricasoli auraient-ils admis que, en prenant un engagement pareil, la France ne donnait, à sa voisine du sud-est, aucune marque de mauvais vouloir? Et cependant, en quoi la situation eût-elle différé?

Comment l'Italie eût-elle eu le droit de se froisser, si la France doit se montrer satisfaite? L'Alsace-Lorraine n'a pas plus de goût pour la domination du *Preusse* que la Vénétie n'en avait pour celle du *Tedesco*. Il y a, il est vrai, une différence, c'est que l'Autriche ne prétendait pas germaniser ses sujets italiens, tandis que les enfants de Metz, de tout temps, pays de langue française, sont contraints d'apprendre à épeler l'allemand. Le droit des peuples, sur lequel l'Italie nouvelle se glorifie d'avoir été fondée, a été, publiquement, foulé aux pieds entre les Vosges et le Rhin. Les habitants ont protesté contre la violence de l'annexion ; ils ont demandé à être consultés ; l'Italie le sait, et elle passe outre. Elle donne sa garantie aux casques à pointe. Tel est le fait.

Voilà, encore une fois, ce qu'est, pour un Français, l'entente italo-allemande. L'Autriche-Hongrie agit, il est vrai, comme l'Italie; mais l'Autriche n'a pas, que je sache, la prétention d'avoir, pour fondement, le droit des peuples; elle n'a jamais été la nation sœur de la France; et, si elle ne tient plus garnison à Milan et à Bologne, si ses archiducs ne règnent plus à Florence et à Modène, l'Autriche sait à qui elle le doit.

Ne soyons pas trop sévères, même pour les amis de nos ennemis. Essayons, à notre tour, de nous mettre à leur place, « dans leur peau, » comme dit le vulgaire, d'une manière si expressive. L'Italien est peu sentimental ; s'il l'a jamais été, il y a, de cela, des siècles. Il a tant pleuré, et si longtemps, sur ses propres malheurs, que ses yeux n'ont plus de larmes pour les souffrances d'autrui. Le cri de douleur de l'Alsace-Lorraine ne franchit pas les glaciers des Alpes; les plaines du Pô et les vallées de l'Apennin n'ont pas d'écho pour les plaintes de l'autre côté des monts. Soyons justes pour nos voisins; la France elle-même, depuis qu'elle souffre dans sa propre chair, est moins prodigue de ses pleurs et de ses embrassements aux opprimés des deux mondes. A la différence de leurs pères, peu de nos jeunes gens pleurent, aujourd'hui, sur l'Irlande ou sur la Pologne. Il n'en est pas, hélas! des peuples comme des individus; les infortunes imméritées leur endurcissent le cœur. Leur patriotisme se fait étroit et jaloux; il prêche l'égoïsme comme une vertu. Ainsi prétendent faire, aujourd'hui, certains Français, s'imaginant être plus forts en gardant tous les battements de leur cœur à la patrie. L'égoïsme, heureusement, nous est difficile. Que de temps nous avons pleuré, en vers et en prose, sur les deuils d'autrui! Du Bosphore aux Alleghanys, quel peuple en lutte pour la liberté n'a reçu, à défaut du secours de nos armes, l'encouragement de notre voix? Qui de nous, enfant, n'a essuyé, au Spielberg, les yeux de Silvio Pellico; et lequel de nos poètes novices n'a, entre 1815 et 1866, entonné sa lamentation sur l'asservissement du *bel paese* et la captivité de Venise?

Pour ma part, je ne le regrette point. Si, en dépit de Sedan ou de Metz, je reste fier d'être Français, c'est, en grande partie, pour ce don de commisération, pour cet amour des opprimés, pour ces sentiments de liberté et de fraternité que notre France a ressenti, plus que tout autre peuple, et qui font d'elle la plus humaine des nations. Aujourd'hui encore, ce serait, pour moi, une douleur cuisante de revoir le *kaiserlich* en pantalon collant faire faction, au pied de l'escalier du palais des doges. Ce que mon âme reproche aux Italiens, ce n'est point d'avoir omis, à l'heure de notre détresse, de nous envoyer leurs *bersaglieri*, — cela, ils ne le pouvaient guère, — c'est de n'avoir pas été plus nombreux à donner à notre malheur l'obole des larmes. A défaut des armées, à défaut des victoires que leur roi ne pouvait nous rendre, nous aurions aimé recevoir, de leurs poètes, l'aumône sonore des strophes, qui ne coûte ni or ni sang.

Ici encore, soyons équitables ; ne nous laissons pas dominer par une émotion trop naturelle aux peuples malheureux. L'indifférence des Italiens pour l'Alsace-Lorraine a une excuse. N'oublions pas que la fatalité a fait coïncider le démembrement de la France avec l'achèvement de l'Italie, si bien que, pour nombre d'Italiens, l'un a paru la condition de l'autre. L'asservissement de Strasbourg leur a semblé le corollaire de la « libération de Rome ». De naïves voix de prêtres et de femmes n'ont-elles pas, dans leurs gémissements au Sacré-Cœur, associé Rome et la France? L'Italie, entrée dans la Ville-Éternelle par la brèche de la *porta Pia*, a senti le besoin de s'y fortifier. Elle redoutait les importunes revendications du vieillard qu'elle avait dépossédé ; elle a cru avoir besoin d'une garantie. Elle l'a cherchée auprès des forts, auprès du nouvel empire germanique, à Berlin, et, en échange, elle a donné à l'Allemagne sa garantie pour l'Alsace.

Contre qui cette garantie de Rome, obtenue de Berlin ? Est-ce contre la crosse des prélats et la croix des moines, contre les hallebardes des Suisses de la *Scala Regia*, ou contre les foudres du pontife détrôné ? — Non, paraît-il, c'est contre la France. En vérité, il faut que les peuples se connaissent bien mal les uns les autres ! Imaginer que la France puisse partir en guerre pour rétablir le trône temporel du pape, quel anachronisme !

Songez que c'est contre la République française, contre la République de M. Ferry, de M. Brisson, de M. Clémenceau que l'Italie officielle s'est crue obligée de se mettre en garde, à Rome. Chaque été, notre gouvernement a peine à faire voter le budget des cultes et le maintien d'une ambassade auprès du Saint-Siège ; la majorité républicaine vote d'habitude contre les deux crédits. Le parti au pouvoir n'a d'autre lien que la haine de l'Église, et l'Italie n'est point rassurée ! elle craint toujours de voir la France se lancer dans une croisade pour les clefs de saint Pierre. Un ministre français ne peut démontrer la nécessité d'entretenir un ambassadeur auprès du Vatican, sans que, au delà des monts, on en prenne ombrage. Les autres puissances, l'Autriche-Hongrie, la Prusse même, les alliés de l'Italie, ont un ambassadeur près du Saint-Père; on ne s'en offusque point à la Consultà ou au Montecitorio. Ce qu'on trouve tout naturel, de la part des autres gouvernements, inquiète de la nôtre. La Prusse a pu, à diverses reprises, faire au Saint-Siège les avances les plus inattendues. L'Italie ne s'en est pas offensée. M. de Bismarck a pu inviter le pontife découronné à intervenir dans les élections allemandes ; il a pu aider Léon XIII à rentrer dans la plus haute partie du rôle politique des papes, en le désignant comme arbitre entre les puissances chrétiennes. La presse reptilienne s'est amusée à agiter la question romaine, le chancelier a fait miroiter, aux yeux de la curie, des espérances d'intervention diplomatique et de prochaine restauration; le gouvernement italien, loin de s'en fâcher, en a conclu qu'il était prudent de s'entendre avec M. de Bismarck. Plus le chancelier faisait d'avance à la curie, plus l'Italie se rapprochait de la Prusse. Nous l'avons dit : à suivre les faits, on pourrait croire que, si l'Italie s'est alliée à l'Allemagne, pour obtenir la garantie de Rome, c'est contre Berlin même et les surprises de la politique prussienne qu'elle s'est assurée. Que de cris au delà des Alpes, pourtant, si le gouvernement ou la presse officieuse de la République se fussent permis, vis-à-vis du successeur de Pie IX, la moitié de ce que nos voisins ont bénévolement passé au tout-puissant *kanzler !*

« Rome capitale n'a-t-elle rien à redouter du parti au pouvoir en France, la France est changeante, insinuent nombre d'Italiens. Les républicains peuvent être battus, et les conservateurs profiteraient de leur victoire pour mettre l'armée française aux genoux du pape. » A les en croire, M. Thiers et le maréchal Mac-Mahon y ont déjà pensé. Pourquoi pas M. Grévy ? On ne sait pas assez quelles légendes ont cours, à cet égard, et ce qu'il y a de plus triste, c'est que les fables inventées ou colportées par les adversaires de la France ont parfois pris naissance en France même. Ne m'a-t-on pas affirmé, comme un fait positif, que, en 1877, le maréchal Mac-Mahon préparait une intervention pour rétablir le pouvoir temporel du pape ? M. Crispi, passant alors par Paris, avant d'aller voir M. de Bismarck, aurait entendu Gambetta lui confier ses appréhensions, au sujet d'une expédition romaine. Hélas ! il n'est pas impossible que Gambetta ou son entourage aient tenu pareil langage à leur ami sicilien. La gauche, en semblable matière, ne s'est pas toujours montrée très scrupuleuse ; plus d'une fois, dans ses polémiques électorales, elle s'est permis de jouer de l'étranger. Oh ! la vilaine besogne que cette guerre de partis où l'on se lance, des deux côtés, des traits empoisonnés, sans souci d'atteindre la France !

C'était après le 16 mai 1877. Pour les trois cent soixante-trois, « le cléricalisme était l'ennemi ». Le spectre noir était leur grande machine de guerre contre ce qu'ils se plaisaient à nommer le gouvernement des curés, sûrs, par là, d'exciter la réprobation du pays. Attribuer, à un parti, l'intention de guerroyer pour le pape, c'était un procédé certain de le discréditer auprès du suffrage universel. Cela vaut l'accusation de vouloir rétablir la dîme et la corvée, que nos radicaux ont soin de rééditer à chaque élection. C'est une de ces armes calomnieuses forgées par la mauvaise foi des partis. Les Italiens pourraient, aussi bien, admettre que les conservateurs français travaillent au rétablissement de l'ancien régime. M. Crispi, paraît-il, a cru, sur la foi de Gambetta, à cette intervention en faveur du pape, et, pour prévenir ces projets ténébreux, il s'est hâté de rendre visite à M. de Bismarck, après avoir serré la main du chef de l'opportunisme. Des esprits moins prévenus eussent été moins crédules. Ils n'eussent vu, dans le succès de cette manœuvre, qu'une chose : la preuve que rien ne répugne, à la France nouvelle, comme une expédition romaine.

Dirons-nous, pour cela, que la France est indifférente à tout ce qui se passe à Rome? qu'elle ne s'intéresse pas plus à l'hôte du Vatican qu'au *chérif* de la Mecque, ou au *catholicos* des Arméniens? Non, assurément; un pays qui comprend des millions de catholiques, qui a un Concordat avec le Saint-Siège, qui a des intérêts dans les cinq parties du monde, ne saurait regarder la papauté comme une quantité négligeable. Obligé de traiter et de compter avec le pape, il doit désirer l'indépendance spirituelle de la papauté. C'est ce que souhaite la France et, en cela, elle est d'accord avec tous les États chrétiens; car tous, à Rome, ont le même intérêt à trouver, en face d'eux, un pape libre. La liberté du pape, c'est à l'Italie de montrer que rien ne la menace. S'il y a encore, en Europe, une question pontificale, il ne dépend ni de la France, ni des autres puissances de la supprimer ; cela ne dépend que du Quirinal et du Vatican.

En attendant, beaucoup d'Italiens me semblent se méprendre, étrangement, sur la question romaine. Ils ne voient pas que leur politique risque de la rouvrir, au lieu de la fermer. Je ne fais pas ici allusion aux tracasseries et aux vexations infligées au pape ou au clergé ; le gouvernement dirigé par M. Crispi semblait se plaire à creuser le fossé qu'il avait tout intérêt à combler. Mais cela est son affaire ; je ne veux parler ici que de l'intervention des puissances. La restauration de la royauté pontificale ne peut plus être la *cause*, mais seulement la *conséquence* d'une guerre. Raisonner autrement, c'est méconnaître les faits et renverser la vérité. Aucun État n'entrera en campagne pour replacer Rome sous la domination ecclésiastique ; mais tout État, engagé dans une guerre avec l'Italie, sera contraint de jouer, contre elle, la carte pontificale ; ce sera, pour lui, la carte forcée. Catholique, protestant, schismatique, athée, tout gouvernement provoqué par la Péninsule cherchera à la frapper à l'endroit vulnérable, et cet endroit, c'est Rome. M. Crispi, reprenant un mot de Minghetti, affirmait que, en cas de guerre générale, l'Italie aurait beaucoup à prendre, rien à perdre. C'est là une contrevérité. Pour l'Italie, une grande guerre serait, tout bonnement, la ruine ; cela, paraît-il, ne semble rien, à certains de ses hommes d'État ; mais ce ne serait pas tout. La banqueroute, la misère, la révolution peut-être, ne seraient pas le seul prix de sa défaite ; elle mettrait autre chose au jeu : sa capitale.

Il semble qu'un gouvernement, placé en face de pareilles perspectives, doive avoir pour premier souci d'éviter tout conflit. Chacun le sent au dehors ; un homme que les Italiens considèrent, à bon droit, comme leur ami, M. Gladstone, le constatait récemment. Ce que « cet état de choses recommande à l'Italie, écrivait l'ancien *premier* faisant allusion à la question romaine, c'est une politique générale modeste et réservée, plutôt qu'une politique d'ambition et de parade : *a general policy rather of modesty and reserve than of ambition and display*[1]. Cette politique de modestie et de réserve, conseillée par M. Gladstone, est-ce bien celle que suivent nos voisins ?

« L'Italie, répondent les Italiens, en contractant des alliances, cherche seulement à prendre ses sûretés. Si les hommes qui regrettent la chute de la royauté papale ne sont pas de force à entraîner la France dans une guerre contre nous, la France peut nous faire la guerre pour un autre motif, pour essayer ses armes, pour relever son prestige. Elle a de la vanité, elle aime la gloire,

1. *The Nineteenth Century*; june 1889.

elle ne voudra pas rester indéfiniment sous le coup de Wœrth et de Sedan, et, n'osant s'attaquer à ses voisins des Vosges, elle s'en prendra à ses voisins des Alpes. » — Ce qu'il y a de curieux, c'est que certains Français tiennent le même langage de l'Italie, lui prêtant des sentiments analogues. Écoutez-les : « L'indépendance italienne, disent-ils, s'est mal faite; le sentiment national en souffre. Elle a été le prix des victoires d'autrui, les Italiens n'y ont contribué que par leurs défaites; ils en gardent une blessure toujours saignante. La jeune armée royale brûle d'effacer Lissa et Custozza; il lui faut une guerre pour sacrer ses trois couleurs, et, comme vers l'Est le *veto* de Berlin lui barre le chemin, c'est à l'Ouest, sur le dos des Français, qu'elle compte faire ses preuves. »

Les deux raisonnements se valent; mais, des deux, le plus faux n'est peut-être pas celui qui touche l'Italie. L'armée italienne a, elle aussi, ses velléités belliqueuses. Elle attend, avec impatience, le moment de signaler l'*italico valore*. Elle aspire à se mesurer avec un adversaire digne d'elle. Cela est assez naturel, chez une armée. Les armées sont faites pour la guerre. Un pays qui laisserait la direction de sa politique à ses officiers ne demeurerait pas longtemps en paix. Entre l'Italie et la France, il y a toutefois cette différence que l'Italie, étant plus jeune et ayant, en quelque sorte, sa réputation à établir, est naturellement plus portée à souhaiter des luttes ou cueillir des lauriers; ceux des

9.

Scipion, des César, des Trajan ne lui semblent pas assez frais. La France, au contraire, est vieille; elle a, depuis trois ou quatre siècles, remporté bien des couronnes, elle sait ce que coûtent ces sanglants trophées; 1870 lui a appris que la guerre n'est plus une joute de tournois ou un assaut de salle d'armes. Un blessé qui vient de subir une amputation ne va point, follement, provoquer des affaires gratuites. De toutes les imaginations qui puissent traverser les cervelles politiques, la plus bizarre peut-être, c'est de se figurer la France moderne se lançant dans une guerre contre l'Italie, comme un spadassin se jette sur un duel, par goût des émotions et par gloriole. Ce fantôme d'une invasion française, il y a des Italiens qui en ont été hantés. Et j'en sais qui, lors de l'occupation de Tunis, se sont persuadé que nous pénétrions dans la régence pour prendre la péninsule à revers. Ces mauvais desseins des Français, les plus ingénus y ont cru. Les plus roués ont feint d'en avoir peur, pour monter l'opinion contre nous, et justifier leurs alliances et leurs armements.

Il faut le dire, à leur décharge, les Italiens ne sont pas seuls, en Europe, à se représenter la France comme un pays batailleur, toujours en quête d'aventures, à la façon des vieux Normands ou des vieux Gaulois. Les étrangers en sont demeurés, sur notre compte, à Louis XIV et à Napoléon, Quelle confusion des âges! Pauvre France, quel portrait, peu ressemblant, on s'en fait souvent au dehors! On se la figure toujours comme une amazone, brandissant la lance ou le javelot, une sorte de Clorinde ou de Bradamante, impatiente de repos. Autant vaudrait se peindre l'Italie contemporaine sous les traits d'une Armide langoureuse, tout entière à l'amour et à la volupté. L'Italie a singulièrement changé, la France aussi. On le sait pour le pays du *Pastor fido :* personne ne s'aviserait d'y chercher l'Italie de Gœthe ou du président de Brosses. On le sait moins pour la France.

Je me dis parfois que la France est, peut-être, aujourd'hui, le pays le moins connu de l'Europe, et cela, parce qu'étant le plus visité, il passe pour le mieux connu. Les étrangers s'assoient aux brasseries de nos boulevards, ils savent par cœur les refrains de nos cafés-concerts; mais cela, grâce à Dieu, n'est ni Paris ni la France. En réalité, dans notre Europe, devenue une forêt de baïonnettes, aucune nation n'est plus pacifique que la France. Elle n'a pas oublié l'Alsace-Lorraine : les vexations imposées par le conquérant au *Reichsland* et les canons de Metz braqués sur la route de Paris la forceraient à se souvenir. Elle n'a pas oublié le pays qui se souvient d'elle; mais en y songeant, elle se rappelle les maux de la guerre. Elle se plaît à compter sur les platoniques revanches de la Justice; elle cherche à se persuader que le règne de la Force ne sera pas éternel et salue, d'avance, l'avènement du Droit. Elle remet à l'avenir les revendications du passé, se disant que, après tout, les Allemands ont mis plus de deux siècles à lui reprendre l'Alsace, plus de trois siècles à lui arracher

Metz, et qu'il n'en faudra peut-être pas autant à la France pour rentrer dans ce qui fut son bien.

Interrogez le grossier successeur de Louis XIV et de Napoléon, le suffrage universel; hésitant et divisé sur presque tout le reste, il est unanime dans sa répulsion pour la guerre. C'est le moins belliqueux de tous les souverains. A côté de lui, Louis-Philippe était un coureur d'aventures. Il lui a fallu des années pour pardonner le Tonkin à Jules Ferry. Ses courtisans le savent, et tous, autour de lui, font assaut de sentiments pacifiques : gauche et droite renchérissent l'un sur l'autre, lui faisant mêmes promesses. De la Meuse à la Garonne, les programmes électoraux sont un hymne à la Paix. Il faut les souvenirs de l'invasion et les fanfares de la triple alliance pour décider le Français à supporter les charges militaires. S'il en veut à l'Allemagne, c'est surtout de ce qu'en s'installant à Metz et à Strasbourg, l'Allemand l'a condamné à monter, éternellement, la garde sur les Vosges.

Et le général Boulanger, qu'en faites-vous? nous crient nos voisins. A Rome comme à Berlin, on était enclin à prendre les succès du général pour une manifestation belliqueuse. N'était-ce pas, semblait-il, l'explication la plus simple, peut-être même la plus honorable pour la France? Elle n'en est pas moins erronée. Il y a eu bien des ingrédients dans cette mixture hétéroclite qu'on appelle le boulangisme; il y avait de la fatigue, du dégoût, du mécontentement; il y avait un désir d'autorité, avec la défiance des autorités traditionnelles; il y avait le vieil instinct monarchique, mêlé à des préjugés antimonarchiques; il y avait le goût des démocraties pour les personnalités bruyantes, le besoin des peuples de s'incarner dans un homme, le plaisir des foules à s'ériger des idoles qu'elles brisent ensuite, l'éternelle anthropolâtrie des masses qui, faute de dieux à adorer, s'en font à leur image; il y avait de tout dans ce mélange, mais s'il y entrait quelque grain de chauvinisme ou d'ardeur guerrière, c'était à dose infinitésimale. Les électeurs du général Boulanger étaient pour la paix. Son panache rassurait les bonnes gens; ils y voyaient volontiers le paratonnerre de la guerre. Les masses ont des naïvetés colossales. Pour nombre d'ouvriers ou de paysans, Boulanger imposait à Bismarck; le général était le seul homme capable de tenir en respect le chancelier.

Qu'on prenne nos gouvernants, nos ministres et nos politiciens, libéraux, opportunistes, radicaux, socialistes même, ils sont tous pacifiques, par situation, autant que par goût et par conviction. Ce ne sont point des généraux avides de gloire à conquérir. Ils savent que pour d'autres fronts seraient les lauriers des batailles. Le seul homme qui eût osé jeter la France dans une guerre est enterré à Nice; c'était un ami de l'Italie, il s'appelait Gambetta. Ses successeurs ou ses rivaux à la tête des divers groupes parlementaires ne rêvent que de batailles à coups de votes, de guerres de partis, de campagnes électorales. Absorbés dans leurs luttes intestines, ils ne connaissent qu'une conquête, celle du pouvoir et des places. République, constitution, revision sont les étendards sous lesquels ils se rangent. Si leurs querelles n'ont pas encore détruit l'administration et l'armée françaises, nous le devons, pour une bonne part, aux menaces du dehors. Les revues de Rome et de Berlin nous tiennent en haleine; les clairons de l'étranger rappellent au Palais-Bourbon qu'il y autre chose que des questions électorales: elles lui remettent en mémoire, avec les périls de la France, la solidarité nationale.

La France a donné au monde de magnifiques et coûteux gages de ses intentions pacifiques: ses Expositions universelles. A travers tous les incidents soulevés sur notre frontière, pendant que nos voisins ne cessaient de réclamer, de leurs Parlements, de nouveaux fonds pour armer contre nous, la République française construisait des galeries gigantesques pour loger les industries, les œuvres d'art, les machines, tout le matériel pacifique du travail contemporain. Je ne sache pas que jamais peuple ou gouvernement ait donné, à la paix, en face de tels périls, une telle marque de confiance. Quelques-uns uns prenaient ce sang-froid pour de la témérité; plus d'un étranger annonçait que ce serait d'autres fêtes qui célébreraient le centenaire de 1789, et que, si les voisins de la France venaient la visiter, ce ne serait pas en curieux, pour contempler la tour de 300 mètres. Eh bien! en face de ce Champ de Mars, indéniable garant de nos sentiments pacifiques, on va répétant, à Rome comme à Berlin, que si la guerre n'a pas encore éclaté, l'Europe le doit à la triple alliance. Sur l'un des arcs de triomphe élevés, pour l'empereur Guillaume, à Castellamare, on lisait, il y a quelques mois : *Pace imposta*, paix imposée. — *Menzogna!* crient, à la face de l'Univers, la tour Eiffel et le palais des machines. Jamais plus menteuse légende ne s'est étalée sur les monuments de l'adulation officielle. On n'impose pas la paix aux pacifiques.

La triple alliance fait profession de garantir la paix ; On pourrait dire qu'elle la compromet. Nous ne voulons pas mettre en doute la sincérité des trois puissances ; mais leurs démonstrations pacifiques ont une odeur de poudre. Le seul fait d'une alliance de trois États militaires a quelque chose d'inquiétant. Elle coupe l'Europe en deux ; elle semble inviter à une contre-ligue. Elle oblige les puissances indépendantes à ranger, elles aussi, leurs bataillons en ligne. Et, de fait, jamais les craintes de guerre n'ont été plus fréquentes que depuis la conclusion de cette ligue de la paix. Chaque été, et au cœur même de l'hiver, on a vu les peuples et les gouvernements, réveillés par des alarmes soudaines, se demander si les armées n'allaient pas enfin s'entre-choquer. Au poids sans cesse croissant des charges militaires qui pèsent sur notre malheureuse Europe, la triple alliance a ajouté le fardeau des inquiétudes qui paralysent les affaires. Cette paix qu'elle se vante de nous conserver, elle nous en a gâté les fruits; elle nous rend malaisé d'en jouir, en nous la montrant plus précaire que jamais. « Profitez de la paix, semble-t-elle nous dire, pendant qu'elle dure encore : pour la défendre, nous avons aligné des millions de soldats tout prêts à marcher; pour la rendre plus sûre, nous allons encore augmenter nos régiments et nos batteries. »

Les discours les plus pacifiques prononcés en brandissant l'épée et applaudis avec des hourras ont quelque chose de peu rassurant. C'est l'air qui fait la chanson, dit un de nos proverbes. Il est difficile de nier que le ton et les allures des souverains ou des ministres des États alliés aient quelque chose de provocant. C'est un défi qu'ils semblent parfois porter, à leurs voisins de l'Est ou de l'Ouest. En entendant leurs *toasts* ou en lisant leurs notes, on songe, involontairement, à ces forts de la halle qui vous montrent le poing, en disant : « Viens-y ! »

Si, malgré les nuages amoncelés à l'Orient et à l'Occident, la guerre n'a pas encore éclaté sur l'Europe, à qui l'Europe le doit-elle? Aux deux puissances signalées comme les perturbatrices du continent : à la République française et au tsar russe.

Quel a été « l'ange de la paix »? ainsi que s'exprimaient les mystiques, à la chute de Napoléon. Les Italiens nous accuseraient de railler si nous disions que c'est M. Crispi. L'ange de la paix, s'il en est un, au siècle du démon des armements, c'est l'empereur Alexandre III. Il a plus de droit à ce titre que son grand-oncle

Alexandre Ier, et il peut en tirer plus d'honneur. Pour le mériter, il lui a fallu dominer de naturels ressentiments, et, ce qui coûte le plus au maître incontesté de cent millions de sujets, il lui a fallu se résigner, à la face du monde, à d'apparentes défaites. Mieux que l'Auguste de Corneille, il peut dire qu'il est maître de lui, comme de son vaste empire. Les échecs de sa diplomatie en Bulgarie, l'orgueil impérial lui conseillait de les couvrir par un appel à la force. Alexandre Alexandrovitch a résisté aux excitations de son peuple. Il a fait la guerre et il en a rapporté l'horreur de la guerre. Comme le jeune Louis XIV, après la journée des Dunes, il a visité les champs de bataille, il en a contemplé le spectacle et senti l'odeur. Le souvenir des carnages de Bulgarie ne l'a point quitté. Heureux les peuples dont le souverain a la mémoire moins courte que le jeune Louis XIV, et honneur à l'autocrate qui ose être un homme ; mais n'y a-t-il pas quelque chose de mélancolique à songer que, cent ans après 1789, l'Occident affaibli par ses divisions, ne doit la paix qu'aux instincts pacifiques d'un autocrate ?

Les Italiens ont montré, jusqu'à ces dernières années, peu de sympathies pour la Russie. Ils sont trop voisins des Slaves pour ne pas se défier du grand empire slave. Comme puissance continentale, l'Italie confine aux Slaves de l'Autriche, sur les Alpes et sur l'Adriatique. A Goritz, à Trieste, en Istrie, en Dalmatie, les Italiens de l'empire austro-hongrois sont en lutte avec des

Slaves; on comprend que l'Italie soit en garde contre le spectre du panslavisme. Comme puissance méditerranéenne, elle se soucie peu de voir les Russes atteindre les bords de la Méditerranée. Elle trouve qu'il y a déjà assez de concurrents sur les deux bassins du grand lac. Elle se dit que, le jour où les Cosaques viendront à baigner leurs chevaux dans les flots de la mer Egée ou du golfe d'Alexandrette, le massif empire du Nord, pèsera, de ses cent vingt millions d'habitants, sur les rivages du Levant. Tout cela peut être vrai; mais ethnographiques ou géographiques, les défiances que soulève, contre l'immense empire, son immensité même, il faut bien reconnaître que l'empereur Alexandre III n'a rien fait pour les exciter. Sa politique extérieure s'est distinguée, par sa modération et par sa correction. Si la diplomatie impériale a recouvré quelque ascendant sur plusieurs États d'Orient, c'est en les rassurant sur ses intentions. Les organes de la triple alliance n'admettent point volontiers que l'influence de l'Autriche à Belgrade, à Sofia ou à Bucarest, puisse diminuer, sans que les chances de la guerre en soient accrues. Les luttes d'influence sur le Balkan sont inévitables; la Russie a bien su se résigner à des mécomptes, pourquoi l'Autriche et l'Allemagne ne feraient-elles pas comme la Russie? Le meilleur moyen d'assurer la paix de l'Europe par la paix de l'Orient, c'est de respecter l'indépendance des États indigènes. Ils veulent être eux-mêmes; l'Occident n'a qu'à les y encourager.

V

Si nous voulions juger les Italiens comme trop d'entre eux nous jugent, nous dirions que les sentiments pacifiques du roi Humbert et de ses ministres peuvent être moins forts que leurs difficultés intérieures. On suppose souvent, au delà des monts, que le gouvernement français se jettera dans une guerre pour échapper à ses ennemis du dedans. Mais si les gouvernements dans l'embarras ne reculent point devant des diversions aussi criminelles, qui nous garantit que l'Italie ne recourra pas, elle-même, à ce périlleux remède, car la péninsule a, elle aussi, ses malaises, ses souffrances internes, d'autant plus graves qu'elles tiennent à ses conditions d'existence, à la rapidité de sa croissance, à sa complexion encore mal formée.

Nous aurions bien des choses, nous Français de la

troisième république, à envier à l'Italie : ce n'est pas seulement son beau ciel, la variété et l'individualité de ses vieilles cités ; ce sont des biens plus substantiels, que nous avions perdus, avant qu'elle les connût, et que nous ne retrouverons peut-être jamais. Elle possède, cette Italie, affranchie depuis un tiers de siècle, une monarchie libérale vraiment moderne, une dynastie nationale et populaire, aujourd'hui incontestée ; un roi qui a succédé à son père et qui en est le digne élève ; une reine, dont la beauté, la grâce, l'intelligence ont été une force pour le trône. Elle a, cette Italie, patrie du carbonarisme et de Mazzini, une constitution, un *statut* accepté de presque tous les Italiens ; on n'y entend réclamer ni revision ni constituante. Ses ministres ne sont peut-être point de plus grands hommes d'État que les nôtres, mais le pays a une meilleure assiette politique, ce qui vaut mieux que l'éloquence d'un Guizot ou d'un Gambetta.

Un Français est attristé en passant du Palais-Bourbon aux tribunes de Monte-Citorio. Des deux parlements, c'est le plus vieux qui semble le plus novice ; c'est lui, à coup sûr, qui est le plus turbulent, le plus bruyant, le plus enfant, le plus gamin ; c'est à Rome qu'on trouve le plus de sérieux dans la discussion, le plus de compétence dans les affaires, le plus de dignité dans la tenue et dans les joutes oratoires. Ce n'est point que le parlementarisme italien n'ait, lui aussi, ses défauts et ses mécomptes. Le Sénat y a encore moins d'influence et d'autorité qu'en

France. A la Chambre, les bancs des députés sont d'ordinaire vides. En dehors des grands jours, les orateurs n'ont d'auditeurs que les huissiers et les sténographes. On a vu, au cours d'une discussion, demander la parole, par télégramme, de Naples ou de Florence. Chose plus grave, les partis sont en décomposition; la gauche et la droite ont été mêlées et défaites par le *transformisme* de M. Depretis, repris, à son compte, par M. Crispi. Mais la reconstitution, le groupement rationnel des partis y serait peut-être plus facile qu'en France; Des grandes puissances du continent, l'Italie est celle où la liberté politique est le mieux entrée dans les mœurs. C'est là, pour un État moderne, un *primato* qui vaut bien la gloire des armes. Cette supériorité, l'Italie la doit moins au génie ou au patriotisme de ses hommes d'État, les Cavour, les Ricasoli, les Minghetti, qu'aux traditions de sa dynastie et au sens pratique de son peuple.

Voilà bien des avantages pour le jeune royaume. Malheureusement les nations ne vivent pas de politique; les hommes d'État ont tort de l'oublier. La situation économique de la Péninsule est loin d'être aussi bonne que sa situation politique. C'est là le côté faible du pays; il a grandi trop vite; il en a gardé une sorte de maigreur, de gracilité de formes; il n'a pas eu le temps de prendre du corps. La politique l'a surmené, elle lui a demandé des efforts excessifs, sans tenir compte de ses forces.

On pourrait dire de l'Italie qu'elle est la victime de la triple alliance; et comme son gouvernement y tient, comme il en a, plusieurs fois, déjà, resserré les nœuds, et qu'il lui serait, aujourd'hui, malaisé de s'en dégager, on peut craindre que, n'en pouvant supporter indéfiniment les charges, la jeune monarchie ne soit pressée d'en tirer parti et se trouve entraînée à un coup de tête. Elle s'est préparée, à grands frais, à une guerre que personne ne veut lui faire; la guerre ne venant pas, la grande guerre continentale du moins, que fera l'Italie? C'est une opinion assez répandue que les puissances de l'Europe ne peuvent toujours continuer à augmenter leurs armements; que l'heure viendra où, n'ayant plus la force ou la patience de supporter la paix armée, elles préféreront les chances de la guerre. Je ne crois pas, quant à moi, que cette heure soit proche; n'importe, s'il est un pays qui plie sous le faix, c'est l'Italie. La France, l'Allemagne, même la Russie et l'Autriche-Hongrie peuvent, longtemps, supporter ce trop lourd fardeau; elles en souffrent, elles en sentent la gêne dans tous leurs membres; elles ne sont pas obligées de demander grâce. Des cinq puissances continentales, l'Italie semble celle qui pourra tenir, le moins longtemps, à ce jeu écrasant.

L'arbre se reconnait à ses fruits, a dit l'Évangile. Les fruits de la politique italienne sont amers. Comparez l'Italie de la triple alliance, à l'Italie libre de 1878: le rapprochement est instructif. Au début du règne du roi Humbert, la monarchie unitaire était, après vingt ans d'efforts, parvenue enfin à l'équilibre du budget, à ce fameux *parreggio*, qui était comme la terre promise, où les plus illustres de ses hommes d'État avaient eu tant de peine à la conduire. Depuis longtemps, son budget est, de nouveau, retombé en déficit; il ne se solde qu'avec des emprunts de plus en plus onéreux; l'équilibre n'est plus, pour elle, qu'un paradis perdu dont le démon des armements lui défend la porte. Aux premières années du roi Humbert, l'Italie abolissait le cours forcé, elle supprimait les impôts les plus lourds ou les plus impopulaires, le droit sur la mouture, le *macinato*, prélevé sur la *polenta* du pauvre; dix ans plus tard, M. Crispi était contraint de proposer de nouvelles taxes; dure nécessité pour un homme qui, pendant vingt-cinq ans, n'a cessé de réclamer la réduction des impôts.

Naguère encore, alors que l'Italie était liée à la France par un traité de commerce, l'agriculture du royaume était prospère, les exportations toujours en croissance; aujourd'hui le traité a été dénoncé, les plaintes sont générales, la misère s'étend, les paysans du Midi ont faim, les *contadini* de Lombardie s'agitent. Pour évaluer ce que la triple alliance coûte à l'Italie, il n'y a qu'à consulter les statistiques officielles. En aucun pays, ce service n'est conduit avec plus d'intelligence. Les étrangers curieux de mesurer de combien a reculé l'Italie n'ont qu'à compulser les documents italiens.

Il est intéressant de comparer l'Italie à elle-même; il

ne l'est pas moins de la comparer à autrui. Un fait frappe entre tous. Depuis une quinzaine d'années, il est peu d'États de l'Europe, monarchies ou républiques, dont les fonds n'aient bénéficié d'une hausse considérable. Au milieu de la hausse générale des valeurs d'Etat, les rentes italiennes ont été presque seules à baisser ou à demeurer stationnaires, ce qui, devant la hausse universelle, revient au même. Tandis que le crédit de la France, de l'Autriche-Hongrie, des pays scandinaves, de la Russie, sans parler de l'Angleterre, de la Belgique, de la Hollande, de la Suisse, de l'Égypte, s'améliorait d'une manière continue; tandis que la plupart des États européens procédaient à de fructueuses conversions, les Consolidés italiens retombaient au-dessous du pair, qu'il promettaient de dépasser, il y a peu d'années encore. Le grand phénomène de la diminution du taux de l'intérêt, qui affecte tous les États civilisés et allège tous les budgets, semble ne pas avoir atteint l'Italie. Et cette remarque ne s'applique pas, uniquement, aux fonds de l'État italien, mais à la plupart des valeurs italiennes : chemins de fer, banques, sociétés financières, mobilières ou immobilières. Ce fait seul montre que les capitaux internationaux, français, anglais, hollandais, belges, allemands même, n'envisagent pas la triple alliance comme une garantie de sécurité et de prospérité pour l'Italie. Les capitaux ne font guère de politique, surtout de politique sentimentale ; ils ne connaissent guère les sympathies et les antipathies nationales ; ils sont positifs, ils sont défiants; ils redoutent les risques. S'ils se sont éloignés de l'Italie, c'est que la politique italienne a excité leurs appréhensions.

Que représente, pour les capitaux, l'intimité de la maison de Savoie et des Hohenzollern? Elle représente deux choses : au dedans, des charges budgétaires; au dehors, des chances de guerre. La politique d'union étroite avec Berlin a ainsi porté un double coup aux finances italiennes. Il semble qu'une alliance conclue en vue de la paix doive avoir pour effet de mettre un pays à l'abri des charges de la guerre en lui assurant, en cas de péril, le concours des États alliés. Or, en Italie, l'alliance allemande a produit des effets tout opposés. Au lieu de permettre aux Italiens de diminuer leurs dépenses militaires, elle les a contraint à les accroître sans cesse, pour se mettre au niveau des exigences de Berlin.

Il y a deux grands États en Europe dont, depuis une quinzaine d'années, la gestion financière a été singulièrement défectueuse ; l'un est l'Italie, l'autre est la France. Les deux nations sœurs se ressemblent, par plus d'un trait de famille; toutes deux ont un train dépensier. Mais, entre elles, il y a une différence : la France a une richesse accumulée et une capacité d'épargne que ne possède pas sa voisine. La France est encore assez riche pour payer les fantaisies ou les folies de ses gouvernants. Si l'État français est prodigue, le peuple français est économe. Tandis que l'État s'endette et s'appauvrit, les particuliers ont continué à s'enrichir et à épargner. La crise agricole et industrielle, le phylloxera, la chute du Panama n'ont pas empêché la France d'accroître ses réserves. Le gouffre financier que son gouvernement s'est amusé à creuser sous ses pieds, la France a encore, malgré tout, de quoi le combler. Quelques années de bon gouvernement y suffiraient. Si la richesse est un des premiers éléments de la puissance des États, la France reste encore, — pour combien de temps, hélas? — une grande puissance.

L'Italie, aussi, veut être une grande puissance; elle en a le droit, et elle en a les éléments ; à une condition, c'est qu'elle ménage ses forces. Or, de l'avis de ses meilleurs amis, ce n'est point ce qu'elle a fait, depuis quelques années. Sous prétexte de se fortifier dans le présent, elle s'est affaiblie pour l'avenir. Où la conduira cette politique? se demandait M. Gladstone; à la puissance ou à l'impuissance? *to power or to impotence*? L'Italie, ajoute le représentant du Midlothian, est encore *an infant state;* chez cet État enfant, ce qui doit devenir des os n'est présentement que cartilage. Et, reprenant la même pensée, sous différentes formes, M. Gladstone comparait l'Italie aux chevaux qu'on fait courir trop jeunes et qui sont contraints de renoncer au turf, après avoir perdu le prix. Ce qui menace la péninsule, c'est le mal le plus grave qui puisse frapper la jeunesse, un arrêt de croissance. Il y a quelques mois, à Rome, je contemplais, avec tristesse, sur l'emplacement des vertes murailles de cyprès et de lauriers des villas d'autrefois, de massives maisons à cinq ou six étages, aux murs de briques blanchis à la chaux. A ces espèces de casernes ouvrières, il ne manquait guère, pour être habitables, que des fenêtres et des toits. C'était tout un quartier dont la construction était suspendue, faute d'argent. Je me demandais, en cherchant, dans la boue des nouvelles rues, le tracé des ombreuses allées de quelque ancienne villa, si ces lourdes bâtisses inachevées, élevées par un syndicat en faillite, sur les jardins d'un prince romain, devaient être le symbole de l'Italie moderne.

VI

Combien différente eût été la situation de l'Italie si, au lieu de s'enchaîner à Berlin et à Vienne, elle eût gardé les mains libres! Elle n'accablerait pas ses paysans d'impôts pour affermir le joug de l'Allemagne sur l'Alsace-Lorraine et assurer à l'Autriche l'annexion de la Bosnie-Herzégovine. N'ayant pas déclaré son choix, elle se verrait recherchée et courtisée de tous. Une guerre surviendrait, qu'elle pourrait faire ses conditions et réaliser, à bon prix, son alliance ou sa neutralité. Les bénéfices de la guerre sont aléatoires, ceux de la paix, certains.

Une Italie libre eût mis largement à profit la paix précaire des dernières années. Elle en eût profité pour augmenter ses ressources en diminuant ses charges, pour donner à ses finances, tendues à l'excès, l'élasticité qui leur manque, en un mot, pour élargir et fortifier les bases de sa puissance.

Que les Italiens nous permettent un rapprochement qui n'a rien d'injurieux pour leurs compatriotes. Comparez l'Italie à la Russie, dont elle a pris la place dans la triple alliance. Entre les finances des deux États, il y a plus d'un trait de ressemblance. Toutes deux, la massive Russie et la svelte Italie, sont retardées dans leur développement par le poids des impôts et la lourdeur de la dette qu'elles traînent après elles; toutes deux ne peuvent guère emprunter qu'en recourant à l'étranger. Il y a peu d'années, les fonds italiens étaient cotés au-dessus des fonds russes; et c'était justice, car, par tous les éléments de la civilisation, le jeune royaume était en avance sur le colosse slave, et, par sa situation géographique, il semblait moins exposé à la guerre. Aujourd'hui, les fonds russes ont dépassé largement les fonds italiens. Qui a renversé la balance? La triple alliance, encore plus que les aventures africaines. Pendant que l'Italie armait, avec ostentation, pour le compte de Berlin et de Vienne, le tsar, tout en maintenant ses armées sur un pied formidable, savait inspirer confiance dans ses intentions pacifiques. Avec l'aide des capitaux français, il procédait, en dépit des attaques de Berlin, à de vastes conversions, allégeant d'autant ses finances. Ce qu'ils ont fait pour l'empire autocratique, les capitaux français étaient tout prêts à le faire pour l'Italie libérale. Que leur eût-il fallu pour cela?

La foi dans les déclarations pacifiques de la Consultà. Un pays qui voit son voisin armer, contre lui, regarde naturellement à lui confier ses économies.

L'Italie a été durement atteinte par la dénonciation du traité de commerce avec la France. Tout a été dit, des deux côtés, sur cette rupture, inégalement préjudiciable aux deux pays. Celui qui devait y perdre le plus est celui qui en a pris l'initiative. Avec le courant protectionniste qui envahit l'Europe ; avec la répugnance contre les conventions commerciales soulevées, chez nous, par le traité de Francfort; en face des souffrances de l'agriculture et de la viticulture françaises; devant les défiances suscitées, de ce côté des Alpes, par les alliances de l'Italie, le traité de commerce ne pouvait être renouvelé qu'à force de prudence et de patience. Le tort du gouvernement italien a été de ne pas le comprendre. Pourquoi l'Italie a-t-elle dénoncé un traité dont le renouvellement lui importait dix fois plus qu'à la France? Par amour-propre, pour ne pas s'exposer à être prévenue par la France, comme si les vignerons de la Pouille et de la Sicile ne valaient pas une satisfaction de vanité. De même, dans les négociations pour un nouveau traité. Le gouvernement italien a voulu l'emporter de haute lutte; il a prétendu imposer sa méthode, faire accepter comme base de négociations le tarif général de M. Ellena, tarif de guerre, dressé *ad hoc*, spécialement contre nous. Le procédé eût-il été légitime, c'était à l'État le plus intéressé au traité à se montrer le plus coulant. Le ministère italien a bien voulu, après coup, se départir de ses premières exigences, mais il était trop tard. Ses procédés avaient indisposé l'opinion française. En d'autres circonstances, l'intérêt politique, le désir de nous concilier l'amitié de nos voisins eût pu faciliter la conclusion d'un traité. Il en avait été ainsi, en 1881 ; mais comment, en 1888, la politique y eût-elle aidé ? Pendant qu'elle était en négociations commerciales avec la France, l'Italie resserrait, avec ostentation, les nœuds de l'alliance allemande.

Or, il est difficile d'entrer avec fracas dans une ligue, contre un pays, et, en même temps, de conclure, avec ce pays, une alliance commerciale. Un traité de commerce avec les amis de l'Allemagne semble à beaucoup de Français un jeu de dupe. Ils se représentaient mal les Italiens réclamant, dans une dépêche, l'accès de notre marché, et dans une autre, assurant à nos adversaires le concours de leurs armées. Pour le grossier bon sens de nos bourgeois, ce sont là combinaisons bien subtiles. Si les Italiens ont besoin de débouchés, disent nos Lorrains et nos Bourguignons, qu'ils en cherchent auprès de leurs alliés, les Allemands. — L'Allemagne, par malheur, est peu disposée à sacrifier ses intérêts ou ses préjugés économiques à l'amitié de ses *partners* d'outre-mont. L'alliance italo-prussienne n'a pas valu à la péninsule de larges concessions commerciales. L'Allemagne est réputée l'alliée de l'Italie, et ne fait rien pour alléger les souffrances de l'agriculture italienne ; elle se contente d'occuper, sur les marchés de la péninsule, la place enlevée à l'industrie française. L'Allemagne, dans ce litige commercial, est le *tertius gaudens* ; c'est tout profit pour son industrie, aussi bien que pour sa politique.

Il serait déraisonnable, à l'alliée de la Prusse, de nous demander plus de souci de son bien-être que ne lui en témoignent les Allemands. Si elle souffre, la faute n'en est pas à nous, mais bien plutôt à son hostilité contre nous ; elle est à ce qu'un Italien, M. Jacini, nommait la *megalomania*, à cette manie des grandeurs, non moins funeste aux nations qu'aux individus. Que le peuple italien en souffre, nous n'avons même plus le droit de le plaindre, nous qu'on lui désigne comme ses ennemis. Que l'Italie s'affaiblisse, qu'elle s'appauvrisse, le patriotisme nous commande de nous en consoler, puisque, ce qu'elle a de forces et de richesses, elle l'a engagé à nos ennemis !

Hélas ! il a bien fallu nous faire à l'idée que nous pourrions être contraints, un jour, malgré nous, à une lutte fratricide, avec cette Italie affranchie par nos armes. Il est dur, pour un pays placé en face d'un adversaire implacable, de penser que, au moment de croiser les épées, il risque d'être attaqué dans les jambes par un voisin qu'il s'était habitué à regarder comme un ami. Pour sérieuse que fût pareille éventualité, la France n'a pas perdu courage. Elle a envisagé, virilement, la possibilité d'un double assaut, et elle s'est tenue prête à le repousser, sans forfanterie, comme sans couardise. Après tout, ce ne serait pas la première fois que la France ferait front à l'ennemi, sur les Vosges et sur les Alpes à la fois. Ce qu'elle a fait, en d'autres temps, elle peut le recommencer. Elle possède, en hommes et en matériel, des ressources infiniment supérieures à celles de Louis XIV et de Napoléon. Si l'ennemi est plus redoutable, une diversion de l'Italie, sur notre flanc droit, n'aurait pas, pour nous, toute la gravité qu'imaginent nos adversaires. Ce n'est pas que nous fassions fi des Italiens ; ce serait une sottise et une injustice. Ils ont une armée et une flotte ; leurs officiers ont un vif sentiment de l'honneur militaire ; leurs soldats sont disciplinés, sobres, patients, agiles, plus résistants à la fatigue et aux privations que ne le suppose l'étranger. J'inclinerais à croire que le grand état-major allemand ne fait pas de l'armée alliée tout le cas qu'elle mérite. Il la juge trop avec le pédantisme tudesque.

Quant à nous, que nos voisins nous pardonnent si nous les estimons assez pour prendre contre eux quelques précautions, sur les cols des Alpes ou dans les gorges du Dauphiné.

Quelle que soit la valeur de ses soldats, nous aurions, dans une guerre contre l'Italie, un allié qui ne manquerait pas à l'appel : la nature. Il y a encore des Alpes, et si les Alpes sont un rempart, c'est surtout de notre côté. Jamais, depuis qu'il y a une France, invasion par la Provence ou par le Dauphiné n'a réussi. Un écrivain militaire allemand calculait, que, en cas de guerre, les Italiens immobiliseraient un tiers des forces de la France [1]. Je n'engagerais pas l'état-major de Berlin à s'y fier. Deux corps d'armée suffiraient à arrêter les Italiens, au moins pendant les premières semaines. Nos voisins auraient à compter avec les difficultés géographiques d'une mobilisation péninsulaire, avec l'insuffisance du matériel des chemins de fer, avec l'encombrement de lignes dont la plupart n'ont qu'une seule voie, sans parler du danger de voir couper les *ferrovie* du littoral. Les Italiens seraient encore au pied des Alpes que le sort de la guerre pourrait être décidé, dans les plaines de l'Est. Ce qui courrait le plus de risques, ce serait l'Afrique française ; mais encore, le débarquement d'une armée sur la côte berbère est-il une opération plus compliquée qu'au temps des Scipions ; et les destinées de l'Afrique se décideraient, en Europe, entre Français et Allemands. Les grandes batailles auraient chance d'être livrées sans les Italiens. Pour donner la main aux Allemands, par-dessus les Alpes, ils ont, il est vrai, un chemin, la Suisse ; mais la route est barrée par les traités ; et si pareille barrière n'arrêtait pas les Italiens, ils trouveraient, au haut du Gothard, du Simplon, du Saint-Bernard, un vaillant petit peuple qui leur ferait faire halte.

1. Voyez la *Deutsche Rundschau*, juin 1889.

Une guerre entre la France et l'Italie ! Bien coupables, devant la civilisation, les hommes qui nous ont mis en face de pareille perspective ! Une guerre ! pourquoi ? — Il nous faut terminer par où nous avons commencé. Qu'y a-t-il donc d'inexpiable entre les deux nations ? Est-ce Tunis, la seule acquisition sub-européenne de la France, à une époque où l'Italie, la Prusse, l'Autriche, la Russie ont toutes reculé leurs frontières ; Tunis, qu'à Berlin M. de Bismarck et lord Beaconsfield offraient à la France, comme une fiche de consolation ? Les Italiens oublient que, sans l'imprudence de leur gouvernement ou de leurs agents, nos soldats ne camperaient point au pied du Bardo. Laisser les Italiens occuper l'étroite régence tunisienne, c'était compromettre l'Algérie et nous exposer à une guerre, avec eux, pour la possession de Bône ou de Constantine. Sommes-nous donc à l'âge où le vieux nom d'Afrique ne désignait que l'angle oriental de la Berbérie ? Tunis n'est ni l'Afrique, ni la Méditerranée ; sur le continent noir, comme sur la mer d'azur, il y a place pour d'autres, à côté de nous. Notre frontière algérienne assurée par la marche de Tunis, personne en France ne songe à étendre la main sur Tripoli, ou sur le Maroc. Mais il ne nous appartient pas de disposer de ce qui n'est point à nous. Quels obstacles l'Italie a-t-elle rencontrés, de notre part, dans ses entreprises coloniales ? Ne l'avons-nous pas, sur la mer Rouge, laissée s'établir dans la baie d'Adulis, sur laquelle nous aurions pu faire valoir des droits antérieurs aux siens? Sommes-nous responsables de ses déboires en Abyssinie? Est-ce notre faute si elle est allée se heurter au peuple le plus vaillant et peut-être le plus intelligent de tout le monde noir?

Les Italiens ont toujours à la bouche la liberté de la Méditerranée. La Méditerranée libre, nous la voulons comme eux, pour ne pas dire plus qu'eux, car nous ne pensons pas qu'il faille en livrer les deux portes aux Anglais. Nous tenons à la liberté de la navigation, et nous avons cherché à l'assurer, sans le concours de l'Italie, dans les négociations pour la neutralité du canal de Suez. Nous n'avons pas l'ignorance de regarder la Méditerranée comme un lac, nous qui l'avons réunie à la mer Rouge; mais nous nous étonnons de voir nos voisins appeler ou fortifier, sur cette mer latino-hellénique, des peuples que la nature semblait en écarter. A Rome, il semble qu'on croie servir la liberté de la Méditerranée en aidant les Anglais à s'installer à demeure en Égypte, ou en ouvrant aux influences allemandes l'Asie-Mineure ou le Maroc. Quant à l'Adriatique, l'ancien lac vénitien, est-ce notre faute si l'ascendant de l'Italie y est en déclin?

Sur mer, comme sur terre, la politique italienne s'est fait un horizon bien étroit; elle n'est pas aveugle, elle est myope. Sa vue ne perce ni l'espace, ni le temps; le lointain et l'avenir lui échappent. Elle aperçoit la paille dans les yeux de la France et ne distingue pas la poutre dans l'œil de l'Allemagne ou de la Grande-Bretagne, aspirant l'une à la suprématie de l'Europe centrale, l'autre à la domination des mers. S'il est une chose manifeste, cependant, à qui sait voir de loin et de haut, c'est qu'Italie et France ont, en réalité, les mêmes intérêts essentiels.

Ni France ni Italie ne peuvent rêver un *primato* continental ou maritime ; si grand que soit leur passé, la lutte pour l'hégémonie est entre d'autres. Quel est à toutes deux leur intérêt suprême ? L'indépendance des peuples, la liberté, partant l'équilibre de l'Europe et du monde. Devant ce grand objet, combien mesquines paraissent toutes les dissidences ou les jalousies ! L'Italie a-t-elle déçu les espérances que notre affection avait mises sur elle, c'est qu'elle a méconnu, temporairement, sa mission européenne et son intérêt national. Qu'un Dieu la ramène au juste sens de ses propres intérêts, c'est la seule prière que je fasse pour elle.

VII

M. CRISPI

Je ne sais quelle place l'histoire pourra faire à M. Crispi : avec lui, la politique italienne a pris une allure plus décidée, d'aucuns disent plus provocante. Au temps où M. Depretis était le chef du cabinet italien, la présence de l'Italie dans la « ligue de la paix » inspirait moins de défiance. On connaissait l'humeur pacifique du vieux goutteux de Stradella ; on savait que, au dehors comme au dedans, il aimait mieux dénouer que couper. Sous le ministère de ce Cunctator piémontais, on était certain que l'Italie n'irait pas courir les aventures. Personne n'eût cru que la mort de M. Depretis pût être un événement pour l'Europe. Comme il arrive souvent, on ne s'en est aperçu qu'après coup. Les Italiens, qui ont de l'amour-propre, en peuvent être flattés ; la recrudescence des craintes de guerre a coïncidé avec l'arrivée de M. Crispi à la présidence du conseil. M. Depretis rassurait, M. Crispi a inquiété. L'un était Piémontais, l'autre est Sicilien. Toute la différence de leurs procédés tient peut-être à la dissemblance de leurs caractères.

Chez M. Depretis il y avait, disait-on, du renard; chez M. Crispi, il y a plutôt du lion. C'est un homme d'une nature plus riche; l'âge n'a pas amorti sa fougue. Il est de ceux qui semblent avoir le privilège de demeurer toujours jeunes; impétueux, exubérant, dominateur, ce septuagénaire a une volonté de fer et une volonté qui ne s'embarrasse d'aucun scrupule. A une époque où si peu d'hommes savent vouloir, le vieux mazzinien a montré, plus d'une fois, qu'il savait oser et qu'il ne redoutait pas les responsabilités. De là, une bonne part de son long ascendant sur le roi, sur la cour, sur le Parlement, sur le pays. Par là, M. Crispi est un politique de race; peut-être a-t-il quelques-unes des parties du grand homme d'État. Le malheur est que, avant la réussite, bien habile, qui distingue un Richelieu d'un Alberoni.

Si M. Crispi a accentué, vis-à-vis de nous, la triple alliance, c'est beaucoup par tempérament, par besoin de déployer sa force; — c'est peut-être, aussi, par calcul, pour faire du bruit, pour se faire valoir, pour flatter l'amour-propre national. Il aimait à jouer à la grande politique; — c'est un goût qui vient, aisément, aux parvenus, aux anciens démocrates, hissés à la direction des affaires, — et, comme il n'était plus jeune, M. Crispi était pressé. Il voulait faire grand, ou, ce qui revient au même, en avoir l'air. Il a trouvé la triple alliance faite; il a voulu la faire sonner. Il n'avait pas attendu la signature d'un traité entre Rome et Berlin pour lier connaissance avec le prince de Bismarck. Il savait que « l'amitié d'un grand homme est un bienfait des dieux ». Comme l'Italie est l'alliée de l'Allemagne, M. Crispi est l'ami de M. de Bismarck. *Bismarck e Crispi* était une des inscriptions lapidaires qui réjouissaient les yeux de l'empereur Guillaume, dans son voyage au delà des monts. Une partie de l'ascendant de M. Crispi lui est venue de cette auguste amitié.

M. Crispi n'est pas seulement l'ami de M. de Bismarck; il est, à certains égards, son élève ou son émule. Il n'a pas craint de lui emprunter ses procédés de gouvernement, — autant du moins que le permet la différence des institutions.

Ministre parlementaire, ce n'est pas sa faute s'il n'a pu s'approprier toute la méthode de son grand ami. Il ne lui eût peut-être pas déplu de trouver moins d'opposition entre les coutumes ou les principes des Hohenzollern et les traditions récentes de la maison de Savoie. « Vérité en deçà des Alpes, erreur au delà, » disait-il, dans un de ses voyages à Berlin, aux membres du Reichstag venus pour le complimenter; et l'ancien conspirateur expliquait, aux libéraux de la Sprée, que si les procédés de leur gouvernement étaient moins autoritaires, l'Allemagne serait moins puissante. Or,

M. Crispi tenait à rendre l'Italie puissante, elle aussi ; et pour la doter d'un gouvernement fort, il a introduit chez elle un régime nouveau, peu conforme au « Statut », la dictature parlementaire.

Comme M. de Bismarck, M. Crispi se sentait de force à porter tout le poids du gouvernement. Le ministère c'était lui ; il était l'Atlas sur qui reposait tout. A son activité il fallait deux ou trois portefeuilles à la fois ; il avait dans une main les Affaires étrangères, dans l'autre l'Intérieur. — Au parlement, il jonglait avec la diplomatie et l'administration, répondant par la politique étrangère aux interpellations sur sa politique intérieure.

Il avait appris, de son ami le chancelier, l'art de jouer de la guerre et de la paix pour faire marcher une Chambre. La triple alliance, les rumeurs belliqueuses lui servaient à enlever un vote. Pour déplacer trente voix au Reichstag, M. de Bismarck n'a jamais craint de faire trembler l'Europe ; M. Crispi est, lui aussi, passé maître dans l'art de manier les parlements et la presse. Il ne croit pas inutile de tenir les peuples en haleine. Les craintes de guerre ont cela de bon qu'elles fortifient l'autorité d'un ministre. Attaquer le gouvernement, à la veille d'une guerre générale, n'est-ce pas pécher contre le patriotisme ? Aussi l'ancien garibaldien ne redoutait-il pas les incidents avec l'étranger, — et dans sa bouche, selon la remarque d'un Italien, l'étranger, *lo straniero*, signifie la France ; — l'Allemagne, l'Angleterre, l'Autriche sont « nos alliées ».

M. Crispi a le verbe haut, il aime à parler fort, comme dans l'affaire de Massaoua; c'est son tempérament de Sicilien; puis il sait que cela plaît aux peuples. Rien ne les flatte comme un grain d'insolence vis-à-vis de l'étranger. Josué Carducci, un poète, — et un des quatre ou cinq du continent, — a célébré, *il gran vecchio patriota* qui, dans le livre vert pour Massaoua, vengea, un jour, la dignité de l'Italie. Le poète des *Odes barbares* en a été si transporté que, oubliant anciens vers et anciens discours contre les Kaiser allemands ou autrichiens, M. Carducci a applaudi à la triple alliance, tout en la déclarant *non intiero amor suo*. Cette réserve ne nous surprend pas, de la part du barde démocratique qui, dans le *Ça ira* de ses *Rime nuove*, chantait, il y a peu d'années encore, Kellermann et Kléber, *leon ruggente*, et Desaix, et Marceau, et « Hoche *sublime* ». L'Italien a en lui du poète et de l'artiste; une politique bruyante, à fanfares sonores, à éclats et à fracas, ne déplaît point à son imagination méridionale. C'est ce sentiment qui, au milieu des souffrances de la péninsule, a fait, longtemps, la force de M. Crispi; il avait, pour lui, l'amour-propre national.

Le grand homme de la Sicile, a eu aussi, pour lui, le plus utile des agents secrets: la presse française. Les attaques des feuilles du boulevard ont beaucoup contribué à son ascendant. On pourrait presque dire que son prestige a été fait par les journaux français. Un homme d'État vilipendé par les pays voisins en devient plus grand, aux yeux de ses compatriotes. Rien ne vaut, pour un ministre, les railleries ou les invectives des journalistes du dehors. C'est une recommandation d'autant plus précieuse qu'elle ne coûte rien. M. Crispi est trop habile homme pour n'avoir pas tiré parti du concours gratuit que lui fournissait la presse de Paris. Il savait n'avoir rien à redouter de ses attaques ou de ses insinuations. Un Parisien qui n'a jamais franchi la banlieue peut se représenter M. Crispi comme un humble instrument de la politique de Friedrichsruhe. Les Italiens connaissaient trop la superbe de leur premier ministre pour avoir pareille opinion. Un Crispi n'est le valet de personne, pas même d'un Bismarck. En est-il le jouet, c'est à son insu.

On s'est figuré souvent M. Crispi comme le compère de M. de Bismarck, comme l'homme qui, au signal convenu, devait brouiller les cartes, pour faire le jeu de son patron. Je doute fort, pour ma part, que l'ancien garibaldien ait jamais accepté pareil rôle. Il est homme à travailler pour son propre compte. De même, quand on dit qu'il est tout Allemand, on se trompe; il n'est pas plus Allemand que Français; il est Italien. Il a fait de la politique italienne; pour être complet, il faudrait dire de la politique crispinienne. Peut-être cette politique n'a-t-elle pas été sans préjugés; peut-être avait-elle la vue courte, se montrant plus soucieuse de l'effet que des réalités; mais peut-être aussi Francesco Crispi n'en était-il pas la dupe. Quand il affirmait qu'il n'était pas notre ennemi, qu'il ne voulait pas l'abaissement de la France, qu'il faudrait être fou pour désirer la destruction de notre pays, il se peut bien qu'il fût sincère, car il est trop intelligent pour ne pas sentir quelle serait la dépendance de l'Italie, si l'Allemagne n'avait plus de contrepoids en Occident. Il s'est toujours dit pacifique, il peut l'être *in petto*; son tort est de ne pas craindre de jouer avec les passions nationales, et, s'il veut la paix, de trop parler le langage de la guerre.

On a parfois, en France, identifié l'alliance italo-allemande avec M. Crispi. Erreur qu'explique seule notre ignorance de la politique italienne. La triple alliance est antérieure à la dictature parlementaire de M. Crispi, et elle n'est liée ni à sa personne, ni à sa politique. La triple alliance est, avant tout, une alliance dynastique. Son point d'appui, à Rome, est au-dessus des ministres, au-dessus même du Parlement; il est à la cour, au Quirinal.

Cette alliance, nous savons qui l'a préparée : la droite constitutionnelle, le parti modéré, celui qui, tout en pactisant avec la révolution, n'a jamais varié dans ses préférences monarchiques, le parti de Cavour, de La Marmora, de Minghetti. M. Minghetti, avec sa haute intelligence, ne dissimulait point qu'une des principales raisons de l'alliance italo-allemande, c'était le régime actuel de la France, autrement dit notre constitution en république. Je l'ai entendu à Rome, en 1884, le reconnaître, comme une chose toute naturelle; la gauche, pour se maintenir au pouvoir, a dû accepter cette orientation de la politique italienne. S'y refuser eût indisposé la couronne qui, à Rome, de même que dans toutes les monarchies continentales, surveille de préférence la politique étrangère; et comme il arrive souvent, les vieux mazziniens ou garibaldiens se sont montrés d'autant plus chauds pour l'alliance impériale qu'ils avaient leurs anciennes convictions républicaines à faire oublier. C'est un peu le cas de M. Crispi; il n'a fait qu'y apporter les allures cassantes de son tempérament et la hauteur de son orgueil. M. Crispi renversé, la droite, reconstituée, reviendrait au pouvoir, que l'alliance n'en serait pas ébranlée. N'est-ce pas, déjà, le ministère Di Rudini qui l'a renouvelée, en 1891? L'entente italo-prussienne, au lieu d'être célébrée avec les airs de bravoure de M. Crispi, pourrait être chantée *mezza voce;* elle n'en resterait pas moins au programme du théâtre italien. Elle a de plus hauts patrons que les ministres. Il est douteux que les hommes qui osent se montrer hostiles à l'alliance de Berlin entrent, de longtemps, dans les conseils du roi d'Italie. Leur opposition même à l'Allemagne les écarte du pouvoir. Ainsi s'explique comment toutes les attaques dirigées contre la triple alliance en ont plutôt resserré que relâché les nœuds.

Autre erreur touchant M. Crispi et la politique de nos voisins. Au nord des Alpes, on a souvent fait du ministre sicilien l'instrument préféré de la franc-maçonnerie et l'ennemi juré de la papauté. Certes, M. Crispi n'est ni un dévot, ni un croyant. Il a été franc-maçon et il l'est resté, comme il a été mazzinien et républicain. Mais un Crispi n'a rien d'un fanatique. Toutes ses passions et ses opinions sont subordonnées à sa politique et à ses ambitions. Il n'eût pas mieux demandé, pour affermir son pouvoir, que de se réconcilier avec la papauté, aussi bien qu'avec la monarchie. Au lieu d'être le compère d'un Lemmi, un instrument dans la main de la Maçonnerie, soyez sûrs qu'il n'a jamais vu dans les Loges qu'un engin de guerre et un outil de son pouvoir.

Vis-à-vis du pape, comme vis-à-vis du roi, il redoutait peu les volte-face ou les contradictions. Adversaire acharné de la loi des garanties pontificales, en 1870, il s'est appliqué à la maintenir, strictement, en 1878, comme ministre de l'Intérieur, lors de la mort de Pie IX et du conclave de Léon XIII. Il semble, déjà, à cette époque, avoir rêvé un grand rêve, se faire, lui Crispi, le conciliateur entre le Saint-Siège et l'Italie unifiée. Il croyait avoir trouvé dans le cardinal Pecci l'esprit politique de trempe modérée, le pontife diplomate enclin aux transactions et résigné aux compromis.

Ses premières déceptions ne suffirent pas à détromper ou à décourager M. Crispi. Une quinzaine d'années plus tard, devenu le ministre omnipotent du roi Humbert, il cherchait, de nouveau, à nouer des intrigues dans le Vatican, autour du Souverain-Pontife. Il employait, vis-à-vis du Saint-Siège, ses procédés habituels de vieux révolutionnaire et d'ancien conspirateur, s'efforçant de le terroriser, par ses menaces bruyantes, en même temps qu'il essayait, sous main, de le séduire par ses promesses. Alors même qu'il fêtait, sur le Janicule, le vingt-cinquième anniversaire de « la libération » de la Ville éternelle, désignant du geste aux colères de la foule le lourd palais pontifical, et saluant la troisième Rome comme la future capitale de la libre pensée, l'ambitieux sicilien s'évertuait, secrètement, à gagner, pour lui et pour ses amis, l'appui électoral des papalins.

Naturelle duplicité d'un politique réaliste qui croyait que les hommes et les partis n'obéissent qu'à la voix de l'intérêt, qui regardait toutes choses comme matière à marchandages, et qui ricanait lorsqu'on lui parlait de la « question morale ». Ce qu'il n'avait pu obtenir de Léon XIII, ni par l'intrigue, ni par la menace, M. Crispi se promettait, sans doute, de l'arracher au successeur de Léon XIII. Il eût voulu avoir, de nouveau, son conclave, et cette fois, il ne désespérait pas d'avoir enfin son pape. Alors, appuyé, d'un côté, sur le roi et, de l'autre, sur le Souverain-Pontife, médiateur entre les deux puissances rivales qu'aucune combinaison du génie italien n'a encore pu réconcilier, M. Crispi eût régné en paix sur la péninsule reconnaissante. — On sait comment la barbare opiniâtreté d'un roi d'Éthiopie a dissipé tous ces rêves. M. Crispi, avide de donner à son Ministère l'éblouissante auréole des conquêtes africaines, avait compté sur l'Afrique pour fortifier son pouvoir, et c'est l'Afrique qui devait le renverser.

VIII

LA FRANCE ET L'ITALIE

LETTRE A M. RUGGERO BONGHI [1]

Cher Monsieur,

Vous avez bien fait de m'adresser votre appel « aux amis de France ». Vous savez que je suis de ces amis de l'Italie. Mon affection pour elle date de mon adolescence et est liée aux plus doux souvenirs de ma vie. Je n'avais pas dix-huit ans lorsque je visitai, pour la première fois, votre Italie, et que je m'épris, pour elle, d'une passion qui m'a ramené, chez vous, presque chaque année. C'était quelques mois après Magenta et

1. On sait qu'il s'est formé en Italie, grâce à l'initiative de MM. R. Bonghi et Menotti Garibaldi, un *Comité permanent franco-italien de propagande conciliatrice* qui a réclamé la coopération des « amis de France ». — A la circulaire de ce Comité, M. Anatole Leroy-Beaulieu répondait par cette lettre à M. Bonghi, insérée dans la *Revue Bleue* du 25 mars 1893.

Solferino. Comme la plupart de mes jeunes camarades, j'avais applaudi, avec enthousiasme, à votre affranchissement. Je ne pardonnais pas, à l'empereur Napoléon III, de s'être arrêté au Mincio, devant la menace d'une intervention prussienne. Une des impressions les plus douloureuses de ma jeunesse a été de voir, un dimanche, hisser l'aigle autrichienne, au sommet des trois mâts dressés, par les doges, en face du portail de Saint-Marc. Un seul spectacle m'a remué, d'une façon plus poignante : la vue du drapeau allemand sur la tour de la cathédrale de Metz.

L'affection pour l'Italie, — quoi qu'en aient dit, après coup, certains de vos compatriotes, — elle était alors commune chez nous. C'était bien l'âme de la France qui avait appelé la résurrection de l'Italie. De tous les actes du second Empire, la guerre libératrice de 1859 a été le seul populaire. Nous étions libres, alors, de songer à l'émancipation d'autrui. Nous rêvions d'une Europe nouvelle où chaque nation eût été indépendante, où il n'y eût plus eu ni conquérant ni opprimé, où l'équilibre eût reposé sur l'égale liberté des peuples, où la paix eût été fondée, à jamais, sur le mutuel respect des droits de chacun. Ce beau rêve, à la réalisation duquel nous associions l'Italie, vous savez ce qu'il en est advenu. A qui la faute? Je ne le chercherai pas ici, je voudrais, comme vous, éviter toutes les récriminations sur le passé. Le mieux est de n'en plus parler. Le passé est mort, enterrons-le d'un commun accord ; ne songeons qu'au présent et à l'avenir prochain. Italiens, ou Français, c'est le devoir de notre patriotisme.

Or, le présent est mauvais. Il reste bien peu de chose des sympathies anciennes; ceux, comme vous et moi, qui les conservent, n'osent les montrer qu'avec un sourire de tristesse. Malgré tant de liens naturels qui en feront toujours, en dépit de tout, comme deux sœurs jumelles, la France et l'Italie sont suspectes l'une à l'autre. Comme il arrive, quand on s'est aimé, elles s'en veulent presque de leur affection déçue. C'est là, pour toutes deux, c'est là, pour notre pauvre Europe, — je le crois comme vous, — un malheur. Nous qui le sentons, nous dont le cœur même en souffre, nous ne voulons point nous y résigner. Au lieu de chercher qui en est responsable, au lieu de nous demander, question irritante, laquelle des deux nations a péché contre l'autre, nous voudrions rapprocher les deux pays.

Voilà pourquoi vous vous êtes réunis, sans distinction de partis, ou de couleur politique, quelques-uns de vos compatriotes et vous, — « une centaine de députés, de sénateurs, d'anciens ministres, de publicistes », nous assurez-vous, pour constituer un comité de propagande conciliatrice. Cette noble entreprise, un grand esprit comme le vôtre était digne d'en prendre l'initiative, et je me réjouis de voir que vous avez été compris d'un si grand nombre d'hommes distingués.

Vous nous conviez à suivre votre exemple, à nous grouper, nous aussi, Français, en vue d'une action commune, pour le rapprochement des deux peuples.

Ici, vous l'avouerai-je? je ne sais si vous ne faites pas fausse route. Nombreux sont, parmi nous, les hommes désireux de contribuer à cette œuvre de concorde, mais la situation de nos deux pays n'est pas la même. La France n'a rien qui la tienne éloignée de vous; tandis que l'Italie n'est pas, vis-à-vis de nous, maîtresse d'elle-même. Vous désirez rétablir l'amitié des deux nations, mais vous savez que, entre elles deux, il y a un obstacle qui n'est pas de notre fait. Nous sommes, nous autres Français, libres de nos affections, tout prêts à vous rendre notre amitié; mais cette liberté, l'Italie ne l'a point. Vous l'avez aliénée, par des traités formels; vous vous êtes engagés à faire cause commune avec des gens qui ne nous veulent pas de bien, et, pour ne pas faillir à ces engagements pris contre nous, vous vous soumettez, avec une patience obstinée, à toutes les charges et à toutes les souffrances.

Tel est le fait. Il n'y a, encore une fois, aucune parité entre les deux pays. S'il y a, entre eux, un fossé qui les range, officiellement, en deux camps hostiles, ce n'est pas nous qui l'avons creusé, et, pour le combler, il ne suffit pas de notre bonne volonté. Nous ne pouvons faire, pour cela, que des vœux. L'action doit venir de votre côté; nous sommes tout prêts à vous encourager; mais nous ne pouvons faire plus. La main que vous nous tendez, vous et vos amis, nous ne la repoussons point; mais nous ne pouvons la prendre pour celle de l'Italie ; — la main de l'Italie n'est point dans la nôtre ; elle est dans une poigne qui ne la lâche point.

Il faut être sincère, si nous voulons faire œuvre utile. Entre vous et nous, il n'y a pas, seulement, des malentendus, des souvenirs pénibles, des froissements d'amour-propre ; il y a un fait, un acte, que ni vous, ni nous, n'avons le droit d'oublier ; ce que les diplomates appellent un instrument qui porte la signature de l'Italie.

« Aux soupçons sans fondement, aux insinuations malintentionnées, aux fausses nouvelles », vous nous conviez, dans votre manifeste, à opposer la vérité et une propagande conciliatrice ; mais qu'appelez-vous des soupçons mal fondés et des insinuations malveillantes ? Je ne suppose pas pourtant que nous vous fassions injure, en vous soupçonnant d'avoir conclu un pacte avec Berlin. Je ne crois pas que la triple alliance soit une fausse nouvelle, ou que nous puissions la prendre pour une marque d'amitié.

Plus de polémique de presse ! nous dites-vous ; la presse a une lourde part dans le refroidissement des deux pays ; elle n'a guère fait, depuis vingt ans, qu'exciter leurs défiances mutuelles. Rien de plus vrai ; je l'ai dit, souvent, moi-même, à des Français : la presse, des deux côtés des Alpes, a mal compris sa mission, inventant des griefs imaginaires, ou envenimant, à plaisir, les griefs réels des deux nations. Mais, ici encore, entre vous et nous, entre votre presse et la nôtre, il y a une différence, et une grande. Les noirs desseins contre l'Italie que nous prêtent tant de vos petits journaux de Rome, de Turin, de Naples, rien, en réalité, ne les justifie : c'est une supposition gratuite, ou une ineptie puérile de gens qui nous connaissent mal. En peut-on, toujours, dire autant des intentions hostiles que vous attribue, contre nous, telle ou telle feuille des boulevards? N'avons-nous pas le droit d'en faire retomber la faute sur vos politiques ou sur vos diplomates?

Je sais très bien, pour ma part, qu'au Montecitorio ou à la Consultà, vous n'avez pas pour unique souci de nous jeter, malgré nous, dans une grande guerre ; qu'il n'est pas vrai que vous ayez mis tout votre espoir sur une prochaine entrée en campagne. Je ne suis pas de ceux qui, le mois dernier, lorsque vous avez prolongé vos manœuvres sur notre frontière, se sont imaginé que vos chasseurs alpins allaient franchir, à l'improviste, les cols du Dauphiné. Je ne doute pas de la sincérité de vos amis, lorsque vous nous jurez, par tous les dieux, votre amour de la paix. Mais il est une chose que nous ne pouvons perdre de vue, nous autres Français, et que la presse a le droit de vous rappeler : c'est que, en dépit de vos intentions pacifiques, ou de vos sympathies françaises, vous pouvez, à tout moment, aujourd'hui, demain, être précipités, malgré vous, dans un conflit avec la France, — sur un signal parti d'où vous savez.

Car, — nous en sommes toujours ramenés là, — vous ne vous appartenez point. Vous êtes rivés à une puissance dont nous avons quelque raison de nous méfier. Vous êtes tenus, par des traités, plus d'une fois renouvelés, qui promettent, au plus dangereux de ses voisins, votre coopération contre la France. Et, laissez-moi vous le dire, ces traités, au bas desquels vos ministères de gauche et de droite ont apposé, successivement, leur signature, vous n'en connaissez même pas la teneur. Ils n'ont pas été soumis à vos Chambres; ils n'ont pas été discutés par vos cabinets. Ils sont au-dessus de vous, et les clauses en sont secrètes. Vous-même, monsieur Bonghi, vous, un vétéran du parlement, un homme qui faites honneur à la politique italienne, vous en ignorez les conditions. Vous n'en savez guère, aussi bien que nous, étrangers, qu'une chose: c'est que, à tel moment, pour un incident qui peut ne vous toucher en rien, pour une rixe de gardes forestiers dans les sapinières des Vosges, vous pouvez être contraints de nous tomber sur le dos, avec vos flottes et avec vos armées. C'est pour l'envahissement de la France que toute votre mobilisation est combinée. Voilà le fait; tout en vous défendant d'aucun mauvais sentiment contre nous, tout en nous offrant votre amitié, — vous êtes nos ennemis éventuels.

Comment pareille situation n'influerait-elle pas sur les rapports des deux pays? Il nous a fallu, pour nous mettre en état de recevoir votre visite, suspendre de nouveaux forts à la cime de nos montagnes. Il nous a fallu nous faire à l'idée d'une lutte fratricide, avec cette

Italie affranchie par nos armes. Cela, en vérité, a été dur, mais force a été de nous y résigner. Nous avons dû nous bien convaincre que, au premier choc en Europe, tandis que nous serons en train de lutter, pour notre existence nationale, sur les collines de la Lorraine ou dans les plaines de la Champagne, nous verrons se jeter dans nos jambes, sur les Alpes, un voisin que nous avions longtemps pris pour un ami.

Cette possibilité d'un double assaut, nous l'avons, je ne vous le cache pas, envisagée en hommes, sans forfanterie, comme sans couardise. Nous nous y sommes préparés, et si pénible que nous fût cette perspective, nous sommes habitués, dans nos calculs de défense nationale, à compter sur l'Italie, comme sur un adversaire.

Après cela, comment être surpris de ce que les capitaux français semblent se détourner de l'Italie, pour se porter ailleurs, vers la Russie, notamment ? C'est là un de vos griefs contre nous. Vos journaux, vos ministères mêmes vont répétant que la France fait à l'Italie une guerre commerciale, une guerre financière. Est-ce bien conforme aux faits ? Qui donc a dénoncé l'ancien traité de commerce ? N'est-ce pas l'Italie ? Et, plus tard, quand le protectionnisme, industriel et agricole, était devenu tout-puissant dans nos Chambres, comment a-t-on pu se persuader, à Rome, que nos protectionnistes français allaient faire litière de leurs intérêts ou de leurs préjugés pour être agréables à l'alliée de l'Allemagne ? On se représentait mal, chez nous, l'Italie réclamant, dans une dépêche, l'accès de notre marché, et, dans une autre, assurant, à nos ennemis de 1870, le concours de ses armées. Ce sont là combinaisons trop subtiles pour être comprises de notre démocratie. Certains de vos compatriotes semblent s'être donné ce programme : alliance sur terre avec l'Allemagne, alliance sur mer avec l'Angleterre, et, pour garder à votre production nationale son principal débouché, entente commerciale avec la France. Le programme était trop roué pour n'être pas naïf.

De même, au point de vue financier. Vos politiques s'étaient crus assez habiles pour avoir, à la fois, l'épée de la Prusse et l'or de la France. Ils comptaient sur le marché de Paris pour se mettre en état de tenir les engagements militaires pris avec Berlin, et, aujourd'hui encore, plusieurs de vos journaux en sont à nous reprocher d'avoir le mauvais goût de ne point nous prêter à ce calcul. Croyez-moi, il n'y a pas eu besoin, pour cela, de conjuration de Bourse contre l'Italie. Pour discréditer vos finances, auprès de l'épargne française, il a suffi de vos diplomates.

Pourquoi les Français, pourquoi nos petits porteurs de rentes qui, à la longue, font les cours du marché, auraient-ils gardé une préférence envers les fonds italiens ? Est-ce pour les sympathies que l'Italie nous témoigne ? Mais si peu sentimental que soit un bourgeois en quête de placement, pour égoïstes que passent, en certain milieu, les capitalistes, grands et petits, il leur répugne de penser que leurs économies peuvent être employées à fondre des obus, pour bombarder nos villes et nos ports. Quel attrait peut, aujourd'hui, les attirer vers votre cinq pour cent? Est-ce la perspective d'une rapide plus-value, ou la sécurité du placement? Mais, Français ou étrangers, tout le monde sait, en Europe, que les charges que sa politique impose à l'Italie sont trop lourdes pour ses épaules. Vous vous étonnez, vous vous scandalisez de la baisse de vos fonds, depuis quelques années, depuis quelques mois surtout. Mais pourrions-nous, en conscience, les recommander au public? Pendant que nos rentes montaient, les vôtres n'ont cessé de tomber. Votre cinq pour cent, qui avait touché le cours rond de cent francs, était hier à quatre-vingts. Pouvons-nous faire un reproche à ceux de nos compatriotes qui ont eu la prudence de se mettre à l'abri d'une pareille chute? Devons-nous réprimander ceux d'entre eux qui ont échangé vos fonds vacillants contre des rentes russes? L'événement ne leur a-t-il pas donné raison? Le marché de Berlin n'est-il pas à se lamenter d'avoir, jadis, fait l'opération inverse? Vos fonds ont baissé parce que votre budget était en déficit, et que votre politique ne permettait pas de le remettre en équilibre. Ils ont baissé, à Berlin et à Londres, aussi bien qu'à Paris; car, les cours en font foi, les Allemands et les Anglais se demandent, eux aussi, combien de temps vous pourrez supporter les charges de vos alliances.

Votre budget est la victime de votre politique, et vous ne pouvez guère restaurer vos finances sans modifier votre politique.

Cela, vous le sentez comme nous, et c'est pour cela que vous voulez vous rapprocher de la France. Si les promoteurs de votre comité n'ont pas en vue un changement de la politique italienne, à quoi bon vous adresser à nous ? Vous l'avez compris, ou je ne comprends pas votre manifeste. Pour atteindre votre but, « l'entente de peuple à peuple », vous êtes décidés, nous affirmez-vous, à passer « au travers de n'importe quels obstacles ». — L'obstacle, vous ne le désignez point ; mais vous savez quel il est. « *Les situations internationales changent*, nous dites-vous en terminant, *les peuples restent* ; et cette conclusion qui résume votre pensée, vous avez soin de la souligner. Oui, les situations internationales changent (c'est-à-dire, si je vous entends bien, les relations officielles des puissances, les conventions diplomatiques) ; les peuples restent : et c'est entre les peuples qu'il faut rétablir l'amitié et la confiance. — Mais que signifie l'entente de peuple à peuple, quand il s'agit de peuples libres ? L'Italie se vante de l'être, et à bon droit. Le peuple italien n'est plus le peuple d'avant 1848 ou 1860 ; l'on ne saurait séparer la nation de son gouvernement ; elle est maîtresse, chez elle ; elle a les moyens de faire prévaloir sa volonté. Si elle désire se rapprocher de nous, il lui est loisible de le montrer ; et si, entre les deux pays, il y a un obstacle, — pour l'écarter, elle n'a qu'à vouloir.

A l'Italie de savoir ce qu'elle veut. Est-elle satisfaite de sa politique des dix dernières années, et les fruits lui en ont-ils semblé doux, qu'elle s'y tienne ; c'est son droit. Quelque désir que nous ayons de nous rapprocher d'elle, nous ne pouvons lui demander de nous sacrifier ses intérêts. Elle sait que le jour où elle voudra se tourner vers nous, nous ne lui refuserons pas la main. — Ce jour viendra-t-il bientôt ? Nous le souhaitons comme vous ; — puisse-t-il ne pas venir trop tard, pour votre beau pays !

Qu'il souffre, alors même qu'il met sa dignité à le taire, ce n'est plus un secret pour personne. J'étais encore, au printemps dernier, dans votre Italie ; ce que j'ai vu, dans vos campagnes du Midi ou dans telles villes du Nord, m'a plus d'une fois serré le cœur. Je ne sais rien de navrant comme le contraste entre les splendeurs de la nature inanimée et la misère des créatures vivantes ; et je ne suis pas de ceux qui savent s'en consoler en se disant que, après tout, votre libre Italie a la part qu'elle s'est choisie. Le bouvier de la Maremme ou le vigneron de la Pouille n'est pour rien dans votre politique : il n'en est que la victime. Je ne suis pas de ceux qui disent : Qu'il souffre, puisque ses maîtres le veulent ! Je n'ai pas de remords à m'attrister des souffrances d'une noble nation, naguère notre amie, alors même que, aigrie contre nous, elle nous fait des reproches immérités. — Avez-vous jamais vu une femme aimée, longtemps malade et injustement malheureuse, arrachée, par vous, avec peine à la mort, retomber tout à coup, par sa propre imprudence, s'étiolant lentement, devant vous, par sa faute, et vous accusant de sa rechute? Tel est, je le confesse, le sentiment que j'ai ressenti, lors de ma dernière visite à l'Italie, car l'enchanteresse est de celles qu'on aime comme une femme. Et le plus douloureux peut-être, pour nous Français, qui nous étions tant réjouis de sa résurrection, c'est que sa politique nous défend de nous laisser aller à notre attendrissement. Nous n'avons même plus le droit de la plaindre, nous qu'on lui désigne comme ses ennemis; et si nous nous permettons de lui montrer quelque compassion, elle s'en irrite, comme d'une offense à son orgueil.

Pardonnez-moi mon émotion et ma sincérité. Je serais heureux, si j'avais confiance en votre succès. Ce rapprochement de la France et de l'Italie, je l'ai trop longtemps espéré pour garder beaucoup d'espoir. N'importe, vous avez raison; la chose vaut d'être tentée, et il n'y faut rien épargner. Mettons-nous-y, chacun de notre côté. Pour nous, faut-il le répéter, nous ne pouvons guère vous seconder que de nos vœux. C'est à vous, Italiens, d'éclairer vos compatriotes, sur leurs intérêts, et sur nos sentiments.

Puissiez-vous réussir! je le souhaite avec passion, pour votre Italie plus encore que pour notre France; — car, si vous veniez à échouer, vous le savez comme moi, ce qui en pâtirait, c'est moins la France que l'Italie.

Veuillez, cher Monsieur, agréer l'expression de ma sympathie française et l'assurance de mes sentiments de solidarité latine.

Paris, 22 novembre 1893.

ANATOLE LEROY-BEAULIEU.

IX

L'ITALIE ET LA FRANCE

LETTRE DE M. BONGHI A M. A. LEROY-BEAULIEU[1]

Cher monsieur,

Je vous demande pardon si je réponds en retard à votre honorable lettre du 22 novembre, mais je m'étais engagé à écrire un article pour la *Vie Contemporaine* sur le sujet dont vous avez bien voulu m'entretenir. En outre, j'étais et je suis surchargé de travail. Excusez-moi donc de ce retard involontaire et soyez certain que je vous ai lu avec non moins d'intérêt que de satisfaction, ce qui, d'ailleurs, m'arrive chaque fois que j'ai l'avantage de lire vos écrits. J'aime votre raisonnement, toujours serré, et la grande clarté de votre pensée, bien que, dans

1. Cette réponse du regretté publiciste et homme d'État, mort en 1895, a paru dans la *Revue bleue* du 6 janvier 1894.

votre lettre, il y eût quelques réflexions qui ne pouvaient point ne pas me déplaire.

Si exactes qu'elles puissent être ou paraître, je n'y ai pas voulu voir, comme des confrères de France ont pris soin de le faire, un sentiment d'aigreur, d'hostilité envers mon pays, mais le sentiment d'un ami froissé. En effet, vous dites, et je le crois, aimer cette Italie que vous appelez « enchanteresse », regrettant qu'il ne reste pas grand'chose des vives sympathies d'antan entre les deux peuples, sympathies que vous voudriez voir renaître, dans toute leur ardeur. Eh bien, j'avoue — mais veuillez ne pas le répéter — que je tiens, très souvent, à mes compatriotes le raisonnement que vous me tenez à moi-même. Je leur dis : « Mes chers concitoyens, vous vous plaignez, vous vous irritez de l'hostilité de la France. Je ne veux pas examiner si tout ce que vous jugez en être une preuve l'est véritablement, car, dans le fond, il n'y en a pas une qui vaille autant que le fait de la triple alliance. Libre à nous d'être convaincus, comme nous le sommes en général, que la triple alliance n'est qu'une alliance de paix : cela n'empêcherait pas que cette alliance ne pût se traduire, à un moment donné, par une alliance de guerre. Or, à quoi nous obligerait une guerre de l'Allemagne contre la France, si, par un des mille hasards pouvant la faire éclater, elle survenait du jour au lendemain? Nous n'en savons rien. Nous ne connaissons pas le traité. Pourtant, il est impossible de ne pas supposer que nous serions amenés, bon gré, mal gré, à intervenir, entravant les mouvements, paralysant l'action de nos voisins, les empêchant, en somme, de se jeter tous du côté du Rhin. Nous pouvons croire qu'il ne s'agit, dans la triple alliance, que d'intérêts à nous, mais comment exiger qu'on croie, en France, que cela n'est pas contraire à ses intérêts à elle. »

Vous voyez, donc, que vous prêchez un converti ; mais laissez-moi vous dire que vous vous trompez quand vous affirmez que la triple alliance a été faite et refaite, d'abord, par des ministères autant de droite que de gauche [1], ensuite, dans un sentiment d'inimitié du peuple italien contre le peuple français.

Depuis 1876, il n'y a pas eu de ministère de droite. Même l'avant-dernier cabinet ne l'était pas entièrement. Ainsi, c'est à la gauche que vous pourriez adresser ce reproche ; toutefois, je le constate, en hommage à la vérité, elle, non plus, n'a pas fait cette alliance avec enthousiasme. Elle y a été contrainte par des circonstances très complexes, qu'il serait trop long et trop scabreux d'analyser ici. C'est la France qui, par certains de ses actes, a poussé l'Italie du côté de l'Allemagne ; ce sont des circonstances et des mesures de politique intérieure qui l'ont conseillée. On a trouvé, enfin, dans la nouvelle orientation, à l'extérieur, un soutien contre les adversaires des institutions qui paraissaient à ce moment (1880)

1. J'avais dit que la triple alliance avait été préparée par des hommes de droite, ce que je crois incontestable, et chacun sait qu'elle a été renouvelée, en 1891, par M. di Rudini.

dangereux non moins à la politique du dehors qu'à celle du dedans. Il parut prudent, utile, même à la gauche, de se rapprocher, bien qu'à contre-cœur, des gouvernements conservateurs de l'Europe centrale, d'autant plus que la France ne donnait pas la preuve alors qu'elle deviendrait, solidement, une république conservatrice. Une république peut être aussi conservatrice qu'une monarchie, et plus encore, si elle le veut. Dans ces conditions, rien n'empêche une monarchie, un empire, d'être ses alliés, du moment qu'elle n'inspire de craintes, ni au point de vue révolutionnaire, ni au point de vue de la propagande. Mais laissons tout cela. J'en fais mention, seulement, pour expliquer que si, dans la triple alliance, il y a de quoi exciter l'hostilité de la France, ce n'est pas, je le répète, par inimitié, à son égard, que ce traité a été signé et, bien à tort, renouvelé.

Vous ne sauriez, avec votre grande lucidité d'esprit, ne pas apprécier les faits et les considérations que je viens de vous soumettre. Vous dites que les vues politiques de certains de mes compatriotes semblent consister à posséder à la fois « l'épée de la Prusse et l'or de la France ».

Laissez-moi ajouter que, s'il en était ainsi, ce programme serait, non seulement trop roué, mais plus naïf que nous ne sommes. Au contraire, on a si peu songé et on songe, si maladroitement, aux intérêts financiers ou commerciaux, qu'on a été jusqu'à dénoncer le traité de commerce avec la France, sans réfléchir, aucunement, aux effets de cet acte, car c'était, à vous, qu'on aurait dû laisser la responsabilité morale de la dénonciation. On n'a pas même songé à cela! Quand notre gouvernement s'est engagé, pour la première fois, avec l'Allemagne et avec l'Autriche, le pays se leurrait de l'idée d'être riche, de n'avoir besoin de personne; il ne rêvait, comme aujourd'hui encore, que de paix, sans arrière-pensée. Lors du dernier renouvellement du traité, le pays avait encore la confiance de sortir de ses embarras sans trop de sacrifices, car il n'est pas vrai que ses embarras ont été causés, exclusivement, par les dépenses militaires. Elles y sont, pour une bonne part, oui, mais elles ne sont pas la source unique de notre malaise. Le général Ricotti, ancien ministre de la guerre, qui a la réputation d'être le technicien voulant le plus retrancher sur l'armée, ne croit pouvoir réduire le budget que de deux cent trente-six à deux cent vingt-deux millions, à savoir quatorze millions d'économies. Or, ce qu'il nous faut, c'est au moins cent millions! Avec les quatorze, on n'irait pas bien loin. Hélas! nous avons commis beaucoup plus de fautes que vous ne le croyez. La triple alliance n'en est qu'une. La série de nos erreurs est bien longue et compliquée. Mais rassurez-vous : ce n'est pas l'argent de la France que nous convoitons et qui pourrait les effacer; ce qu'il nous serait utile de posséder, ce seraient plutôt certaines de vos qualités: votre esprit d'initiative, votre ardeur dans le travail et votre force d'épargne, votre confiance en vous-mêmes. Laissons, je vous en prie, ces petites querelles, et portons nos regards sur un plus large horizon.

L'Europe s'aperçoit de plus en plus de la nécessité de sortir de l'impasse où elle se trouve. Je ne pense pas que vous considériez la situation générale comme très heureuse pour la France, parce qu'elle est malheureuse pour l'Italie et pour d'autres. En fait, ce n'est pas le pacte particulier de la triple alliance qui nous force d'entretenir une grande armée, mais la situation européenne. La cause est là, pour vous, pour nous, pour tout le monde.

Vous dites que nous sommes un peuple libre. Vous l'êtes aussi. Cela signifie que nous pouvons, par les bulletins de vote, changer la direction de nos gouvernants. C'est justement ce que nous voulons tâcher de faire, de notre côté, et c'est, dans ce but, que nous désirons votre coopération. Vous dites encore : « La main de l'Italie n'est pas dans la nôtre, elle est dans une poigne qui ne la lâche point. » C'est bien cela. Nous voulons que la poigne lâche la main de l'Italie, — mais, avec une *entière certitude d'avance* que l'Italie ne risquera rien, ni la paix de l'Europe non plus. La paix de l'heure présente n'est due qu'à l'équilibre des peurs ; elle doit être assurée, au contraire, par le respect des droits. Pour atteindre ce résultat, il n'y a d'autre moyen que de dissoudre les alliances qu'on a créées pour entretenir un état de choses qui n'est ni un état de guerre, ni un état de paix, mais une suspension d'armes. Cela n'étant pas douteux, l'entente des meilleurs esprits des deux grands peuples arriverait à produire, dans un temps plus ou moins éloigné, un effet si désirable. La raison d'être de votre coopération est donc évidente. Je vous dirai même qu'il me paraît très singulier que des esprits supérieurs, dans des pays libres, n'aient pas la confiance qu'un mouvement moral d'opinion éclairée puisse aboutir. S'il en était ainsi, ce serait trop humiliant. Ma confiance, la confiance de Menotti Garibaldi et de nos amis, est d'autant plus grande, qu'elle est partagée. Non seulement elle est partagée par tous ceux qui viennent de se grouper autour de notre *Comité permanent franco-italien de propagande conciliatrice* en deçà, mais, aussi, au delà des Alpes. Notre Comité s'honore, en effet, d'ores et déjà, de l'adhésion de personnalités parmi les plus éminentes des deux pays. L'initiative suit son chemin. Nous réussirons ; je le disais tout à l'heure : s'il en était autrement, ce serait trop humiliant et malavisé. Permettez-moi d'espérer, mieux et plus, de la raison humaine et des sentiments intimes de nos compatriotes.

C'est dans la ferme confiance que je viens d'exprimer, une fois encore, que je vous prie d'agréer, cher monsieur, l'assurance de ma considération la plus distinguée et de mon amitié la plus sincère.

RUGGERO BONGHI.

Rome, le 29 décembre 1893.

RÉPLIQUE DE M. ANATOLE LEROY-BEAULIEU

Cher monsieur,

Je vous remercie de votre lettre. Sur les points essentiels, elle confirme la mienne ; sur les autres, je ne veux pas revenir, tenant à éviter toute polémique entre nous. Comme vous et vos amis, je voudrais réconcilier les deux pays et écarter tout ce qui les divise. L'obstacle au rapprochement de la France et de l'Italie, l'obstacle qui paralyse notre bonne volonté, vous reconnaissez, comme moi, qu'il est dans la politique officielle de l'Italie. Vous voulez que votre main redevienne libre ; c'est tout ce que nous demandons ; soyez sûr qu'alors nous ne vous refuserons pas la nôtre.

Une des causes, dites-vous, de votre inféodation à Vienne et à Berlin, c'est la crainte, de notre part, d'une propagande républicaine. Je le savais de longue date ; je l'ai soutenu jadis, — devant le regretté Minghetti, par exemple, — alors qu'on le niait généralement, chez vous. Mais, de fait, quelle propagande avons-nous exercée, au sud des Alpes ?

La troisième République française ressemble bien peu à la première ; elle n'a aucun souci de prosélytisme. Elle ne tient pas à faire des petits. Elle ne veut pas réaliser les espérances mises sur elle, à sa naissance, par M. de Bismarck. Elle sait que, pour se faire une place au milieu de l'Europe monarchique, il lui faut ne pas inquiéter les monarchies.

Une chose me semble devoir, à cet égard, rassurer les plus timorés de vos compatriotes, c'est notre intimité avec la Russie. Une monarchie constitutionnelle ne peut être plus exigeante, vis-à-vis de nous, que l'empire autocratique.

L'amitié du tsar vous est un garant que nous sommes étrangers à toute propagande antimonarchique. Permettez-moi de vous le dire : si quelque chose peut ébranler vos institutions, ce n'est pas l'exemple de la France, ce sont les souffrances imméritées de votre peuple. Le péril, pour le trône de la maison de Savoie, ne vient pas de notre république ; il vient plutôt des empires, vos alliés, qui vous obligent à vous épuiser en armements hors de proportion avec vos ressources.

Croyez-moi, la France ne menace ni votre intégrité nationale, ni vos institutions politiques. Elle ne désire qu'une chose : vivre en paix, comme une bonne voisine, avec vous.

Faut-il vous parler du triste incident qu'exploitent, en ce moment, contre nous, tant de feuilles de la péninsule ? Le verdict du jury d'Angoulême sur l'affaire d'Aigues-Mortes [1], nous le regrettons autant que vous ; mais a-t-on le droit d'en faire une démonstration de la

1. Des Italiens avaient été attaqués, traqués et massacrés à Aigues-Mortes, à la suite d'une rixe entre ouvriers des deux pays.

France contre l'Italie ? Douze jurés de province, pris au hasard, sont-ils la France ? Et remarquez que, pour prononcer l'acquittement, il suffisait de la majorité, ou mieux de la moitié de ces douze jurés. Vous savez, aussi bien que moi, ce qu'est le jury ; combien il se montre souvent incompétent et inconséquent. Le verdict d'Angoulême est une nouvelle charge à son dossier. En tout cas, pour apprécier, en pleine justice, la conduite de ces jurés angoumois, il faudrait avoir assisté, à côté d'eux, à tous les débats du procès. Ce n'est pas le massacre d'Aigues-Mortes qui a été acquitté, ce sont les ouvriers français et italiens, arrêtés au hasard, qui ont paru devant la Cour d'assises.

Tout le monde, en France, a réprouvé, hautement, le crime d'Aigues-Mortes, comme tout le monde, chez nous, avait flétri, naguère, le lynchage de vos compatriotes par les émeutiers de la Nouvelle-Orléans. Le malheur est que, au milieu de ces foules déchaînées, il n'est pas aisé de découvrir les meneurs, les vrais coupables. Le jury d'Angoulême — à tort ou à raison — a cru que les coupables n'étaient pas devant lui. De là son verdict. Cela ne diminue, en rien, l'horreur des atrocités qui ont souillé les sables d'Aigues-Mortes.

Quant aux conflits entre ouvriers français et ouvriers italiens, songez à ce qu'ont, aujourd'hui, d'âpre, de barbare, d'inhumain, les compétitions ouvrières. Ce n'est pas l'Italien, c'est le concurrent étranger, venu sur leur sol pour leur disputer le travail, que poursuivaient les ouvriers du Midi dans les salines d'Aigues-Mortes. Nous avons vu, hélas ! des scènes analogues plus ou moins sanglantes, en d'autres pays et entre hommes d'autres nations. La responsabilité en retombe sur les rivalités ouvrières, et non sur le sentiment national. La France et l'Italie, l'Europe et l'Amérique seraient à plaindre, si les relations des peuples étaient à la merci de ces rixes de chantiers.

J'espère que votre comité franco-italien saura poursuivre son œuvre d'apaisement. Je vous prie de l'assurer de toutes mes sympathies et d'agréer, pour vous, cher monsieur, la nouvelle assurance de mes sentiments d'amitié et de haute estime.

Paris, 4 janvier 1894.

ANATOLE LEROY-BEAULIEU.

X

LE PAPE LÉON XIII [1]

Je ne crois pas que, dans toute la longue série des papes, il s'en trouve beaucoup dont l'action ait été plus puissante et plus bienfaisante que celle de Léon XIII. Pour en juger, il suffit de comparer ses quinze ans de pontificat aux trente ans de règne de Pie IX.

Pie IX et Léon XIII : tous deux grands papes, si ce n'est tous deux grands hommes; mais combien différents ! Entre eux, presque tout est contraste. L'opposition qui éclate entre la face grasse, les traits noblement réguliers de Pie IX et la figure maigre, osseuse, le visage ascétique de Léon XIII, nous la retrouvons, partout, chez eux, dans leur personne comme dans leurs actes, dans

1. Cette esquisse d'un portrait qui nous a plus d'une fois tenté a paru, en 1892, dans un volume ayant pour titre : *Léon XIII devant ses contemporains.* (Paris, Tolra.)

leur esprit comme dans leur caractère. C'est un grand bonheur, pour l'Église et pour la société civile, qu'après un pape ardent, impétueux, véhément, toute sensibilité et tout en dehors, tel que Pie IX, soit venu un pape méditatif, calme, mesuré, toute pensée et tout en dedans, tel que Léon XIII. On comprend que, devant une pareille succession au pontificat suprême de deux hommes aussi différents, les catholiques aient cru reconnaître le doigt de la Providence.

Et de fait, ce qui, aux yeux des profanes jugeant avec la courte vue de la sagesse humaine, semblait avoir été irrémédiablement compromis par un pape, a été rétabli par l'autre. Pour restaurer, dans le monde, l'ascendant de l'Église, en apparence partout ruiné, il n'a pas fallu, à Léon XIII, plus d'une dizaine d'années.

Pie IX, le pape du Concile, avait laissé l'autorité du Saint-Siège fortifiée dans l'Église et affaiblie au dehors. Léon XIII a rendu à la chaire apostolique le prestige qu'elle avait perdu, aux yeux des gouvernements et des peuples. Pour cela, il s'est servi du capital d'autorité que, avec la définition de l'infaillibilité pontificale, lui avait légué son prédécesseur ; mais cette autorité papale, plus grande que jamais sur le clergé et sur les fidèles, Léon XIII l'a souvent employée dans un sens nouveau. L'usage qu'il en a fait, Pie IX ne l'avait certes pas prévu ; et s'ils sortaient de leurs blancs tombeaux de marbre, les souverains pontifes des deux ou trois derniers siècles en seraient étrangement surpris.

A quoi a-t-il employé son autorité pontificale, le pape, déjà, au jour de son élection, presque septuagénaire, dont les frêles épaules ont dû porter la lourde succession de Pie IX? A rapprocher l'Église du peuple, à la réconcilier avec ce qu'on appelle la civilisation moderne. Une fois au gouvernail de la barque mystique, après avoir quelque temps louvoyé, comme incertain, cherchant à reconnaître le ciel et à prendre le vent, Léon XIII l'a dirigée, hardiment, vers des rivages nouveaux; sans craindre les brouillards du large et les écueils de la côte, sans se laisser arrêter par les terreurs d'une partie de son équipage, le vénérable pilote a donné un coup de barre vers la Démocratie et vers la République. Cela seul serait un fait considérable, dont il est malaisé de mesurer la portée.

Nous commençons à revenir des préjugés de nos grands-pères; nous sentons que le christianisme a une vitalité, et l'Église une force de rajeunissement qui, à nos enfants, peuvent réserver bien des surprises. Qui saurait dire quelle influence peut reprendre, un jour, sur le cours des choses humaines, dans notre Europe vieillie ou dans les continents neufs, l'antique Église dont le XVIIIe siècle avait, par avance, célébré les funérailles, et que, hier encore, le XIXe siècle expirant se flattait d'exclure à jamais des affaires de ce monde?

Chose inattendue! à dérouter tous les calculs des sages et les prévisions des habiles, l'omnipotence pontificale et l'infaillibilité du pape qui, avant le Concile de 1870, nous semblaient devoir à toujours immobiliser l'Église, en la rivant à la tradition et en l'enchaînant au passé, les voilà qui se montrent, plutôt, pour Rome, un principe d'affranchissement et une cause de renouvellement. Ce que peut faire de l'Église un pape, ce qu'en saura tirer la chaire apostolique, au cours des temps, nul de nous ne peut le prévoir. A cet égard, le pontificat de Léon XIII est peut-être encore plus remarquable, par ce qu'il permet d'augurer de l'avenir, que par ce qu'il a pu effectuer dans le présent. Quand on voit l'impulsion donnée à l'Église, dans les quatre ou cinq dernières années, par un pape presque octogénaire, on se demande, involontairement, où devra s'arrêter, au cours des siècles, l'initiative d'un grand pontife, d'un Hildebrand ou d'un Innocent III.

Haute et hardie, est, déjà, la tâche entreprise par Léon XIII; le monde, il y a moins de vingt ans, l'eût jugée téméraire ou l'eût proclamée chimérique. Quel est le but que paraît s'être donné le cardinal Pecci, en ceignant la tiare? Il semble s'être proposé, je le constatais, récemment, ailleurs [1], de réconcilier l'Église et la société moderne, entre lesquelles le *Syllabus* de Pie IX paraissait creuser un fossé, que les voix du siècle déclaraient infranchissable; — et, en réconciliant l'Église et la société moderne, il comptait relever l'ascendant du Saint-Siège, restaurer son indépendance et sa souve-

1. Voyez mon étude sur la *Papauté, le Socialisme et la Démocratie*, Calmann Lévy.

raineté morale, — si les temps ne permettaient pas de relever sa royauté terrestre.

Ce plan, Léon XIII paraît l'avoir médité, longuement, dans son active retraite de Pérouse ; on en discerne les grandes lignes dans les deux lettres pastorales sur l'*Église et la Civilisation* que le cardinal Pecci adressait à ses diocésains, quelques mois avant d'être élevé à la chaire suprême. Le pontife romain n'a guère fait qu'exécuter ce qu'avait rêvé, aux montagnes d'Ombrie, « l'archevêque-évêque » de Pérouse. Mais, au rebours de ce qui se voit d'habitude, l'action du pontife a été plus hardie et a porté plus loin que les songes de sa jeunesse, ou les méditations de sa maturité. Au lieu d'affaiblir sa vue et de diminuer son énergie, les années ont reculé son horizon et agrandi le champ de son action. A mesure qu'il devenait plus vieux, il a osé davantage, sans jamais, pour cela, se départir de la prudence de son âge, restant sage et mesuré jusqu'en son apparente témérité. C'est que ses audaces ont été le fruit de son expérience. Loin de décourager sa vieillesse, les déconvenues de sa politique ont été, pour lui, le principe d'initiatives nouvelles ; ses mécomptes auprès des cours et des chancelleries l'ont tourné vers les peuples et vers la démocratie.

Le pontificat romain, dépouillé de sa couronne temporelle et nimbé de l'auréole de l'infaillibilité, Pie IX l'avait laissé en guerre avec presque tous les États et les puissances de ce monde. Léon XIII a voulu réconcilier l'Église avec les puissances, en même temps qu'avec la société moderne; et, parmi les puissances, derrière les trônes et les monarchies, longtemps les incommodes et infidèles alliées de l'Église, il a rencontré la reine des temps nouveaux, la démocratie; et au lieu de lui jeter l'anathème ou de se détourner d'elle, le pape, se ressouvenant de l'Évangile, lui a tendu, loyalement, la main. Il s'est mis à lui parler de ce qui lui tient le plus au cœur, des questions sociales, de l'ouvrier, de l'atelier; il lui a dit que si la démocratie aboutissait à la république, au suffrage universel, à la souveraineté du peuple, l'Église n'avait rien contre la république, contre la liberté, contre la royauté populaire, — pourvu que, sur les lèvres du prêtre, la parole de Dieu demeurât libre.

Le successeur de Pie IX, le pape du *Syllabus*, — est ainsi devenu le plus moderne des papes. Comme Pie IX lui-même, au court printemps de son pontificat, avant l'exil de Gaète et avant l'assassinat de Rossi, mais avec plus de hardiesse à la fois et plus de mesure, Léon XIII, en ses dernières années, s'est montré démocrate, aussi bien que libéral; et, ce faisant, l'octogénaire reclus du Vatican a rejoint, par-dessus quatre ou cinq siècles, les grands papes guelfes du moyen âge, défenseurs du peuple et alliés des libres Communes. Et si, en Europe, ou dans l'ingrate Italie, la papauté veut reprendre un rôle digne de son passé, ce n'est point de l'ancien régime et des siècles derniers qu'il lui faut se souvenir. Doit-elle jamais relever, sinon sa chétive monarchie temporelle, du moins sa suprématie morale, ce ne peut être que par un retour à la tradition guelfe, accommodée à la démocratie moderne et aux temps nouveaux, en demandant aux peuples et à la liberté ce que les pâles pontifes des derniers siècles ont attendu, vainement, des trônes et des monarques, de l'absolutisme et de l'immobilité.

Un pareil changement de front ne peut s'accomplir brusquement, ni porter toutes ses conséquences en quelques années. La papauté ne saurait devenir révolutionnaire et, comme Louis XVI au 20 juin, coiffer le bonnet rouge ; ce n'est pas à elle de renverser les trônes sur lesquels l'Église s'est si longtemps appuyée. Si Rome, qui a les promesses de la pérennité, ne doit pas s'enchaîner aux choses qui passent, ni lier sa cause aux monarchies vieillies ou aux dynasties vieillissantes ; s'il n'est pas du rôle de l'Église de faire obstacle aux transformations sociales ou politiques, il ne lui convient pas, davantage, de hâter l'écroulement des institutions édifiées par les siècles. Si elle ne craint pas de sourire à la démocratie, il lui siérait peu de s'en faire l'instrument et la servante, ou de lui témoigner partout un abandon et une confiance qui risqueraient d'être trompés. Car, si les rois ont été souvent, pour le Saint-Siège et pour l'Église, des alliés égoïstes et des auxiliaires perfides, la démocratie, si court qu'ait encore été son règne, a déjà eu le temps de montrer, en plus d'un pays, que l'Église ne pouvait toujours se fier à elle.

Cette démocratie moderne, que Léon XIII voudrait ramener à Dieu et au Christ, elle a contre l'Église, contre la papauté, elle a contre le Christ et contre Dieu même, des préventions et des rancunes dont son orgueilleuse jeunesse n'a pas encore eu l'intelligence ou l'énergie de se défaire. Elle craint que l'Église ne la caresse que pour lui passer le licou autour du col; et ses injustes défiances, les papes et la hiérarchie catholique ne les vaincront qu'à force de patience et à force de prudence.

N'importe, l'Église n'est pas de celles qui se découragent. Une chose, pour moi, hors de doute, c'est que l'impulsion donnée par Léon XIII survivra à Léon XIII, — dussent un ou deux de ses successeurs hésiter à suivre son exemple. Avec Léon XIII, le pape découronné, interné, dès le jour de son avènement, au fond du Vatican, a commencé une nouvelle dynastie de pontifes qui chercheront la force là où elle est désormais, — dans le peuple, — et placeront les droits de l'Église sous la seule sauvegarde que lui puissent offrir les mœurs modernes, — la liberté.

Quelles seront, pour l'Église et pour le monde, les conséquences de la politique inaugurée par Léon XIII? Je ne puis le chercher ici; il faudrait, pour cela, examiner la situation religieuse des nations contemporaines. Mais comment ne pas nous demander ce qu'en seront

— ou ce qu'en pouraient être — les résultats, pour nous, pour la France?

La France a, longtemps, été l'alliée de l'Église et le bras de la papauté. Ce rôle qui ne fut pas sans gloire, la France peut-elle, ou doit-elle jamais le reprendre?

Je connais, à Rome et, aussi, à Paris, peut-être, de nobles esprits qui, entre la France nouvelle et la papauté rajeunie, rêvent un nouveau pacte d'amitié. L'antique alliance conclue entre Saint-Pierre et les rois francs ou les rois très chrétiens, pourquoi, disent-ils, la papauté affranchie des préjugés du passé ne pourrait-elle la renouer, pour leur commun avantage, avec la France moderne et la démocratie française? Léon XIII ne s'en est pas caché; ce n'est point la république qui arrêterait les successeurs de l'apôtre.

C'est là, faut-il le dire, de vastes et hardies espérances. Et pourquoi devrions-nous le taire? Elles n'ont rien que d'honorable pour notre pays. Ce n'est point la tenir en mince estime, notre France mutilée, que de la croire encore capable des plus hautes parties de son grand rôle historique. Plût au ciel, que, au XXe siècle comme au moyen âge, on pût encore dire *Gesta Dei per Francos!* Mais le passé peut-il se répéter, à quelque mille ans de distance? Et si la France, malgré la Révolution et malgré ses révoltes, semble toujours à Rome la fille aînée de l'Église, les services que le Vatican peut attendre de la France moderne sont-ils les mêmes que ceux reçus, jadis, par le Latran, de Pépin et de Charlemagne?

Je ne le crois pas. Cela même ne serait désirable, ni pour la France, ni pour la papauté. Il n'y a plus de place, en Europe, pour un Pépin ou pour un Charlemagne descendant des Alpes. Il est loin le temps où l'Église pouvait trouver, parmi les peuples ou parmi les princes, un bras de chair et une épée de fer. Ce n'est plus une épée, qu'il lui faut aujourd'hui; car ce n'est plus par l'épée, qu'elle conquerra ou qu'elle maintiendra sa liberté.

Repoussons les fantômes évoqués par une histoire qui ne se recommencera point. Mais, en nous gardant de prendre les souvenirs du passé pour les espérances de l'avenir, n'oublions pas que, aux yeux du monde, la France reste la première des nations catholiques. Cela, malgré la Révolution et malgré la République, malgré notre scepticisme ou notre indifférence, est une portion de notre héritage, une moitié au moins de notre patrimoine national, — on sait quelle est l'autre; — et cet héritage, diminué par nos malheurs et par nos fautes, il n'est pas si riche, aujourd'hui, que nos enfants nous permettent de le gaspiller.

Veut-elle conserver, ou veut-elle reprendre sa place sur le globe, la France a besoin d'être en paix avec le Saint-Siège. Elle ne peut faire la guerre à l'Église sans affaiblir l'influence française et s'enlever des armes à elle-même. Toute religion mise à part, la France a un intérêt national à ce que la papauté soit libre et soit forte.

Entre les rares puissances qui peuvent prêter leur concours au relèvement de la France, la papauté est encore la mieux disposée pour nous ; elle est, à coup sûr, la plus désintéressée, car les services qu'elle peut nous rendre ne coûteraient rien qu'à nos préjugés. Le Saint-Siège, quoi qu'on en dise, ne nous demande point de répudier le legs de 1789 et ce qu'il y a de noble et de sain dans l'héritage de la Révolution. Il n'exige pas, de nous, de crier *raca* à la liberté; il ne prétend nous imposer, ni pénitence publique, ni amende honorable. Lisez l'encyclique de Léon XIII aux catholiques de France ; où voyez-vous que le pape nous dicte aucune abjuration ?

La guerre faite en France à l'Église, ce n'est pas le Saint-Siège qui l'a provoquée; et combien le Saint-Siège désire y mettre fin, tous les actes de Léon XIII en témoignent. C'est là, peut-on dire, un des soucis constants de son pontificat. Aux actes d'hostilité partis de Paris, Rome n'a jamais répondu que par des paroles de paix et par des marques d'affection. Voulons-nous réjouir nos ennemis, nous n'avons, par notre sot orgueil, ou par nos préventions surannées, qu'à rebuter sa patience.

Rappelons-nous les deux dernières manifestations de Léon XIII, son encyclique sur la situation des ouvriers et son encyclique aux catholiques de France. Le pape nous y offre deux choses, également précieuses, et qui nous font, presque également, défaut : la paix sociale et la paix religieuse. — La paix sociale, Léon XIII nous en a magistralement indiqué les conditions; mais il ne dépend, ni de lui, ni de nos gouvernants, de nous la donner; c'est une œuvre de longue haleine, œuvre matérielle à la fois et morale, à laquelle il faut que tous concourent, et que pape, empereur, ou parlement, aucune autorité ne saurait accomplir en un jour. — La paix religieuse, au contraire, il dépend du pape et de nos gouvernants de nous l'assurer. Léon XIII a fait, pour elle, tout ce qui était en son pouvoir; il nous a dit ses conditions; il n'en a qu'une : la liberté.

Dans son désir de paix, il n'a pas craint de froisser des sentiments respectables et de blesser de vieilles affections : il a convié ses prêtres et tous ses fils à se rallier, loyalement, à la République, malgré les coups portés par la République à son clergé, à ses congrégations, à ses missions. Cela suffira-t-il à désarmer la fanatique intolérance de ceux qui semblent n'avoir d'amour pour la France et pour la République qu'autant qu'ils espèrent les façonner à leur image? Non, certes, nous le voyons déjà; la haine et les préventions sont plus fortes, chez eux, que le patriotisme. Ils ne pardonnent pas à Léon XIII l'intérêt qu'il ose nous montrer; mieux vaudrait, à leurs yeux, une France divisée, isolée et impuissante dans le monde qu'une France réconciliée et fortifiée par la paix et par la liberté religieuses. La question est de savoir si tel sera l'avis du pays. Puisse-t-il se décider pour la paix! Et, s'il veut, ce pays, si durement éprouvé et si las des luttes stériles, s'il veut que, au dedans comme au dehors, la paix religieuse nous donne tous ses fruits, — il doit se hâter de nous la rendre.

XI

M. GLADSTONE[1]

I

La biographie aussi est de l'histoire; et, quand il s'agit de l'histoire qui se fait, de l'histoire inachevée d'hier et d'aujourd'hui, le meilleur historien est peut-être le biographe. Madame M. Dronsart nous donne la vie de M. Gladstone[2]. C'est une étude serrée et alerte, abondante en faits et en renseignements, écrite avec vivacité et avec esprit. L'auteur a de l'Angleterre et des choses anglaises une connaissance et une intelligence rares. A vrai dire, je serais tenté de le trouver trop anglais. Madame Dronsart semble voir M. Gladstone à travers les yeux de la *gentry* britannique ou des conservateurs de

1. Étude parue dans le *Journal des Débats*, du 29 décembre 1893, à propos d'une biographie française de l'homme d'État anglais.

2. *William-Ewart Gladstone*, par Marie Dronsart. — Paris; in-18, Calmann Lévy.

la Cité qui ne sont pas tendres pour lui. Le *grand old man* est devenu la bête noire de nombre d'Anglais de l'Angleterre. Sa majorité, on le sait, il ne la doit qu'à l'Écosse et à l'Irlande, chose que les Anglais ne lui pardonnent point et qui est une des faiblesses de son ministère. Dire que son biographe français le juge en *unioniste* anglais, c'est avouer qu'il a, pour lui, peu d'indulgence. Et la longue carrière de Gladstone, la lente évolution qui l'a porté, des bancs des tories à la tête des radicaux, les irrésolutions et les contradictions de sa politique, jusqu'aux affirmations tranchantes de son emphatique éloquence, prêtent souvent à la sévérité. Aussi apparaît-il, à ses adversaires, comme un politicien de peu de scrupules, incertain dans ses voies, n'ayant d'autre mobile que l'amour du pouvoir, expert à couvrir ses volte-face des grands noms de liberté et d'humanité, habile entre tous à dissimuler, sous les larges plis d'une faconde sonore, l'incohérence de ses vues et l'égoïsme de ses ambitions séniles. C'est, par excellence, avec un masque trompeur d'austérité, le type du politicien, du démagogue moderne, ce fléau des gouvernements représentatifs, qui suit ceux qu'il a l'air de conduire.

Qu'il y ait du politicien, chez le fougueux agitateur du Midlothian, je n'y contredis point ; — il ne fût peut-être pas, sans cela, remonté tant de fois au pouvoir ; — mais ce n'est pas là tout Gladstone. Son évolution ne s'explique pas, seulement, par son ambition. Si je cherche quelle est la marque distinctive de Gladstone, entre tous les hommes d'État de son temps ou de son pays, je trouve que c'est la préoccupation morale. Rien de plus rare peut-être, à toute époque. Les philosophes enseignent bien que la politique n'est qu'une branche de la morale ; mais les politiques ne s'en souviennent guère. Les plus honnêtes se font, pour les affaires, une morale à eux. Nulle part, l'on n'admet, plus aisément, qu'il y a deux morales. Les Anglais, qui ont plus que d'autres la morale à la bouche, ne diffèrent guère, à cet égard, des politiques du continent : leur morale, ils la gardent pour les autres ; elle leur sert à faire la leçon à leurs rivaux.

Tel ne me semble pas M. Gladstone. Il s'est, de bonne heure, fait de la politique, un haut idéal. Cet idéal, il s'en est, plus d'une fois, écarté dans la pratique, il ne l'a jamais renié dans son âme. Il a besoin de donner à ses actes un but élevé. Et ce n'est pas, chez lui, hypocrisie, tactique de politicien qui sait combien ses compatriotes prisent la moralité, — ou l'apparence de la moralité. C'est un besoin de sa conscience chrétienne. Il est hanté, nous dit un de ses biographes, G. W. E. Russell, par le sentiment de sa responsabilité envers le Juge invisible, responsabilité de ses talents, de son influence, de son pouvoir, responsabilité des intérêts moraux et matériels du peuple confié à ses soins. Il aime à croire qu'il agit, par amour du droit et par dévouement aux principes, pour servir Dieu et les hommes, et, s'il ne peut mettre tous ses actes d'accord avec la morale, il s'ingénie à mettre la morale d'accord avec ses actes. Aussi y a-t-il, chez lui, tout ensemble, du prédicateur et du sophiste; ce qui est une force dans un pays religieux comme l'Angleterre, car l'Anglais aime qu'on lui démontre que le bon droit est du côté de ses intérêts.

Prétendre faire toujours de la politique honnête, faire prévaloir dans les luttes des partis, ou dans les rivalités des peuples, le sentiment moral, n'est-ce pas se vouer à des embarras sans fin et s'exposer, chaque jour, à l'humiliant démenti des faits?

Cela, naturellement, est arrivé, plus d'une fois, à Gladstone; et cela donne parfois aux hésitations et aux défaillances de sa politique quelque chose de tragique. L'inévitable conflit des principes et des intérêts le condamnait à plus de contradictions, réelles ou apparentes, que les chefs de partis uniquement préoccupés du succès. Le souci moral qui l'élevait au-dessus de ses émules, tories ou libéraux, le laissait en butte à leurs reproches d'incohérence et de versatilité. Amis ou adversaires ont pu l'accuser, tour à tour, de sacrifier ses principes à ses intérêts, ou, — ce qui est un crime plus grand pour les passions politiques — l'accuser d'immoler à ses doctrines les intérêts de son pays ou de son parti.

La politique extérieure de M. Gladstone est, pour nous, Français, le champ où se sont manifestées, le plus clairement, ses hautes velléités morales et ses inconséquences pratiques.

Dès son premier voyage en Italie, quand il dénonçait à l'Europe la tyrannie des Bourbons de Naples, Gladstone s'est, partout, constitué le champion du droit des peuples. Italiens, Polonais, Hongrois, Grecs, Bulgares, Serbes, Arméniens, il n'est guère d'opprimés dont il n'ait encouragé les revendications, de la voix et du geste, ne craignant pas, au besoin, de se mettre en travers de la politique officielle de son pays. Ses emportements d'indignation contre les abus de la force, quand il n'était pas retenu par les responsabilités du pouvoir, ont été si retentissants qu'il en a souvent été embarrassé au gouvernement. Pour qu'il flétrît la conquête de l'Alsace-Lorraine, devant laquelle tout son libéralisme s'est tu, il ne lui a manqué, je veux le croire, que d'être dans l'opposition, en 1871. Il a là perdu l'occasion d'un : *Hands off!* d'un : bas les mains ! plus fier et plus méritoire que celui jeté, vainement, à la chancellerie viennoise, devant la Bosnie.

Plus d'une fois, vis-à-vis de l'Autriche ou de la Turquie, notamment, il a fallu que le ministre de Sa Très Gracieuse Majesté fît amende honorable des invectives injurieuses du député. Plus d'une fois, aussi, le chef du cabinet a dû faire banqueroute aux véhémentes promesses du chef de l'opposition. Il lui a fallu accepter l'héritage de biens qu'il avait déclarés mal acquis. Il avait accusé lord Beaconsfield d'avoir « filouté » Chypre au Sultan, et il a gardé Chypre. Il s'était montré contraire à la politique de violence et d'annexion, raillant, impitoyablement, les prétentions des *jingoes;* et c'est lui qui a laissé bombarder Alexandrie, lui qui a fait occuper l'Égypte. S'il est dévoué aux intérêts des peuples, il s'est toujours montré économe des guinées britanniques. Les frais de la garde que les habits rouges s'obstinent à monter au pied des Pyramides, pour la protection des intérêts de l'opulente Grande-Bretagne, M. Gladstone, l'ami des Égyptiens, a inventé de les faire solder au misérable fellah.

Ainsi, trop souvent, quand « le chemin de la politique croisait, celui de la morale », la morale, même avec Gladstone, a été réduite à s'effacer. N'importe : le droit tient encore si peu de place dans les rapports internationaux qu'il y aurait hypocrisie à se trop scandaliser de cette prépotence de la force. N'imitons pas les Anglais qui, oublieux du précepte évangélique, ne voient partout que la paille de l'œil de leur voisin. Bien qu'il ait, lui aussi, plus d'une fois, pris comme mesure de la justice, les convenances égoïstes de l'Angteterre, et qu'il s'entende, comme pas un, à faire vibrer l'orgueil britannique, Gladstone est moins exclusif, moins plein de l'estime de soi, moins insulaire en un mot que la plupart des Anglais.

Les espérances suscitées dans les deux hémisphères par son avènement au pouvoir n'ont pas toujours été déçues. Aux extrémités de l'Afrique, les Boers du Transvaal lui ont dû la reconnaissance de leur indépendance, menacée d'une submersion prochaine par le flot montant des annexions britanniques. En Orient, les peuples chrétiens qui avaient salué, en lui, un sauveur n'ont pas eu à se repentir d'avoir eu foi en sa fastueuse rhétorique. Slaves et Grecs lui doivent une gratitude presque égale.

Un des premiers, parmi ses compatriotes, il ne s'en est pas laisser imposer par le vide fantôme du panslavisme ; il a compris qu'on pouvait émanciper les Slaves du Balkan, sans trahir les intérêts de l'Europe. Il a défendu, contre la jalouse défiance des ennemis de la Russie, le Serbe, le Bulgare, le Monténégrin. Si les clauses du traité de Berlin favorables aux petits ne sont pas demeurées lettre morte, si la Tsernagore, par exemple, n'a pas été frustrée de tout ce qui lui avait été promis, le mérite en revient, pour beaucoup, à Gladstone. — Mais ses favoris ont toujours été les Grecs. L'hellénisle chez lui se double d'un philhellène. Sans lui, la Grèce n'eût peut-être jamais rien obtenu des territoires que, sur l'initiative de la France, l'Europe avait revendiqués, pour elle, à Berlin. Cette fois, grâce à Gladstone, les sympathies britanniques sortirent du platonisme. Pour vaincre les résistances de la Porte, il ne craignit pas de la menacer du blocus des flottes anglaises. Aussi, quand sa gloire serait contestée dans sa patrie, lorsqu'on discutera si son éloquence a servi ou non la grandeur de l'Angleterre, Gladstone, « Gladstonios », aura son buste couronné de lauriers dans le Panthéon de l'hellénisme, et les sylloges de l'Anatolie le célèbreront, dans leurs panégyriques, comme un des évergètes de l'Hellade.

Voici déjà trente ans que Gladstone a eu la joie de préparer, en qualité de commissaire du gouvernement britannique, la réunion des sept îles au royaume de Grèce. Ce jour-là, en abandonnant la citadelle de Corfou, avec le protectorat que lui conféraient les traités, pour céder aux vœux de populations qui n'avaient, sur elle, aucun moyen de contrainte, l'Angleterre agit en personne noble. M. de Bismarck eut beau en sourire, elle fit là un acte plus digne d'un grand peuple qu'en escamotant Chypre au Sultan, ou en s'installant en Égypte, malgré ses promesses.

II

Comment retracer en quelques lignes une carrière aussi remplie que celle de Gladstone ? Madame Dronsart nous en a donné un tableau animé, sinon bienveillant. Elle a senti que le principal attrait d'une pareille biographie, c'était encore Gladstone lui-même, c'était la lente transformation du disciple de Canning et de l'élève de Robert Peel. Et ici, l'intérêt est d'autant plus grand que le personnage est éminemment représentatif, que l'évolution de son ministre octogénaire pourrait symboliser et résumer toute l'évolution de l'Angleterre au XIXe siècle.

Car la vieille Angleterre n'a pas moins changé que son vieil homme d'État. Peel ou Macaulay n'auraient guère moins de peine à la reconnaître qu'à reconnaître le Gladstone d'Oxford. La voici, à son tour, lancée sur les larges flots de la démocratie. Jusqu'où se laissera-t-elle entraîner, sur ces mers nouvelles, quand la barre échappera aux mains du vieux pilote ?

Tout indique que la transformation démocratique de l'Angleterre continuera, après Gladstone, et rien ne permet de croire que Gladstone en ait été l'unique promoteur. Il a cédé lui-même au courant qui emportait son temps et son pays. Entre le *leader* parlementaire et le Royaume-Uni, il y a eu, comme il arrive souvent, une action réciproque, si bien qu'il est difficile de distinguer ce qui revient à l'initiative personnelle du vieil homme d'État de ce qu'il faut attribuer à la marche générale de la nation. Quels que soient, pour elle et pour le monde, les résultats de cette métamorphose de l'Angleterre ; — que la puissance britannique, édifiée par l'aristocratie, en sorte grandie ou débilitée, je ne saurais en donner à un homme, fût-ce Gladstone, ni tout le mérite, ni tout le blâme.

Si changer est se développer, peu d'hommes ont eu un développement aussi long et aussi complet. A travers toutes ses variations, on retrouve, toujours, chez lui, comme chez tout homme vivant, le même fond, le même tempérament, à la fois concentré et passionné, la même énergie, et jusqu'au même optimisme et à la même ardeur de conviction. De son éducation première, deux traits, au moins, ont persisté, à travers les phases successives de sa politique. S'il a rompu avec les tories et avec Oxford, Gladstone est demeuré chrétien. C'est un croyant, et sa foi religieuse, nuancée d'une vague philanthropie humanitaire, a éclairé et réchauffé sa longue vie, lui donnant l'unité que sa politique n'avait point. Il avait, dans sa jeunesse, songé à l'Église, et, ce qui ne déplaît pas aux Anglais, son éloquence tient autant du sermonneur, que du tribun. C'est un chrétien, et c'est un classique; il a été fidèle à Homère, comme à la Bible; c'est à ces deux sources éternelles de force et de beauté qu'il est toujours venu se retremper, après les lassitudes et les amertumes de la politique; et c'est à elles, j'imagine, plus encore qu'à sa hache de bûcheron, qu'il doit son étonnante vigueur morale et mentale.

Aucun homme vivant peut-être n'a fait une pareille dépense de forces. On ne croirait pas la machine humaine capable d'un effort aussi continu et aussi prolongé. A ce titre seul, nos voisins auraient le droit d'être fiers de Gladstone. Sa robustesse a dépassé celle de tous ses émules du continent. Entre les politiques des deux mondes, il détient sans conteste le « record » de la longue vie, et, à l'inverse de tant d'autres, ses grandes hardiesses sont de sa vieillesse.

Songez qu'il est né, en décembre 1809, et qu'il a pris siège au Parlement en 1832. Il y est entré à vingt-deux ans, comme représentant d'un de ces bourgs pourris, dont la fonction était d'ouvrir Westminter aux jeunes talents. Sa famille, il ne faut pas l'oublier, était, des deux côtés, d'origine écossaise, et il a toujours gardé quelque chose du tempérament écossais. Son père, un des princes marchands de Liverpool, était l'ami de Canning et lui-même membre du Parlement. W. Ewart Gladstone fut, à ses débuts, l'espoir du torysme intransigeant. A la fois orateur et écrivain, il guerroyait contre tous les novateurs. Partisan déclaré de la haute Église, il barrait l'accès des Universités aux dissidents et la porte du Parlement aux juifs. C'était une sorte de clérical anglican. En 1839, il publiait son livre *De l'État et de ses rapports avec l'Église*, demeuré célèbre par la réfutation de Macaulay. Le futur adversaire de l'Église établie d'Irlande réclamait l'union étroite des deux pouvoirs, soutenant qu'il fallait une religion d'État, et que tout citoyen devait payer la dîme à l'Église établie, là même où, comme en Irlande, l'Église est en minorité. La rigueur de sa logique effrayait ses patrons tories : « Avec la carrière qu'il a devant lui, pourquoi Gladstone fait-il des livres ? » demandait sir Robert Peel.

Entre temps, il s'initiait aux affaires. De 1833 à 1834, il entrait dans l'administration de Robert Peel. En 1842, Peel revenait au pouvoir, et Gladstone, avec lui, comme vice-président, puis comme président du Conseil du commerce. C'était l'époque de la grande réforme des tarifs. Sous le théologien d'Oxford, on découvrit un homme d'affaires, le plus habile ou le plus prestigieux des manieurs de chiffres qu'ait connus Westminter. Gladstone eut l'honneur de faire triompher la réforme, contre les préjugés et contre les intérêts de son parti. Les droits sur les céréales tombèrent ; c'étaient un bienfait pour le peuple et un rude coup pour la grande propriété et la haute aristocratie. Le gros des tories ne pardonna ni à Peel, ni à ses disciples. Tel fut le point de départ de la rupture de Gladstone avec son parti. Il a été amené au libéralisme politique par le libéralisme économique, ce qui n'est pas une inconséquence ; — les inconséquents sont ceux qui ne sentent pas que toutes les libertés se tiennent.

On a dit du groupe des peelites qu'il était un pont entre les conservateurs et les libéraux. Gladstone et ses amis demeurèrent des années sur cette passerelle étroite, incertains entre les deux rives. « Il y a eu, dans mon existence, a-t-il écrit à son ami, l'évêque Wilberforce, deux grandes morts ou transmigrations d'âmes : l'une, très lente, pendant laquelle se rompirent les liens qui m'attachaient à mon ancien parti ; l'autre, courte et subite, ma rupture avec Oxford ». Les partis ressemblent à des armées qui traitent de déserteurs les transfuges, comme si leurs misérables enseignes étaient des drapeaux qu'on doit défendre jusqu'à la mort. Peel disparu, Gladstone et ses amis flottèrent, entre les deux grands partis, « comme des banquises errantes ». Il mit treize ans à achever son évolution. Il avait cinquante ans quand il passa définitivement au camp libéral. Dans l'intervalle, il avait été le chancelier de l'Échiquier d'un ministère de coalition avec les whigs.

Peut-être Gladstone n'eût-il jamais eu le courage de briser avec les tories, si les tories n'avaient eu pour *leader* son grand rival Disraeli. Il n'y avait pas place, pour ces deux hommes, dans le même parti. Aucun des deux n'eût pu longtemps être le second de l'autre. Leur duel était fatal. C'était entre eux un conflit de tempéraments, comme le choc de deux natures opposées.

III

Une fois devenu, par la mort de Palmerston et la retraite de Russell, le chef des libéraux, Gladstone étonna ses nouveaux amis par sa hardiesse. L'audace, chez lui, a crû avec l'âge. Thiers nous a donné un spectacle analogue, en apparence au moins, car, en adhérant à la République, Thiers s'imaginait ne modifier que les formes du gouvernement, tandis qu'on pourrait dire que Gladstone en a changé les bases. Sa réforme électorale a doté les trois royaumes d'un suffrage quasi universel, en attendant l'application de la formule : *one man, one vote*. Sa loi sur l'Église d'Irlande a supprimé, dans l'île sœur, cette union de l'Église et de l'État dont il s'était, autrefois, constitué le champion, et il s'est engagé à délivrer, de même, le pays de Galles des servitudes de l'anglicanisme. Ses *land bills* pour l'Irlande ont façonné la Grande-Bretagne aux lois agraires ; et, si le ciel et les Communes lui font crédit de quelques années, il est homme à faire voter une législation sociale.

On sait que le métier de bûcheron est le passe-temps favori du *grand old man.* Ses admirateurs lui ont, un jour, offert une hache d'argent. Cette hache eût pu servir d'emblème à sa politique. Comme les vieux chênes du parc d'Hawarden, la vieille Angleterre a plus, d'une fois, senti sa cognée. S'il n'en a pas entamé le tronc, il en a coupé plus d'une maîtresse branche. Mais l'arbre est vigoureux et ses racines profondes.

On ne peut parler de Gladstone, aujourd'hui, sans songer à l'Irlande et au *home rule.* L'Angleterre ne sait-elle si elle doit se louer de Gladstone, l'Irlande serait bien ingrate si elle ne lui restait pas fidèle. Aucun ministre de la reine n'a fait autant pour l'Irlande. Pour la première fois, depuis sept siècles, l'orgueilleuse Angleterre a pu se plaindre, durant quelques mois, de sembler subordonnée à la maigre Erin. Les Anglais voudraient bien se débarrasser de l'insoluble question irlandaise. L'île-sœur est, pour eux, comme une barque importune attachée aux flancs de la Grande-Bretagne. Si, pour se délivrer de ce voisinage incommode, ils pouvaient couper les câbles qui l'ancrent dans les mers britanniques, beaucoup laisseraient, volontiers, l'Irlande s'en aller, à la dérive, de l'autre côté de l'Atlantique. Mais ils sont contraints à la garder pour voisine, et ils doutent de s'en pouvoir faire une amie. La longue oppression de l'île celte s'est retournée contre l'Anglo-Saxon. Lui à qui tout a réussi, dans les deux hémisphères, il sent qu'il a échoué en Irlande.

Nous répétons, trop peut-être, que l'histoire, comme la nature, est immorale. Il n'est pas vrai que la force, même avec l'aide du temps, triomphe toujours de tout. La conquête use parfois le conquérant. Les crimes historiques ne sont pas toujours couverts par la prescription, et les générations innocentes payent souvent pour les coupables. Il est écrit : « Les pères ont mangé des raisins verts, et les fils ont les dents agacées. » Les Anglais qui lisent la Bible ont pu souvent se le redire. L'Irlande a été leur péché national. Ils ont fini par le confesser, ils voudraient en conscience le réparer, mais quelle satisfaction donner à l'Irlande? Il n'en est qu'une que veuillent accepter les Irlandais : la restitution de leur autonomie. M. Gladstone a eu le mérite de le comprendre, et le courage de le proposer. Les sympathies des libéraux des deux mondes doivent être avec lui.

Nous nous sommes longtemps, nous autres Français, intéressés à cette brumeuse Irlande. Que d'écrivains nous ont fait pleurer sur elle, aux temps où, n'ayant pas nous-mêmes à notre flanc de blessure saignante, nous avions des larmes pour les opprimés d'Orient et d'Occident! De Montalembert et de Gust, de Beaumont, l'ami de Tocqueville, à M. Hervé et à monseigneur Perraud, nous avons toute une émouvante littérature sur cette lamentable question irlandaise. De solution, l'on n'a jamais pu en indiquer qu'une, celle devant laquelle reculait l'orgueil britannique, celle que Gladstone a osé faire voter aux Communes : le retour de l'Irlande aux Irlandais.

L'île conquise ne veut pas être gouvernée par le conquérant : fidèle à elle-même, elle réclame le *home rule*, avec un Parlement irlandais. L'obtiendra-t-elle jamais? ou, l'ayant obtenu, saura-t-elle le conserver? Je l'ignore ; mais, suivant la tradition française, je fais des vœux pour elle. L'Europe, trop résignée aux insolences de la force, aurait besoin d'une telle leçon. Des Vosges à la Moldau et à la Vistule, il y a, sur le continent, plus d'une Irlande. Ne serait-ce pas à désespérer de ce que nous appelons, ambitieusement, le Progrès si, tôt ou tard, elles ne devaient, elles aussi, obtenir justice?

XII

FAUT-IL ALLER A L'ALLEMAGNE?

AUX JEUNES FRANÇAIS [1]

La jeunesse actuelle, celle qui est née depuis la guerre, se pose, tout haut, des questions que ses devancières auraient à peine osé, hier encore, agiter à voix basse.

« Toute politique mise de côté, êtes-vous partisan de relations intellectuelles et sociales plus suivies entre la France et l'Allemagne? » telle est la question qu'adressait, ces jours derniers, à des écrivains de tout âge, un groupe de jeunes gens, au nom d'une petite revue des « jeunes » [2].

En d'autres termes (si j'ai bien compris), est-il permis d'aller à l'Allemagne? Et, si ce n'est en politique, au moins sur le champ neutre de l'art et de la science, avons-nous le droit de tendre la main aux Allemands?

1. Ces pages ont paru d'abord dans la *Revue bleue* du 2 mars 1895.
2. Le *Mercure de France* en février 1895.

Pouvons-nous, comme Français et comme patriotes, voir, dans les vainqueurs de Sedan, autre chose que les ravisseurs de l'Alsace-Lorraine? — ou bien, retournant contre l'Allemand les leçons de ses maîtres d'outre-Rhin, devons-nous, partout et toujours, n'apercevoir, en lui, que l'ennemi héréditaire?

La question, en effet, vaut la peine d'être posée. Elle est de celles qui se lèvent, naturellement, devant les yeux inquiets des jeunes, et sur lesquelles les plus hardis d'entre eux sentent le besoin de mettre d'accord leur conscience de Français et leur intelligence d'hommes modernes.

I

Écartons-nous nos souvenirs et détournons-nous les yeux de la ligne bleuâtre des Vosges, aucun doute, me semble-t-il.

La France et l'Allemagne auraient profit, toutes deux, à un rapprochement intellectuel. Je ne suis pas, je l'avoue, de ceux qui redoutent de voir notre littérature française, notre esprit français étouffés ou dénaturés par un contact trop intime avec l'étranger.

Ceux qui montrent de pareilles craintes témoignent de peu de foi dans l'originalité et dans la force de notre génie national. Encore, s'il n'y avait, en dehors de nous, qu'une seule nation, une seule civilisation, une seule littérature, on pourrait appréhender qu'en subissant l'ascendant d'autrui, nous ne tombions, vis-à-vis de l'étranger, dans une sorte de vasselage littéraire ou de servage intellectuel. Mais tel n'est pas le cas.

Jamais le monde de l'esprit n'a été, quoi qu'on en dise, plus vaste, ni plus varié. Nous avons, près de nous ou loin de nous, en Europe même, de grandes et jusqu'à de petites nations, toutes bien vivantes, qui ont chacune leur littérature, et qui, en dépit de tout libre-échange intellectuel et de tout cosmopolitisme littéraire, gardent chacune leur originalité propre. Cette variété fait la supériorité de l'Europe, et elle est, pour les littératures modernes, une garantie contre tout asservissement durable.

Germains ou Anglo-Saxons, Slaves, Scandinaves, Néo-Latins ne sauraient nous réduire sous le joug, ou nous y tenir longtemps, car ils ne nous tirent pas tous, à la fois, du même côté, et, par la diversité même, par le choc de leurs génies, ils nous offriraient toujours des moyens d'émancipation. — Or, dans cette Europe, ou mieux dans ce monde moderne, l'Allemagne de Guillaume II, le peuple allemand, le génie allemand, qui déborde en dehors des frontières politiques du nouvel empire, tiennent, en dépit de tout, une des premières places, — je ne dis pas la première, car, dans le royaume de l'esprit, je ne sais ni premier, ni dernier. Tel peuple peut primer dans un domaine, tel autre peuple l'emporter dans un autre. Qu'importent les rangs? L'Allemagne est une grande nation, il suffit. Pour avoir été en guerre avec nous, elle n'a pas cessé d'être un des premiers acteurs de l'histoire, un des principaux facteurs de la civilisation. En temps qu'atelier d'érudition, par exemple, l'Allemagne demeure la première puissance du monde. Sur ce terrain, aussi, elle a, pour elle, les gros bataillons et la forte discipline.

Parce que, là-bas, sous les sapinières du Nord, les romanciers russes et les dramaturges scandinaves nous ont révélé des terres nouvelles et des âmes neuves, ce n'est pas une raison pour ne plus apercevoir, du Rhin à la Vistule, dans les plaines de l'Allemagne unifiée, que les casques à pointe qui reluisent sur le champ de parade.

Elle a bien changé, il est vrai, la vieille Allemagne, depuis que madame de Staël nous l'a découverte; elle n'a pour nous, que trop justifié les prédictions du méphistophélique Heine. Son génie absorbé, après la grande guerre, par les matériels soucis de l'armée et de la politique, nous paraissait, hier encore, étouffé sous la lourde cuirasse du caporalisme prussien. Cette terre germanique, autrefois si féconde en poètes et en penseurs, nous la croyions devenue à jamais stérile, sous le rouleau niveleur de l'unité bismarckienne. Nous nous trompions : la *Deutsche Kultur*, dont les Allemands nous ont tant rebattu les oreilles, n'est pas morte. Le vieux tronc, en apparence desséché, n'a point perdu toute sa sève; il verdit et fleurit, de nouveau, et pour la seconde ou la troisième fois, notre siècle finissant assiste à la naissance d'une jeune Allemagne.

N'en déplaise à notre vanité de vaincus, joyeux de prendre notre revanche sur les champs de l'art, l'Allemagne nouvelle n'avait peut-être pas tant mérité nos dédains. L'esprit allemand n'était pas tombé en léthargie; mais nous n'avions, pour lui, qu'un œil distrait et méprisant; nous étions plus enclins à compter les canons et à dénombrer les régiments de l'Allemagne qu'à étudier ses savants ou à scander ses poètes. Jamais, chez nous, on n'avait autant appris l'allemand; et jamais peut-être l'Allemagne et le génie allemand n'avaient eu, sur nous, moins d'influence. De l'Allemagne prussienne on imitait l'armée; on imitait, ou l'on croyait imiter ses méthodes scolaires; on copiait, souvent on singeait, mal à propos, ses sergents et ses maîtres d'école. On prisait peu, en dehors d'étroits cénacles, ses écrivains et ses artistes. Beaucoup les regardaient comme de barbares envahisseurs qu'il fallait repousser du sol gaulois, et les patriotes se barricadaient, bruyamment, contre l'assaut des *Nibelungen* de la tétralogie.

II

Puis, entre les deux peuples, se dressait un écran qui arrêtait, chez nous, le rayonnement de la pensée germanique.

Il y avait naguère, — pourquoi en faut-il parler au passé? — il y avait, entre la France et l'Allemagne, un pays, participant de l'une et de l'autre, qui avait reçu de la nature, et plus encore de l'histoire, la mission de servir de lien intellectuel entre la patrie de Voltaire et la patrie de Gœthe, entre l'esprit français et l'esprit allemand. Ce pays, est-ce la peine de le nommer? c'était l'Alsace.

Tant qu'elle est demeurée aux mains de la France, depuis la Révolution surtout, l'Alsace a rempli fidèlement cette haute mission. Elle a été un loyal interprète entre les deux pays, entre le Welche gaulois, fils des deux

Rome, et le Germain, héritier d'Arminius et de Luther. Elle traduisait l'une à l'autre, avec un amour patient, les deux nations auxquelles, par ses fibres intimes, elle tenait, diversement, mais presque également. Cet interprète séculaire, l'esprit allemand l'a perdu en 1870. L'Allemagne victorieuse lui a fermé la bouche ; elle lui a défendu de parler français, elle lui a enjoint de désapprendre les idées françaises. L'Alsace a été murée dans le *Reichsland;* on lui a interdit de tourner la tête de notre côté ; — pour elle, désormais, les Vosges devaient barrer l'horizon.

J'en demande pardon aux Allemands ; je ne voudrais pas avoir l'air de récriminer contre le verdict des armes ; ma fierté de Français et de vaincu me l'interdit. Je constate, seulement, un fait dont la France n'est pas la seule à souffrir. Avant 1870, l'Alsace nous unissait ; depuis le traité de Francfort, l'Alsace nous sépare.

L'Alsace française était un pont entre les deux pays, entre les deux génies ; — l'Alsace allemande, l'Alsace « terre de l'empire » est un mur entre les deux nations, — un mur opaque qui intercepte entre elles le passage de la lumière et de la chaleur.

Je crains que l'Alsace, aux mains de l'Allemagne, ne soit, de longtemps, en état de reprendre son rôle ancien, cette fonction historique d'interprète attitré entre les deux peuples. L'Alsace ne demanderait pas mieux : elle n'a pas cessé de croire que telle est sa vocation ; mais je doute que, sous le sceptre ou sous l'épée du César allemand, elle se sente de longtemps apte à y revenir. Car, au rebours de notre ancienne administration française, — de cette administration centralisatrice, si portée pourtant à l'unification et à l'uniformité, — tout l'effort de l'Allemagne et de l'administration prussienne est d'effacer, du sol alsacien et de l'âme alsacienne, l'espèce de dualité qui faisait l'originalité de cette noble, de cette unique Alsace, entre toutes les provinces des deux pays voisins.

L'Allemagne, jalouse de biffer deux siècles d'histoire, s'en prend à tout ce qui peut rappeler « à la terre d'empire » les gloires et les souffrances partagées en commun avec la France. L'Allemagne travaille à détruire, dans le pays conquis, la culture mi-partie que lui avait donnée l'histoire, son enfance germanique, sa jeunesse française. L'Allemagne s'efforce d'arracher du sein de l'Alsace son âme ancienne d'essence double, pour lui en insuffler une d'essence purement germanique. Et ce faisant, l'Allemagne semble ne pas comprendre que, sous prétexte de purifier le *Reichsland* de toute influence étrangère, de le laver de toute souillure welche, elle travaille à dénaturer sa conquête, à la dénationaliser, pour la ravaler au rang d'une simple Marche du nouvel empire, impropre à tout autre rôle qu'à celui de polygone ou de camp retranché.

Pour ma part, je ne demande pas aux Allemands de nous rendre l'Alsace : ce qui a été pris par les armes n'est, d'habitude, repris que par les armes. Les Allemands ont fait valoir, sur nos anciennes provinces, les titres périmés du Saint-Empire romain, après une prescription de deux, de trois cents ans ; ils ne sauraient s'étonner si, tout en souhaitant, passionnément, la paix, nous voyons encore, après vingt-cinq ans de séparation, l'Alsace et la Lorraine passer dans nos rêves. Nous n'aurions plus de pensée pour les deux séparées involontaires que notre mémoire serait bien courte; et je ne vois point pourquoi notre mémoire serait moins longue que celle des Allemands. Nous pouvons, nous aussi, savoir nous souvenir et savoir attendre. Une nation aussi vieille que notre France peut être patiente. Un siècle n'est guère qu'une année dans la vie d'un peuple, et l'histoire a des retours imprévus : l'avenir peut tenir en réserve, pour les générations futures, des combinaisons insoupçonnées de la nôtre.

Je ne demanderai donc pas aux Allemands de nous rendre l'Alsace-Lorraine, bien que cette restitution valût peut-être mieux, pour la sécurité du nouvel empire, que tous les forts de Metz et de Strasbourg. Je ne demanderai même pas aux Allemands, — comme l'osent faire, en dehors de nous, tant d'Européens et d'Américains [1], — de nous rendre la Lorraine de langue française. S'ils avaient voulu nous faciliter la résignation et préparer la réconciliation, ils n'auraient pas annexé Metz et porté leurs canons en avant de la Moselle. — Peut-être même,

1. Voyez par exemple *The Review of Reviews*, décembre 1894; New-York : *How to reconcile France and Germany.*

en braquant, des hauteurs de Metz, la gueule de ses krupps sur la route de Paris, l'Allemagne nous a-t-elle, depuis vinq-cinq ans, rendu, malgré elle, le plus grand service qu'un peuple puisse rendre à un autre. Car c'est elle qui, en dépit de toutes nos discordes intestines, a resserré notre cohésion nationale. Sans elle, je ne sais jusqu'où nous aurait entraînés la fureur des partis; sans la sentinelle qui nous épie du haut des forts de la Moselle, peut-être la France se serait-elle déchirée, de ses propres mains. — Je ne demanderai donc pas aux Allemands de nous rétrocéder l'Alsace ni la Lorraine; — je ne leur demanderai même point de les rendre à elles-mêmes; ce serait encore trop exiger d'eux, — aujourd'hui. Aux nouveaux maîtres de la terre d'empire, je ne demanderai que de la traiter avec plus d'équité et plus de douceur, que de l'affranchir de l'inique régime de la dictature. Ils savent que l'Alsace-Lorraine enchaînée ne se révoltera pas : ils peuvent relâcher les liens qui l'étreignent; — en ne le faisant point, ils montrent peu de confiance dans la légitimité de leurs droits allemands et peu de foi dans l'ascendant de la *Deutsche Kultur*.

III

Laissons donc l'Alsace; elle ne pourra plus, de longtemps, servir d'intermédiaire entre l'Allemagne et nous. D'intermédiaire entre les deux nations, nous ne pouvons plus guère en invoquer d'autres que la Religion ou la Science, que la Littérature et l'Art, — si toutefois les deux peuples savent encore se comprendre. Voilà les médiateurs qui s'offrent à nous; gardons-nous de les repousser.

Science, Religion, Art, sont de grandes puissances pacificatrices. Elles planent au-dessus des rivalités nationales; elles savent rapprocher les peuples en les haussant au-dessus d'eux-mêmes, au-dessus de leurs rancunes d'un jour ou d'un siècle, au-dessus de leurs intérêts et de leur égoïsme, au-dessus de ce qui passe et de ce qui sépare, pour les élever à ce qu'il y a d'immortel dans l'homme et dans l'humanité.

Laissons-les, ces puissances conciliatrices, accomplir leur œuvre divine de rapprochement et d'apaisement. N'essayons pas de nous raidir contre elles. N'écoutons pas ceux qui nous conseillent de nous tenir enfermés dans notre orgueil, ou dans notre ressentiment, comme dans une prison murée. Ayons nos fenêtres ouvertes, toutes grandes, à tous les vents de l'esprit, et, s'il en est besoin, perçons-en de nouvelles, dans toutes les directions, vers le Nord et vers le Midi, vers l'Occident et vers l'Orient.

Il y a une forme de patriotisme basse, étroite, intolérante, imbécile, dont il faut nous défaire, à jamais. Nous avons eu, trop longtemps, à rougir des niais fanatiques qui mettaient leur gloire et qui mettaient leur amour de la France à barrer l'entrée de nos villes à la barque du cygne de Lohengrin : voilà une déformation du patriotisme dont il faut guérir. Aujourd'hui, enfin, la barque du cygne a forcé les murs de Paris; la Walkyrie germanique fait résonner de ses appels le ciel de l'Opéra, et, — scandale pour les faibles d'esprit ! — les acteurs français se font applaudir en jouant des drames allemands. De quelque part qu'il surgisse une œuvre de beauté ou de vérité, quand elle sortirait des eaux de la Sprée ou de l'Oder, que ce soit un chant, un poème, un drame, un roman, une histoire, ouvrons-lui, joyeusement, les portes de la France, ouvrons-lui nos théâtres et nos écoles, — ouvrons-lui surtout nos intelligences et nos âmes.

Telle est encore, pour les patriotes, la meilleure façon

de servir la France. Nos jeunes gens l'ont senti, et nous les en devons louer. Ils ne craignent pas d'aller à l'Allemagne; ils ne se cachent plus pour aller à elle. Si je les comprends bien, ils n'ont pas de haine pour les Allemands. Que d'autres s'en indignent, que des esprits attardés leur en fassent un grief; pour moi, en vérité, je ne le puis.

Qui donc, il y a vingt-cinq ans, prétendait inoculer à nos enfants la haine? Certains y voyaient une force pour les revendications de l'avenir. Ils croyaient, par la haine, aider à remettre la France debout en la raidissant, à jamais, contre ses vainqueurs. Il leur semblait, en lui apprenant à haïr, creuser un fossé infranchissable entre la France nouvelle et les abaissantes compromissions de la fortune et les dégradantes résignations de la défaite. Avaient-ils raison? avions-nous besoin, pour ne pas oublier, de ce fiel au cœur? Toujours est-il que les docteurs qui nous prêchaient de haïr, ceux qui nous enseignaient le salut et le relèvement par la haine, ont vu leur ascendant décroître. Les générations nouvelles leur échappent, visiblement; — et, encore une fois, je ne saurais, quant à moi, être de ceux qui s'en affligent.

La haine est aveugle, la haine est sourde. C'est un principe d'étroitesse et une conseillère mauvaise. Elle rétrécit l'esprit, en même temps qu'elle racornit le cœur. Homme ou peuple n'a jamais été grand par ses haines. Si l'on nous dit qu'en France nous ne savons pas haïr, je m'en féliciterai pour la France. Oui, il se peut, la haine de peuple à peuple est contraire à notre génie national. Dieu en soit loué ! S'il y a, dans nos cœurs, s'il y a, dans l'esprit français, quelque chose de trop chaud ou de trop humain pour les haines éternelles, tant mieux, pour nous et pour l'esprit français ! Parce qu'un jour d'abandon, nous avons été vaincus, parce que nous avons été spoliés de notre bien et mutilés dans notre chair vive, n'allons pas dénaturer nous-mêmes notre génie et mutiler notre âme.

A nos jeunes gens, à ceux qui sont nés depuis la déchirure dont notre cœur saigne toujours, je ne dirai point, en leur montrant le vert pays entre la montagne et le fleuve : Soyez fidèles à la haine ! mais : Soyez fidèles au souvenir, soyez fidèles à l'amour. N'oubliez pas ceux qui, malgré eux, nous ont été arrachés ; mais ne vous contentez pas de les pleurer, ne tenez pas vos regards languissamment fixés sur eux, car ils attendent autre chose de vous ; ils attendent que vous leur fassiez une France dont ils puissent être fiers, dans la séparation, — jusque devant le conquérant, jusque sous les ailes de l'aigle gothique du Hohenzollern !

Si notre jeunesse est curieuse de l'Allemagne, au lieu de l'en blâmer, je l'en louerai. Qu'elle la visite, qu'elle l'étudie, cette victorieuse Allemagne ! que ceux de nos jeunes gens qui ne peuvent monter aux *burgs* de ses collines, ou s'asseoir au pied de la chaire de ses professeurs s'ingénient à voyager à travers sa littérature, à travers sa philosophie, sur les larges flots de l'art allemand, sur les larges ondes de la pensée allemande! Qu'ils l'étudient, cette hautaine Allemagne impériale, ne fût-ce que pour savoir ce que nous pouvons apprendre d'elle, ce que nous devons redouter d'elle! Les Allemands, — encore qu'ils se trompent souvent, et parfois lourdement, sur notre caractère, sur nos idées, sur nos aspirations, sur nos désirs, — les Allemands, ils nous en ont eux-mêmes maintes fois prévenus, nous connaissent mieux que nous ne les connaissons ; et cela seul est, pour nous, Français, vis-à-vis d'eux et vis-à-vis de l'Allemagne, une infériorité qui, à certaines heures, peut devenir un danger.

Elle est, du reste, bonne à connaître, l'Allemagne : faut-il le répéter? c'est toujours une grande nation. Entre tous les peuples, amis ou rivaux, qui se partagent notre petite Europe, c'est encore celui dont l'intelligence nous importe le plus. Nous possédons, déjà, bien des travailleurs de tout âge occupés à labourer, pour nous, les fertiles plaines de la culture germanique ; peut-être serait-il utile de les grouper.

Des hommes d'initiative, — la France en compte encore, — ont fondé, à Paris, il y a un an ou deux, une société d'études italiennes. Nous avions, depuis trente ans, trop négligé l'Italie ; nous étions trop enclins à ne voir en elle qu'un musée du passé. Nous avions peut-être plus d'yeux pour l'Italie vivante, avant sa résurrection politique, au temps où le poète, qui la voyait assoupie sur sa couche de servitude, l'appelait la terre des morts. Nous semblions encore hier avoir pour la péninsule émancipée un dédain qui n'était pas toujours mérité; l'orgueil italien s'en froissait et se taisait. Là encore, les antipathies politiques étaient mauvaises conseillères. Grâce à Dieu, là aussi, les préventions tombent; il y a en France, aujourd'hui, une sorte de renaissance des études italiennes, et tôt ou tard, les relations des deux peuples en recevront un pli nouveau. Car, pour les peuples, se connaître, c'est avoir moins de peine à se comprendre; et entre la France et l'Italie, le refroidissement est fait de malentendus.

Ce qu'on a réussi à faire pour l'Italie, pourquoi ne pas le tenter pour l'Allemagne? Le champ, assurément, n'est pas moins vaste, et la moisson ne serait pas moins abondante. Jeunes ou mûrs, disciples ou maîtres, ils ne seraient pas mal inspirés ceux qui nous donneraient une société d'études allemandes.

IV

Et que convient-il d'étudier en Allemagne et chez les Allemands ? me demanderont peut-être quelques jeunes hommes.

La réponse, à mon sens, est aisée. Il faut étudier tout, chacun selon ses goûts et selon ses forces, selon sa vocation et selon sa compétence. Il faut sans doute étudier les institutions, les lois, le gouvernement, l'armée, ce qui fait la charpente osseuse et comme la musculature de cette robuste Allemagne prussienne, — et aussi l'art, la poésie, la science, la philosophie, ce qui reste comme l'âme vivante de la nation. Par-dessus tout et à travers tout, il importe de pénétrer jusqu'au fond permanent, au caractère, au tempérament, au génie national. Mais, pour étudier l'Allemagne, il ne faut pas se croire tenu de l'imiter ; il faut bien se garder de la copier. Politique, art, littérature, foin des copistes! Un peuple n'en doit jamais singer un autre.

Donc, allez en Allemagne, ou plutôt, allez à l'Allemagne, dirai-je aux jeunes gens qui nous interrogent. Vous y rencontrerez deux choses que je vous conseille d'observer et de ne pas nous rapporter. Elles ont déjà, chez nous, assez d'admirateurs; l'une est le Césarisme, l'autre est le Socialisme.

Ce sont les deux grandes puissances de l'Allemagne contemporaine, deux puissances en lutte, entre lesquelles il semble qu'il n'y ait bientôt plus de place pour rien d'intermédiaire. Entre elles deux s'est engagé un duel dont dépend le sort de l'Allemagne, — et peut-être le sort de l'Europe et de notre civilisation occidentale.

Césarisme, Socialisme, c'est une fâcheuse alternative pour un peuple. Et il se peut, hélas! que l'Allemagne ne soit pas la seule nation du continent réduite, bientôt, à opter entre eux. Césarisme, Socialisme, malgré qu'ils semblent aux deux pôles contraires du monde moral, sont deux produits des mêmes forces et sortent du même sol. Ils sont contemporains, ils sont frères, bien que frères ennemis; ils sont faits de la même chair et du même sang. Ils s'appellent, presque fatalement, l'un l'autre; ils se frayent, mutuellement, la voie. — Puisse le ciel nous préserver de l'un, pour que nous ne nous précipitions point dans l'autre!

Césarisme, Socialisme, tous deux — dans notre France lasse et oublieuse — ont déjà des apôtres et des croyants. On pourrait presque dire, à écouter le murmure des foules, que le pays se partage entre ceux qui ont mis leur foi en l'un, et ceux qui placent leurs espérances sur l'autre. Serait-il vrai que nous soyons déjà mûrs pour la botte d'un César, ou pour l'ignorante dictature des commis du prolétariat ? Je ne sais ce que ces deux rivaux vaudront à l'Allemagne ; mais ce qu'ils apporteraient à notre France, je le sais bien. Si jamais la France doit périr, cette France, qui tant de fois, est revenue de si loin, elle périra par le Césarisme, ou par le Socialisme, — à moins que ce ne soit par tous deux, l'un achevant l'œuvre de l'autre.

La France de cette fin de siècle n'est pas l'Allemagne victorieuse des Hohenzollern. La France de l'an 1900 ne sera plus la France de 1800 ; la France ramenée en deçà des Vosges n'est plus assez grande pour un César. Au rebours de la nouvelle Allemagne impériale, la France contemporaine n'a plus, derrière elle, assez de puissance pour en forger un *imperator* ; et elle a, dans son passé, trop de souvenirs glorieux pour se contenter longtemps d'un Augustule sans gloire. La foule a beau appeler César, il nous manque de quoi faire un César : Brumaire ou Décembre n'y sauraient suffire. Le Césarisme ne peut à volonté se scinder en deux ; la main de justice ne se peut isoler du glaive. Il faut, à un *imperator*, un front lauré par la victoire. Dans le pays d'où les aigles de

Napoléon ont pris leur vol, la puissance des armes ne saurait être un vain accessoire, une inutile auréole ou un manteau de luxe. La gloire militaire qu'il ne tiendrait pas de son nom ou de ses ancêtres, un maître nouveau serait contraint de la demander à la guerre ; et la France risquerait d'apprendre des noms plus amers à ses lèvres que Sedan et Waterloo.

Si ce n'est du Césarisme, est-ce du Socialisme que nous doit venir le salut? Certains se le persuadent parmi les jeunes. A ceux-là, surtout, je dirai: Allez en Allemagne, voyez et regardez. — Ceci tuera cela, songeaient vos aînés, lorsqu'ils virent, pour la première fois, du fond des urnes populaires, le Socialisme se dresser contre l'Allemagne impériale. Devant ce nouveau venu à la mine inquiétante, les craintes des patriotes allemands se rencontraient avec les espérances des patriotes français. Se seraient-ils trompés les uns et les autres? Ce qu'ils prenaient pour une faiblesse de l'Allemagne nouvelle serait-il devenu une force pour elle? — Allez, regardez et jugez, répéterai-je encore à nos jeunes gens : rien, dans toute cette forte Allemagne, n'est plus digne de vos méditations. —Et si le Socialisme vous semble, pour la jeune Allemagne, un débilitant ou un dissolvant, par quel miracle, serait-ce un tonique ou un fortifiant pour notre vieille France?

Allez donc et jugez, et de ce commerce avec nos voisins ne nous revenez pas moins français. Ne nous pressez pas de suivre la voie d'autrui. Surtout, ne nous rapportez point l'idolâtrie de la force, et ne confondez pas la force avec le droit. Rappelez-vous, devant ceux qui fêtent encore l'anniversaire de Sedan, que la force n'est pas tout et ne suffit pas à tout. N'allez point, pour cela, cependant, faire fi de la force et faire fi des armes. Un peuple n'est pas un homme; — pour avoir le droit de mépriser la force, il faut être fort. Rappelez-le aux Français qui seraient tentés de l'oublier, et montrez-leur, par l'exemple de l'Allemagne unifiée, que la première condition de la force est l'union. — Après cela, n'enviez pas le vainqueur de 1870; n'ayez pas honte d'être les fils des années douloureuses : il y a aussi, pour les âmes hautes, une douceur, il y a une noblesse à se sentir l'enfant d'une patrie plus grande, malgré tout, que sa fortune.

XIII

LA VISITE DU TSAR NICOLAS II

(OCTOBRE 1896[1])

Le tsar va débarquer en France; le tsar vient à Paris faire visite à la République française. Quelle émotion, mêlée de colère et d'anxiété chez les uns, d'orgueil et de délirantes espérances chez les autres, eût suscitée, des Pyrénées au Rhin et du Rhin aux Carpathes, pareille nouvelle, il y a quinze ans, il y a vingt ans! Le prophète qui eût ôsé l'annoncer n'eût guère rencontré que des incrédules; ou, pour ajouter foi à semblable prédiction, les politiques se fussent représenté une Europe en feu, au moins une Europe belliqueuse, prête à tous les conflits, car une pareille conjonction de la démocratie française et de l'autocratie russe ne semblait se concevoir qu'à la veille ou au lendemain d'une com-

1. Cette étude a paru, le 15 octobre 1896, dans la *Revue des Deux Mondes*.

motion européenne. Or, c'est la première réflexion qui se présente à l'esprit, s'il y a quelque chose de changé en Europe, et de changé en mieux, à l'avantage de l'Europe et de la France, — comme le prouve cette visite impériale, — force nous est bien de reconnaître que les fondements de l'Europe de 1871, de l'Europe du traité de Francfort, n'en sont ni modifiés, ni ébranlés. Au lieu d'être le signe avant-coureur d'une grande guerre, prélude d'une revision des traités existants, le voyage du tsar à travers l'Europe apparaît, bien plutôt, comme une promesse de paix, partant, qu'on le veuille ou non, comme un tacite acquiescement aux traités. C'est là un point sur lequel il nous importe, à nous Français, de ne garder aucune illusion. C'est parce qu'il se présente, partout, en messager de paix, que le jeune tsar est acclamé de tous les peuples. Or, qui dit paix, dit, forcément, maintien des traités, et qui dit maintien des traités dit respect des frontières actuelles. Rien donc de changé, quant aux limites des États; l'Europe en reste à la paix de Francfort. La grande iniquité de 1871 n'est pas effacée, et rien, hélas! ne fait encore présager l'heure des réparations patiemment attendues!

La répartition des territoires n'a pas changé; elle semblerait plutôt consolidée par les dernières années; mais pour les États et pour les nations, la répartition des territoires n'est pas tout. Qui, dans l'histoire et dans la politique, n'aperçoit que des mutations territoriales ne comprend ni l'histoire ni la politique. De ce que l'entente franco-russe n'a pas remué les bornes des États, de ce qu'elle ne promet pas de restaurer la frontière de la France, il ne suit point qu'elle ait été sans importance pour l'Europe et sans profit pour notre pays. A parler franc, — et s'il importe jamais d'être sincères avec nous-mêmes, c'est ici, — il est deux choses dont, en face de nos amis du Nord, nous devons nous défendre, également, sous peine d'être dupes, ou sous peine d'être injustes ; l'une est de trop exalter l'alliance russe, l'autre de la trop rabaisser; l'une est d'en magnifier outre mesure les résultats, l'autre de les méconnaître ou de les déprécier. Excès en sens inverse que nous réprouvons, l'un et l'autre, avec la même énergie, les jugeant, tous deux, — l'enivrement aveugle et le dénigrement chagrin, — peu dignes de la France et dangereux pour la France.

La politique n'est ni affaire d'imagination, ni affaire de sentiment, et c'est une vérité que nous avons trop souvent oubliée, à nos dépens, pour ne pas avoir appris à nous en souvenir. Aussi bien, la prochaine arrivée du jeune autocrate sur la terre française est-elle, pour nous, comme une invitation à mesurer ce que, depuis Cronstadt et depuis Toulon, l'entente franco-russe a valu à l'Europe et à la France. Pendant que sur les chemins du couple impérial se dressent, à la hâte, les arcs de triomphe qui doivent l'accueillir sur le sol français, avant que nos yeux soient éblouis par l'éclat des fêtes que la France prépare à ses hôtes, qu'on nous permette de nous recueillir un instant, et de nous demander ce qu'apporte, à la France et au monde, cette visite impériale, et avec elle, l'alliance franco-russe dont la visite du tsar Nicolas II est comme le couronnement et la consécration. Tout, du reste, dans ce voyage princier, a sa portée, tout est significatif, jusqu'à l'itinéraire de leurs jeunes Majestés tsariennes, et si l'on prend la peine d'en écarter le fastueux décor et les magnificences souveraines, on y découvre comme un symbole de la politique russe et une image de la situation de l'Europe. C'est, pour cela, que ce voyage du jeune couple, fraîchement couronné, est vraiment un voyage historique, qui marquera une heure dans les dernières années de ce siècle expirant.

Et, d'abord, première remarque qui n'a rien pour déplaire à tout Français mettant la patrie au-dessus de l'esprit de parti. La forme même du gouvernement français donne à la visite du tsar en France plus de prix pour nous, et plus d'importance pour l'étranger. Si la France était restée ou redevenue une monarchie, si, à la place des vides jardins plantés sur leurs décombres, les Tuileries reconstruites abritaient, de nouveau, un empereur ou un roi, la visite de Nicolas II n'aurait, assurément, rien que d'agréable pour notre amour-propre national. Mais le fait que nous sommes en République, qu'il n'y a plus, chez nous, ni trône ni tête couronnée, qu'ainsi que son ancienne demeure, la monarchie a été rasée jusqu'en ses fondements, que les souverains n'ont plus, en France, de frère ou d'égal qui puisse leur rendre politesse pour politesse, rend la démarche de Sa Majesté l'empereur de toutes les Russies plus flatteuse encore et plus significative. L'étiquette républicaine de l'Élysée, par un involontaire souvenir des mœurs monarchiques, a beau entourer nos présidents en voyage d'honneurs presque royaux, ce n'est pas à M. et à madame Faure que le tsar et la tsarine viennent faire visite, ce n'est même point à la République, c'est à la France elle-même, à la nation française. Cela seul est un fait nouveau, peut-être sans précédent; et, — républicains ou non, — nous avons le droit de nous en réjouir, car cela donne un solennel démenti aux calculs anciens des ennemis de la France.

Sur ce point, les combinaisons du Richelieu prussien ont été déjouées; les complaisances[1] et les espérances mises par M. de Bismarck sur le berceau de la République ont été trompées. Il est bon, à l'occasion, de nous rappeler la querelle faite par le chancelier de fer à M. d'Arnim, ne fût-ce qu'afin de ne pas laisser la République justifier, par ses écarts, les machiavéliques calculs du ministre de Guillaume Ier. Le fondateur de l'unité allemande comptait sur la République et sur l'instabilité républicaine pour nous isoler des monarchies militaires du continent. C'est pour cette raison, — et avec sa franchise hautaine, il ne prenait même pas le soin de le dissimuler, — que ce grand contempteur de la démocratie était républicain — en France. Par bonheur pour nous et pour la Russie, le fossé creusé, par la République, entre Paris et Pétersbourg, ne s'est trouvé ni assez profond ni assez large pour empêcher l'autocratie russe de tendre la main à la démocratie française; tout au plus, la République a-t-elle retardé leur rapprochement d'une quinzaine d'années. Le prince de Bismarck, devenu l'ermite chagrin de Friedrichsruhe, a vécu assez pour assister à cette alliance du turbulent coq gaulois et de l'aigle russe qu'il avait, durant vingt ans, tout fait pour prévenir.

Nous sommes loin de l'époque, pourtant si voisine, des exclusives entrevues des trois empereurs. Et c'est le tsar Alexandre III, le plus obstinément conservateur des souverains, le plus défiant des choses de l'Occident et de l'esprit nouveau, qui n'a pas craint, à Cronstadt, d'offrir la main à la République française sur le pont du *Marengo*, tant le rapprochement de la France et de la Russie était écrit, d'avance, dans la nouvelle carte de l'Europe. Et en passant, aussi délibérément, par-dessus le préjugé des cours, en séparant ainsi sa politique étrangère de sa politique intérieure, en ne craignant pas, lui, l'autocrate convaincu, qui, entre une constitution et les bombes, avait opté pour les bombes, d'entendre debout, tête nue, la *Marseillaise*, Alexandre III s'est montré plus clairvoyant, plus politique, plus homme d'État que son grand-père Nicolas Ier, adversaire implacable de la Révolution et des gouvernements issus de la Révolution. A l'inverse de Nicolas Ier, que, au dedans de son vaste empire, il semblait avoir pris comme modèle, Alexandre III a compris que, pour l'autocratie russe, c'était une tâche ingrate que de se faire le paladin de la légitimité ou le gendarme de l'Europe monarchique ; il a senti que, même coiffée du bonnet phrygien, la France restait la France, c'est-à-dire un État essentiel à l'Europe et au monde ; et pour s'allier à la République, il a noblement fait taire ses préférences de souverain et ses répugnances dynastiques, n'écoutant que l'intérêt de l'Europe et les besoins de ses peuples.

Cette entente des nécessités du temps présent, le feu tsar l'a transmise à son fils, héritier de sa politique, aussi bien que de sa couronne. Ainsi, en dépit du contraste de leurs institutions, malgré l'opposition de leurs procédés de gouvernement, non moins que de leurs formes de gouvernement, s'est nouée, entre la troisième République française et le tsarisme russe, une alliance qui a survécu à son fondateur, et qui, vieille à peine de cinq ans, semble déjà, avec le nouveau règne, entrée dans les traditions de la chancellerie impériale.

Cette alliance, officiellement scellée par la visite du tsar autocrate, quel en est l'esprit ? quel en est le but ? Va-t-elle, comme le craignaient les sages, comme s'en flattaient les téméraires, couper décidément l'Europe en deux camps, et lancer, les unes contre les autres, les armées qui veillent à la frontière des États ? Non, tout au contraire, ce qu'on avait pris, de loin, pour un instrument de guerre s'est montré un agent de pacification. L'entente de la France et de la Russie a eu pour premier effet de consolider la paix, de renforcer la paix, — la seule paix, il est vrai, dont ose jouir l'Europe que nous a faite M. de Bismarck, la paix armée, la paix appuyée sur dix millions de baïonnettes. L'antique *si vis pacem* reste plus de mise que jamais. La triple alliance n'est pas dissoute; la triple alliance a été récemment renouvelée; mais avec M. de Bismarck et avec M. Crispi, elle a perdu de son aigreur et de son arrogance; peut-être aussi a-t-elle perdu de sa solidité, ou de sa confiance en elle-même. En tout cas, la *triplice* ne se sait plus omnipotente; elle a, devant elle, à qui parler. La paix ne dépend plus, uniquement, d'un froncement de sourcils du chancelier germanique; elle n'est plus, autant qu'elle le semblait, naguère encore, à la merci d'un caprice de l'inquiétant Kaiser au sommeil léger, qui, par les nuits de printemps, se plaît à faire sonner, à l'improviste, le boute-selle de ses uhlans.

Assez longtemps l'Europe, pareille à un régiment en campagne, a dormi, tout équipée, prête à toutes les alertes. Depuis que la France et la Russie se sont donné la main, elle peut du moins, cette Europe tant surmenée, reposer tranquille, sans avoir à redouter quelque alarme soudaine de Berlin ou de Rome. La paix, telle que l'entendait la triple alliance de M. de Bismarck ou de M. Crispi, avait des allures provocatrices et des airs de défi; les déclarations les plus rassurantes aimaient à s'accompagner de fanfares guerrières. *Pace imposta, Bismarck Crispi,* proclamaient, mensongèrement, les fastueuses devises des arcs de triomphe érigés en Italie, sur le passage du petit-fils de Guillaume Ier. On affectait de croire, à Berlin, à Vienne, à Pest, à Rome, à Londres même, que la tranquillité du monde n'avait d'autres ennemis que l'ambition moscovite et la turbulence gauloise. A force de le répéter, les reptiles d'outre-Rhin avaient presque persuadé à l'Europe que si elle n'avait pas encore été surprise par la guerre, elle le devait, uniquement, à la vigilance désintéressée des sentinelles de la triplice.

Comment ne pas sentir que la paix est devenue plus solide, depuis que l'Allemagne et ses deux acolytes ne peuvent plus se vanter de l'imposer à la France et à la Russie, isolées et impuissantes? La *pace imposta* des Bismarck et des Crispi, la démocratie française et l'autocratie russe seraient en droit de la retourner contre la triple alliance. Si elle a besoin de bras pour veiller sur elle, la paix de l'Europe a d'autres gardiens, aujourd'hui, que les grenadiers de Poméranie ou les bersagliers piémontais. Et ainsi, la paix est plus sûre, parce qu'elle ne semble plus un défi ou une menace à personne. Elle n'a pas seulement pour appui la volonté changeante des gouvernements et les vœux des peuples; elle repose sur quelque chose de plus substantiel et de moins fragile, sur l'équilibre des forces et des armes. Triste paix! diront les esprits chagrins; paix écrasante, paix ruineuse que celle qui repose sur l'immensité des armements! Mais l'Europe de la fin du XIXe siècle en peut-elle connaître une autre? — Et le siècle qui vient, le siècle dont l'aube blanchit l'horizon, sera-t-il lui-même plus heureux que son aîné?

S'il est de nos contemporains qui veulent exiger davantage, nous n'y contredisons point. Puisse l'avenir, sur lequel il est toujours si facile de bâtir de beaux songes, ne pas décourager trop vite les vastes espérances! Après tout, le voyage même du tsar Nicolas II semble fait pour autoriser quelques rêves. N'est-ce point, en tout temps, le privilège de la jeunesse? et notre vieille Europe ne saurait-elle un peu se rajeunir, ou se renouveler, au contact de ce jeune souverain et de sa jeune femme, acclamés, partout, comme une promesse d'avenir et une vision de paix? Et si de pareils messagers n'y réussissent point, qui le ciel lui devra-t-il envoyer, à cette Europe divisée, pour lui faire oublier, ne fût-ce que l'espace d'une semaine, ses jalousies anciennes et ses défiances invétérées? — Mais, pourquoi ne pas le reconnaître? quand nous disons que l'entente franco-russe a raffermi la paix, ce qui, en soi, est déjà de grand prix, nous ne disons pas tout; nous sommes injustes envers la Russie et envers nous-mêmes. Notre entente avec l'empire du Nord va peut-être faire quelque chose de plus, et quelque chose de mieux. Cette alliance qui, aux yeux de ses adversaires, et aux yeux même de certains de ses promoteurs, devait précipiter l'Europe dans la guerre, cette alliance longtemps suspecte aux pacifiques, voici que, non contente de renforcer la paix, elle s'efforçait, hier encore, avec le tsar Nicolas II et avec son ministre, feu le prince Lobanof, de reconstituer une chose bien surannée, bien archaïque, qui paraissait à jamais finie, ce que nos pères appelaient, un peu ambitieusement, le concert européen.

Le concert européen, quel revenant d'une époque à jamais, semblait-il, évanouie! Il paraissait bien mort, depuis quelque trente ans, cet antique concert européen, et l'on aurait naguère fait sourire d'incrédulité les hommes à qui l'on eût promis de le faire revivre. Combien de fois, depuis Sadowa et depuis Sedan, n'avons-nous pas entendu répéter : Il n'y a plus d'Europe. Cela, en certains cercles, était devenu une banalité. *Finis Europæ!* gémissaient, en hochant la tête, les vieux diplomates. Et ils avaient raison, avec leur air de radoter ; l'Europe, au sens diplomatique du mot, l'Europe agissant d'accord, comme une personne vivante, en vue d'intérêts communs, paraissait bien finie. Elle n'avait pas survécu aux violences de la politique bismarckienne, et il semblait qu'un miracle seul pût la ressusciter. — Le miracle — est-il déjà permis d'y croire? — s'est accompli ; et par qui a-t-il été opéré, sinon par ceux que l'on dénonçait naguère comme les ennemis nés de la paix européenne?

Cette Europe qu'avaient laissé périr les empereurs et les rois de droit divin, si elle a l'air de renaître, c'est l'entente de la République française avec le tsar russe qui l'aura fait revivre. Cela tient en vérité du paradoxe, et cela pourrait bien être une réalité. Le voyage de l'empereur Nicolas II en témoigne. L'empereur Alexandre III, le tsar pacificateur, en nouant l'alliance franco-russe lui avait donné le caractère pacifique qui seul convenait à son cœur de chrétien et à sa conscience d'autocrate. L'empereur Nicolas II, en continuant l'œuvre politique de son père, aura eu l'honneur d'avoir fait, ou d'avoir tenté quelque chose de plus. Il ne paraît pas se borner au rôle de gardien de la paix de l'Europe, il semble aspirer à être le restaurateur du concert européen. Tel paraît bien, du moins, avoir été, pour son jeune souverain, l'ambition du ministre que la Russie et le tsar viennent de perdre; et n'eût-il fait qu'y réussir, durant une saison, le prince Lobanof aurait bien mérité de l'Europe.

Le rétablissement du concert européen, si tant est qu'il ne soit pas prématuré de le célébrer, la France y a volontiers prêté la main, heureuse d'y retrouver sa place, en dépit de ses révolutions et de sa forme de gouvernement. Cette place que les monarchies anciennes contestaient, autrefois, à ses rois issus de l'émeute, ou à ses empereurs sacrés par un vote populaire, les dynasties héritières de la Sainte Alliance la concèdent, de bonne grâce, à la République française. Ce n'est pas seulement qu'elle se présente en compagnie de la Russie, sous l'égide et comme sous le patronage de la puissance autocratique la plus obstinée jadis à tenir à l'écart les Louis-Philippe ou les Napoléon; c'est que l'esprit de l'Europe a changé; que, sauf au sud des

Alpes, peut-être, les cours, ne craignant plus guère la contagion républicaine, ne se croient plus tenues de faire grise mine à la République. On peut dire qu'elle sera bien reçue, partout, tant qu'elle sera correcte, ou tant qu'elle sera sage, — bien que, au milieu des têtes couronnées et des monarchies, elle semble souvent, dans un monde étranger, un peu comme une invitée sans naissance et sans relations au milieu d'hôtes de haute origine; et en personne avisée, elle fera bien de prendre garde de ne jamais l'oublier.

N'importe, la reconstitution du concert européen, si précaire semble-t-elle, est un fait dont, en bons Européens, comme en bons Français, — deux choses que, pour notre part, nous n'aimons pas séparer, — nous avons le droit de nous féliciter. Ce n'est pas, cependant, que le nouveau concert européen semble devoir donner aux amis de l'humanité et aux amants de la justice toutes les satisfactions qu'ils en avaient oser rêver. Non, hélas! il ne faut pas que l'éclat des fêtes officielles et le retentissement des acclamations populaires sur le chemin du jeune couple impérial fassent illusion à un temps, toujours prêt à se repaître d'espérances vagues. Non, notre siècle finissant ne va pas voir s'ouvrir, devant le monde moderne, l'ère messianique de justice et de fraternité annoncée au vieux monde par les voyants d'Israël et les sibylles alexandrines. Cette Europe que nous voudrions croire en train de renaître, cette Europe des diplomates et des chancelleries, elle a ses plaies, ell a ses blessures, les unes anciennes déjà et mal cicatrisées, les autres toutes récentes, et saignant encore; et si douce et caressante que semble la main des diplomates, on ne voit pas qu'elle soit bien habile à les panser; s'y emploierait-elle, avec un zèle patient, il est douteux qu'elle réussisse à les guérir. Il avait raison, ce ministre anglais qui s'écriait, il y a quelques semaines : « L'Europe n'en est plus au temps des croisades. »

Parvînt-il vraiment à se reformer, ce concert européen, il semble hors d'état de mettre fin à toutes les souffrances et à toutes les iniquités de l'Europe contemporaine. A vrai dire, peut-être même ne peut-il se reconstituer, ou n'a-t-il quelque chance de durer qu'à condition de renoncer à des ambitions aussi hautes. C'est, ici, que se font sentir, malgré tout, les tares constitutionnelles et pour ainsi dire les vices d'origine de la vieille Europe. Elle ne peut rester unie, elle ne peut agir en commun qu'en demeurant modeste, en sachant se borner, en s'abstenant des grandes vues et des grandes œuvres. Tout principe de direction lui manque; il ne lui en reste qu'un, terre à terre, auquel elle est réduite à tout sacrifier : le souci égoïste de la sécurité présente.

Pauvre Europe! pauvre concert européen! les idéalistes ne sauraient s'en promettre la réalisation de leur chimère de justice. Il ne faut pas trop attendre de cette Europe, dût-elle se reconstituer, par les soins du tsar, notre allié; — et du même coup, nous devrions, pour être sincères, en dire autant de l'alliance russe elle-même. Il ne faut pas trop attendre de l'alliance.

A quoi bon, à la veille de ces jours de fête, parler de nos frères d'entre les monts et le fleuve? Notre cœur français n'a pourtant pas le droit de les oublier. A travers le bruit des réjouissances publiques, notre pensée se reporte, en secret, vers eux, se demandant si, de toute cette allégresse nationale, quelque chose ira traverser les Vosges. Mais mieux vaut ne pas donner aux autres, amis ou ennemis, l'importun spectacle de nos regrets persistants et de notre vaine douleur.

Laissant de côté nos blessures et nos souvenirs, à nous Français, si nous songeons à autrui, comme, aux beaux jours de notre puissance, s'y est longtemps complu la générosité française, n'y a-t-il pas, en Europe, ou au seuil de l'Europe, des hommes, des chrétiens, des peuples, nos parents par l'origine et par tous les éléments de la civilisation, dont l'Europe officielle a vu couler le sang à flots, sans savoir ou sans pouvoir rien faire pour les sauver ou les venger? sans avoir rien trouvé de mieux que de fermer l'oreille à leurs gémissements, et de détourner la tête pour ne pas voir ce qu'elle aurait eu honte de n'avoir su empêcher? De tout temps, il est vrai, par imprévoyance, par impuissance ou par complicité, le concert européen a laissé s'accomplir, sous son couvert, bien des violences et bien des vilenies. La diplomatie ne peut parer à tout; justement éprise de la paix, elle a toujours eu coutume de sacrifier les petits à l'entente des grands. Elle a le droit de renvoyer à l'histoire qui aurait la naïveté de lui en faire un reproche. N'importe, la diplomatie européenne n'a pas lieu d'être bien fière. C'est au moment où l'Europe reprenait conscience de son unité et apprenait, de nouveau, à agir ou à parler en commun que se sont perpétrés, au grand jour, en des pays de longue date confiés à sa vigilance, de l'Ararat au Taurus, les plus horribles massacres qu'ait jamais éclairés le soleil. Il y a une capitale, que, dans son tour d'Europe, le jeune tsar se gardera bien de visiter, — celle vers laquelle ont semblé s'allonger, plus d'une fois, les serres de l'aigle impériale, celle que le poète de Moscou réclamait, jadis, comme faisant partie de l'héritage de la Russie.

Dieu veuille que, chez nous, au moins, durant les dernières étapes de son voyage à travers les cours et les peuples, le jeune empereur n'entende pas percer, à travers les hourras de nos foules françaises, les gémissements lointains de nouvelles victimes et le cri d'appel de ces chrétiens d'Orient sur qui, toutes deux, autrefois, France et Russie, se croyaient, de par le ciel et de par leurs ancêtres, la mission d'étendre une main protectrice! Qu'aucun bruit sinistre, aucun deuil importun ne vienne troubler la joie des deux nations! Mais n'assombrissons pas ces jours de fêtes; éloignons de nos yeux le facheux spectacle des douleurs que nous ne pouvons soulager; jouissons des splendeurs et des magnificences de l'heure présente; et pendant qu'on massacre en Orient, goûtons la sécurité qui nous semble assurée. Ne soyons pas trop exigeants envers l'Europe, envers nos amis, envers nous-mêmes: comprenons les difficultés de la tâche des gouvernements, et faisons quelque crédit à la diplomatie. Espérons — il est toujours bon d'espérer — que les défiances anciennes dissipées, les mutuelles suspicions assoupies, ce voyage impérial va donner à l'Europe plus de cohésion, plus de confiance en elle-même, plus de prévoyance aussi et de résolution, pour écarter les nuages sanglants qui viennent d'Orient, pour parer aux dangers d'aujourd'hui et aux périls de demain.

L'Europe veut la paix; l'Europe et la Russie, la première, semblent décidées à tout sacrifier à la paix. Qui voudrait leur en faire un reproche? Plus les nations se sont ingéniées à se tenir prêtes pour la guerre, et plus elles redoutent la guerre. Elles se sentent, mutuellement, trop bien armées pour oser déchaîner un conflit. L'énormité même des préparatifs militaires est devenue un gage de paix. Il n'y a plus, en Europe, que des pacifiques, et c'est en l'honneur de la paix que les empereurs font défiler, devant leurs hôtes, régiments, escadrons et batteries. Ces masses épaisses de fantassins, ces nuées de cavaliers qu'ils se montrent les uns aux autres, avec orgueil, ne sont plus, à en croire leurs chefs héréditaires, que les gendarmes de la paix européenne.

Acceptons-en l'augure, et jouissons de ce bien de la paix que nous donnent, après Dieu, la sagesse de la diplomatie et l'amitié du tsar. Les peuples ne sauraient tout avoir à la fois; et ceux d'entre les Français qui s'étaient promis autre chose de l'alliance russe, ceux qui en attendaient, avec le redressement de tous les torts, la réparation de la grande iniquité de 1871, étaient la dupe de leur rêve. Ils s'étaient laissé décevoir par un de ces mirages d'Orient fréquents dans la steppe, comme dans le désert. Ils s'étaient mépris sur notre temps; ils avaient compté sans les calculs et les besoins de la politique. Ils ne connaissaient ni la Russie, ni l'Europe contemporaine. De ceux-là, s'il nous est permis de le rappeler, nous n'avons jamais été, quant à nous. Il nous a toujours paru que, en regard de la triple alliance, l'entente franco-russe ne pouvait, ne devait avoir qu'un caractère pacifique. « En face de la triple alliance, écrivions-nous, — voici huit ans déjà, — le rapprochement de la France et de la Russie est naturel, inévitable. La triple alliance les y invite, elle les y contraint; mais toute entente entre Paris et Saint-Pétersbourg doit avoir en vue la paix, non la guerre [1]. » Ainsi en a jugé l'empereur Alexandre III, le fondateur de l'entente; ainsi en juge, après lui, son héritier et son continuateur, l'empereur Nicolas II. Je ne sais s'il reste encore, parmi nous,

1. Voyez la *Revue des Deux Mondes* du 16 février 1888; Cf. *la France, la Russie et l'Europe;* Calmann Lévy, 1888.

de ces rêveurs qui voyaient déjà, dans leurs songes, l'armée française et l'armée du tsar marchant à la rencontre l'une de l'autre, à travers l'Allemagne, et s'embrassant sur le champ de bataille, au cœur de la Prusse vaincue? Est-il encore, au fond de la France, de ces téméraires ingénus au patriotisme trop crédule, le voyage de Nicolas II semble fait pour leur dessiller les yeux.

Ce n'est pas la guerre que, dans sa visite à Vienne ou à Breslau, le jeune tsar est allé porter aux empereurs ses voisins. Si l'Europe en doit jamais être le témoin, le duel suprême, tant de fois annoncé par les voyants, du Slave et du Teuton, ne semble pas encore sur le point de faire trembler le continent. Peut-être sera-ce pour le xxe siècle ; peut-être seulement pour le xxie; peut-être bien pour jamais, tant chacun des deux antagonistes en semble redouter l'heure. En attendant et tout en pressant chacun ses armements, tout en germanisant ou russifiant chacun à force, l'Allemand et le Russe, le Slave et le Teuton sont tout à la paix. Les empereurs s'embrassent et se portent des toasts; les peuples, oublieux de leurs frères chrétiens d'Orient, applaudissent et poussent des hourras; — et les rêveurs, qui, sauf à en changer, ne se lassent jamais de poursuivre leurs songes, se demandent déjà si l'aube de la paix perpétuelle ne va pas enfin se lever sur le monde.

II

Suivons l'empereur Nicolas II dans son tour d'Europe. C'est tout ensemble un voyage diplomatique (bien que le tsar ait eu le regret de perdre, dès la première étape, son ministre des Affaires étrangères) et un voyage de famille, on pourrait presque dire un voyage de noces. Le jeune tsar a voulu visiter, à la fois, les empereurs, ses frères en souveraineté, et les princes, ses parents par le sang; et comme les maisons régnantes sont alliées entre elles par des nœuds multiples, il s'est trouvé parfois qu'en faisant une visite politique, il faisait, du même coup, une visite de famille. Après avoir été reçu par les chefs des grands États, Nicolas II doit, au retour de France, terminer son voyage par le berceau de la tsarine, la petite cour de Darmstadt, une de ces maisons allemandes en possession de fournir la Russie d'impératrices. Nicolas II n'a eu garde d'oublier le pays de sa mère, cette verte et calme terre danoise, la seule contrée, en dehors de la Russie, où son père Alexandre III aimât séjourner, y revenant prendre, chaque année, ses courtes vacances d'autocrate. Et comme le tsar son père, s'il ne s'y est pas entièrement délassé de la politique, Nicolas II aura rencontré, à la cour de Danemark, dans cette sorte d'annuel congrès de famille de princes et de rois, des amis, et aussi des amies de la France. Le Danemark et la Hesse, c'est la partie intime, la partie domestique du voyage impérial, celle qui doit échapper à l'indiscrète curiosité des diplomates et des reporters ; et si quelque vieux ministre professait que, dans la vie des princes rien n'est indifférent, qu'il se rassure, Bernstorf aura, d'avance, neutralisé Darmstadt.

Aux yeux de l'Europe, l'intérêt du voyage de l'empereur Nicolas II était dans sa rencontre avec les chefs des grands États. Il les a tous visités, au moins les plus puissants d'entre eux, les souverains, ses égaux, parés, ainsi que lui-même, du double titre impérial et royal. Il ne tendra la main à notre président, M. Faure, qu'après avoir été l'hôte de Sa Majesté Apostolique l'empereur d'Autriche, roi de Hongrie, de Sa Majesté l'empereur allemand, roi de Prusse, de Sa Majesté la reine de Grande-Bretagne et d'Irlande, impératrice des Indes. Officielles démonstrations de courtoisie, d'usage entre têtes couronnées, où se reconnaît une sorte d'éclectisme diplomatique.

Quelques-uns, parmi nous, eussent peut-être préféré, de la part de notre jeune allié du Nord, une marque d'amitié un peu plus exclusive. Ils auraient tort. En politique aussi, la jalousie est mauvaise conseillère. Alors qu'il fait autant pour la République française que pour les empereurs ses frères, le tsar, en réalité, fait plus pour la France. De Pétersbourg ou de Kief à Paris, le chemin est par l'Allemagne ou par l'Autriche, et l'autocrate russe, désireux de rassurer l'Europe, ne pouvait venir à nous qu'en passant par les cours impériales. En visitant, avant nous, le Hohenzollern et le Habsbourg, Nicolas II n'a fait que remplir sa mission de prince de la paix. Bien mieux, le jeune couple impérial n'aurait pas redouté un surcroît de fatigue; il lui eût plu, au retour de Paris, de franchir les Alpes et de descendre jusqu'à Turin ou à Monza, que nous n'y aurions vu qu'un service de plus rendu à la paix et à la bonne harmonie de l'Europe. En dépit des maladives suspicions de certains de nos voisins du Sud-Est, nous n'avons pas, en France, pour l'Italie, les jalouses et mesquines rancunes que nous a, trop souvent, laissé voir Montecitorio; nous nous serions sincèrement réjouis de tout ce qui eût réconforté l'amour-propre national de la dernière venue des six puissances. Mais on doit, j'imagine, savoir, au Quirinal, que ce n'est pas le quai d'Orsay qui a réglé l'itinéraire de Nicolas II.

Le jeune tsar a commencé son tour d'Europe par une visite au doyen des souverains du continent, l'empereur

François-Joseph. Nicolas II connaissait le chemin de Vienne ; étant encore prince héritier, il avait, déjà, sous le règne de son père et par l'ordre de son père, gravi l'escalier de la Hofburg; et, à la suite de la rencontre du jeune césarévitch et du vieil empereur, on avait cru remarquer une détente dans les relations entre les deux empires. A qui veut la paix de l'Europe, à qui désire qu'il y ait encore une Europe, je ne saurais guère souhaiter une meilleure nouvelle que celle d'un rapprochement entre les Habsbourg et les Romanof. Tout bon Européen s'en devrait réjouir, et aucun Français ne saurait s'en alarmer.

L'histoire a de curieux revirements et d'instructifs retours ; s'il est, aujourd'hui, une puissance qui n'ait contre l'Autriche-Hongrie, ni haine, ni jalousie, c'est assurément son ancienne rivale, la France. Qu'ils sont loin de nous, les temps où tout Français voyait, dans ce que nos pères appelaient la maison d'Autriche, l'ennemie naturelle ! Depuis que, repliant ses ailes, l'aigle vieillie des Habsbourg a cessé de couvrir de son ombre l'Allemagne et l'Italie, plus de cause de conflit entre la France et la monarchie autrichienne. Entre elles, il n'y a plus qu'un intérêt commun, qui, pour toutes deux, devrait tout primer, le maintien ou le rétablissement d'une Europe.

Après s'être longtemps disputé la suprématie et s'être porté, l'une à l'autre, des coups qui n'ont souvent profité qu'à leurs jeunes rivaux, elles ne peuvent, toutes deux, défendre ou recouvrer leur grandeur ancienne qu'en reconstituant, en face de puissances plus jeunes, ce que, faute d'autre terme, nous devons bien nommer des vieux noms d'équilibre ou de balance de l'Europe. Une Autriche n'est guère moins nécessaire à l'Europe qu'une France ; et aucun Etat ne perdrait, plus que la France, au morcellement ou à la dissolution de la mosaïque austro-hongroise. Il est bon que nous en ayons conscience, la France ne peut guère rester une puissance de premier rang qu'autant que l'Autriche demeure elle-même une puissance de premier ordre, et j'ajouterai une puissance de l'Europe centrale. Pas plus que la Russie, en effet, nous ne saurions souhaiter que l'axe historique de l'Autriche se déplace vers l'Orient, car ce serait livrer tout le centre de l'Europe à l'Allemagne.

Alors même que, par leurs alliances, elles se trouvent rangées en des camps différents, France et Autriche ont tout intérêt à ne pas s'affaiblir l'une et l'autre. Aussi ai-je toujours professé, pour ma part, que si nous pouvions encore avoir une diplomatie, et si l'instabilité de nos gouvernements nous permettait d'avoir une politique, un des objectifs principaux de notre politique devrait être de travailler au rapprochement de la Russie et de l'Autriche. Ne serait-ce là qu'un rêve, ce devrait être le rêve de la diplomatie française.

La tâche, il faut bien le reconnaître, semblait malaisée, surtout depuis 1878, depuis le traité de Berlin, depuis l'occupation de la Bosnie et de l'Herzégovine, depuis les révolutions de Bulgarie. Si la France a toute raison de souhaiter l'entente de Pétersbourg et de Vienne, il est, en Europe, une autre puissance qui, à en juger par ses actes, obéit à des sentiments ou à des calculs tout différents. Il s'est rencontré, à Berlin, un grand ministre qui a paru s'arroger, entre la Russie et l'Autriche-Hongrie, le rôle de médiateur, se décernant à lui-même, au Congrès de 1878, le titre d'honnête courtier. En dépit de son zèle apparent de conciliateur, peut-être s'est-il plutôt complu, afin de garder le champ libre en Occident, à mettre aux prises, en Orient, les intérêts ou les ambitions des deux empires voisins. L'intention avouée de détourner les yeux de l'Autriche-Hongrie vers le Balkan ne pouvait sourire à Pétersbourg ou à Moscou.

Avec le centre de gravité de la puissance autrichienne, se sont déplacées les jalousies ou les inimitiés suscitées par la maison d'Autriche. Pour nombre de Russes, l'Autriche-Hongrie semble devenue ce qu'elle avait paru, jadis, à nos Bourbons, l'ennemie naturelle. A leurs yeux, le compétiteur de l'aigle tsarienne, héritée des Paléologues de Byzance, ce n'est pas le jeune aiglon des Hohenzollern, mais bien la vieille aigle bicéphale des Habsbourg dont une tête regarde, plus que jamais, vers l'Orient, menaçant du bec les cimes du Balkan. L'Autriche tudesco-magyare, avec son partage de souveraineté entre deux races également hostiles au nom slave, ne s'est-elle pas montrée, de l'Elbe à la Bosna, l'oppresseur des Slaves et du slavisme? Et si elle a paru, au sud du Danube, se réconcilier avec la résurrection nationale des Slaves du Balkan, affranchis par les armées russes, n'était-ce pas pour séduire leur jeunesse, les détourner de leur libératrice et patronne légitime, la Russie orthodoxe? A ces griefs des Russes, trop souvent justifiés par les faits, Vienne et Pest opposaient bruyamment des griefs qui, pour être parfois imaginaires, n'en étaient pas moins sincères, s'en prenant à la Russie et aux comités moscovites de toutes les résistances des Slaves au centralisme viennois ou à la magyarisation hongroise, se figurant partout découvrir ce spectre familier aux Allemands et aux Magyars, épouvantail habituel de Vienne et de Pest, le panslavisme.

Et comme si ce n'était pas assez de ces soupçons et de ces défiances réciproques, les services autrefois rendus par les tsars à l'ingrate Autriche se retournaient contre les successeurs de Nicolas Ier. Après cinquante ans, l'opiniâtre rancune des compatriotes de Kossuth et de Gœrgey ne pardonne pas encore aux sotnias cosaques d'avoir franchi les Carpathes, pour replacer la Hongrie sous le joug de la bureaucratie viennoise. Conflits d'ambitions ou rivalités d'intérêts, ressentiments du passé et appréhensions de l'avenir, antipathies de races et préjugés nationaux, que d'obstacles entre les deux empires! Et par quel art amener entre eux une entente?

Pour opérer un rapprochement, il suffisait, après tout, de deux choses qui, pour cette fois au moins, semblent s'être rencontrées chez les deux empereurs et les deux gouvernements : un commun amour de la paix et une égale loyauté. A défaut d'amitié ou d'alliance, la diplomatie ne pouvait-elle trouver, entre les deux chancelleries, un terrain d'entente et, sinon écarter tous les dissentiments, empêcher les rivalités de dégénérer en hostilité?

Un homme, un Russe, a osé le tenter, et il semblait avoir su y réussir, à une heure périlleuse pour la paix du monde. Cela seul légitimerait les regrets inspirés par la disparition subite du prince Lobanof. Avant de tomber de la scène, comme un acteur frappé en plein rôle, au moment d'un de ses grands succès, le prince Lobanof a eu la joie d'accompagner son maître à Vienne, sur le théâtre longuement préparé par ses soins. Dans l'intervalle de ses conférences avec le comte Goluchowski, le ministre russe a pu jouir de l'accueil fait, par la cour et par le peuple de Vienne, au tsar et à la tsarine. Devant la loyale figure du jeune souverain, devant la beauté souriante de la nouvelle impératrice, bien des préventions sont tombées. Les Hongrois même n'ont pu s'empêcher de savoir gré au petit-fils de Nicolas Ier de leur avoir fait présent, pour le millénaire de la monarchie d'Arpad, du sabre de Rakoczi. Je ne sais si cette attention délicate a valu au jeune tsar beaucoup d'*Eljen;* mais on a remarqué que, partout, sur son passage dans la vieille capitale, aux *Zivios* slaves se mêlaient les *Hoch* allemands.

III

De Vienne, le tsar et la tsarine se sont rendus en Allemagne, ou mieux (on sait pourquoi), ils sont rentrés, pour quelques jours, à Kief, dans leurs États, ayant soin de n'arriver, sur le territoire allemand, qu'après le 2 septembre et la fête de Sedan, le lendemain de l'inauguration du monument de l'empereur Guillaume Ier, évitant, ainsi, de paraître s'associer à tout souvenir qui eût pu froisser le cœur de leurs amis de France. C'est à Breslau et à Gœrlitz, en Silésie, sur une terre qui fut longtemps slave et qui n'est pas encore entièrement germanisée ; c'est à Breslau, au milieu de ses troupes réunies pour les grandes manœuvres annuelles, en homme qui préfère la vie de camp à la vie de cour, que l'empereur allemand a reçu le tsar russe. L'empereur Nicolas II a passé en revue cette armée toujours tenue en haleine qui, après avoir fait la Prusse, a fait l'Allemagne; devant lui ont marché, en rang serrés, les jeunes fantassins de deux ans de la nouvelle loi militaire allemande, et derrière ces jeunes soldats, il a vu défiler, en troupes bigarrées, les robustes vétérans des grandes guerres.

Tsar russe et Kaiser allemand, Breslau a pu admirer, chevauchant côte à côte, pareils sous leur moderne uniforme à deux dieux terrestres, les deux souverains du monde chrétien, ou mieux les deux potentats du globe qui détiennent le plus de pouvoir parmi les hommes; car, tous deux, avec des formes différentes, peuvent, presque également, se vanter d'être autocrates, c'est-à-dire de commander par eux-mêmes, sans avoir, au-dessus d'eux, d'autre autorité que le Ciel. Tsar russe et Kaiser allemand, deux Césars, maîtres de leurs armées et de leur empire, autant que d'eux-mêmes, tous deux portant en leur main fermée la paix du monde. Un caprice, un emportement d'un de ces hommes, dont le plus âgé touche à peine à la maturité, un ordre, un mot, une signature, un télégramme, et l'Europe, éprise de paix, et l'univers civilisé sont précipités dans la plus effroyable des guerres qui aient encore ravagé la planète. En ce sens, ils n'ont pas d'égaux, ces deux empereurs, même parmi les souverains des nations rivales; ils sont sans pairs ni pareils sur la face du globe; et peut être est-il heureux, pour le monde, qu'ils soient deux, car cela seul est, pour chacun, comme une limite ou un frein. Tous deux jeunes, et chefs de deux États, eux aussi, relativement jeunes; tous deux héritiers d'une tradition d'agrandissement continu et comme parallèle; issus de deux maisons maintes fois alliées, dont l'amitié plus que séculaire, comme s'est complu à le rappeler Guillaume II, parut longtemps un dogme dynastique, ils semblent, l'un et l'autre, avoir pleine conscience de la hauteur de leur fonction d'empereur-roi ou de tsar autocrate.

Quoi que pense la France de Guillaume II, en dépit de ses bravades tudesques, de son activité quelque peu brouillonne, de son imagination mystique, de ses allures féodales, c'est un homme, et c'est un souverain. Il a mûri, depuis son avènement et son émancipation de la tutelle bimarckienne, et voilà que, grâce à Nicolas II, il a cessé d'être le jeune empereur. En lui, sous le revenant du moyen âge, tout plein de réminiscences des Othon et des Barberousse, semble percer l'homme moderne. Entre tous les souverains qui occupent, aujourd'hui, la scène du monde, Guillaume II est encore celui qui apporte le plus d'entrain, le plus de variété, le plus de brillant et de brio dans son rôle d'empereur-roi.

Certains affirment que le jeune tsar Nicolas II tient son impérial cousin, son aîné en âge et son ancien en grade, en haute estime, admirant la forte culture, le port souverain, la parole imagée et royalement hautaine, l'activité infatigable, en un mot la personnalité si vivante et vibrante de ce rejeton des Hohenzollern, en qui, par un mystérieux atavisme, semblent revivre tour à tour et batailler ensemble tant d'ancêtres d'humeurs et d'époques différentes. Quelques-uns ont été jusqu'à dire que, à vingt ans, le futur Nicolas II avait pris Guillaume II pour modèle. Est-ce là autre chose qu'une légende; l'admiration du jeune tsarévitch pour le fils de Frédéric III s'expliquerait plutôt par la diversité, voire par l'opposition de leurs caractères, que par leur similitude. Si modeste, si timide, si réservé qu'il ait longtemps paru, le tsar Nicolas est, comme son père, russe avant tout, et, comme son père, il n'entend être le second de personne. Il l'a suffisamment montré, à Breslau, même par le ton et le laconisme de sa réponse française au toast allemand de son exubérant cousin.

De quoi ont bien pu s'entretenir les deux monarques si, en dehors des parades militaires et des fastueuses réceptions de cour, ils ont trouvé le loisir de causer une heure? Une chose est certaine, ils se sont fait part, mutuellement, de leur amour de la paix, se déclarant, tous deux, résolus à tout faire pour la maintenir.

L'empereur Guillaume, celui même qui, naguère, entonnait une invocation à l'épée libératrice, annonçait à ses troupes, au lendemain de l'entrevue de Breslau, qu'il était pleinement d'accord avec son puissant voisin. D'accord pour la paix sans doute, nous en pouvons, aujourd'hui, croire Guillaume II. Une faute de tact qu'un prince n'aurait pas commise, il s'est rencontré des

Allemands pour nous apprendre que le tsar avait dû s'excuser, d'avance, auprès de son cousin, de sa prochaine visite en France, comme, entre gens du monde, on cherche à se faire pardonner des fréquentations vulgaires. Personne en France, ni en Russie, ne s'est laissé prendre à cette inepte billevesée. Chacun sait que si le tsar vient chez nous, il le fait de propos délibéré, par politique, non par politesse. S'il a fait, durant ce voyage, des visites de courtoisie, c'est ailleurs. Il n'a, sur sa venue en France, d'explications à donner à personne, et moins peut-être à l'empereur allemand qu'à tout autre. L'Allemagne est, de tous les pays du monde, le dernier qui se puisse étonner de l'alliance franco-russe. Comment s'en montrerait-elle surprise ? Cette alliance est son œuvre, c'est elle qui l'a préparée, elle qui l'a nouée, à Francfort en 1871, à Berlin en 1878. Ses vrais parrains sont l'empereur Guillaume Ier et le prince de Bismarck.

Que les Allemands se plaisent à railler certaines naïvetés ou puérilités de nos Franco-Russes, libre à eux d'en sourire ; mais ils n'ont ni le droit de s'étonner de l'alliance, ni le droit de s'en scandaliser ; car, encore une fois, c'est bien l'Allemagne qui a mis la main de la France dans celle de la Russie. Le trait d'union entre les deux pays, il n'est pas difficile à découvrir ; les Allemands le connaissent bien, c'est l'Alsace-Lorraine. En annexant l'Alsace-Lorraine au nouvel empire, l'Allemagne a dû savoir ce qu'elle faisait.

La paix de Francfort était grosse de l'alliance franco-russe; elle portait dans son sein Cronstadt et Toulon. Le vieux Guillaume Ier et son grand ministre ont-ils pu s'y tromper? ont-ils compté, vraiment, pour empêcher l'alliance de venir au jour, sur la parenté des Romanof et des Hohenzollern, sur la solidarité monarchique, sur les fautes et les frasques de la République, sur l'antipathie d'un autocrate pour une démocratie? Si oui, ces grands politiques se sont fait illusion, et le prince de Bismarck a vécu assez longtemps pour s'en apercevoir. Au fond, tout en cherchant à écarter la Russie de la France, le fondateur de l'unité germanique était trop clairvoyant pour se flatter d'y réussir. C'est pour cela qu'il a pris ses précautions, par la triple alliance; mais la triple alliance même devait déterminer une contre-alliance. L'unique moyen de prévenir l'entente franco-russe, ni Bismarck, ni Moltke, ni Guillaume n'en ont voulu. Aussi, quand les Allemands reprochent à la France de couper l'Europe en deux, devant le colosse slave; quand ils nous accusent de trahir la cause de l'Occident et de la civilisation, au profit de la barbarie moscovite et de la servitude autocratique, les Allemands oublient que, si l'Europe occidentale est, aujourd'hui, scindée en deux, la faute en est à l'épée qui a fait une entaille entre le Rhin et les Vosges.

Oui, il est vrai, l'Europe occidentale, la vieille Europe, la véritable Europe, semble, pour longtemps, pour jamais peut-être, divisée, irréconciliablement désunie, en face de l'orientale Russie qui, de la Vistule au Pacifique, tient, déjà, ramassée dans sa main la moitié du continent. Au siècle qui vient, la scission de l'Europe semblera sans doute le principal résultat de la paix de Francfort et l'involontaire couronnement de la politique bismarckienne.

Déjà, aux yeux qui osent fixer l'avenir, une chose apparaît de plus en plus claire : le grand bénéficiaire de la guerre franco-allemande, c'est l'empire russe. L'avènement de Nicolas II ne remonte pas encore à deux ans, et déjà le règne de ce jeune tsar, couronné d'hier, son voyage même à travers l'Europe, témoignent, assez haut, de l'ascendant croissant de la Russie. La voilà, sans avoir eu besoin de tirer l'épée, qui se montre aux peuples comme l'arbitre de l'Europe ; on dira peut-être bientôt comme l'arbitre du monde. La fière Allemagne dont la pudeur se révolte contre les viles complaisances des Welches envers les Tatars slavisés du Nord, l'Allemagne elle-même, lors de la guerre de Chine et du Japon, s'est empressée de saisir l'occasion d'être agréable aux Russes ; tout comme la République française, le nouvel empire s'est mis à la remorque de la chancellerie pétersbourgeoise, heureux de rendre, lui aussi, service à son grand voisin. On eût dit que, pour neutraliser l'entente de la Russie et de la France, l'Allemagne n'eût rien trouvé de mieux que de chercher à s'introduire en tiers dans leur intimité. Entre les deux adversaires de 1870, entre Paris et Berlin, le monde peut, à certaines heures, voir une sorte d'émulation de prévenances, une façon de concours et comme de surenchère au profit de la Russie. Déjà, si le concert européen semble avoir quelque chance de se reformer, c'est par l'initiative russe, sous la direction russe. Ce surcroît de puissance, acquis par son impérial voisin, Guillaume II sait mieux que personne d'où le tsar l'a tiré. Ce que Nicolas II va faire en France, l'empereur Guillaume n'a pas besoin de le lui demander, et qui sait? dans le secret de son cœur, peut-être le Kaiser-Kœnig envie-t-il, à son cousin de Russie, ce voyage aux bords de la Seine.

Pour invraisemblable que cela semble, le petit-fils du vainqueur de Sedan est homme à rêver, lui aussi, d'une promenade pacifique à travers les boulevards de Paris. Il semble bien, au moins, s'être promis de contraindre la France à se réconcilier avec son ennemi de 1870. Peut-être va-t-il jusqu'à compter, pour cela, sur les bons offices de la naïveté russe. Telle serait, à en croire certains indices, la triple alliance de ses rêves. Gageure d'un prince avide d'une gloire plus rare que celle des conquêtes, ou chimère d'un esprit résolu à tout courber devant sa volonté, cette alliance à trois, ébauchée en Asie, bonne peut-être en terre exotique, reste bien loin des sentiments et des instincts de l'Europe contemporaine. Le présent, et avec lui l'avenir prochain, est à l'entente nouée à Cronstadt et bientôt scellée à Paris.

Ni la Russie, ni la France ne sentent le besoin de changer de voie. L'ascendant croissant qu'elle exerce dans le monde, la Russie sent qu'elle le doit à l'alliance de la France ; et si l'Allemagne elle-même, en face de l'homme jaune, s'est empressée de seconder la politique russe, on n'ignore pas, à Pétersbourg, que c'est encore à l'alliance française que la Russie a dû le concours de Berlin. Après cela, bien ingénu, ou bien présomptueux, l'empereur ou le chancelier qui demanderait au jeune tsar de renoncer au bénéfice de l'entente avec la France ; — et bien soupçonneux, ou bien mal avisé, le Français qui garderait quelque ombrage de l'entrevue de Breslau.

IV

Autant en pourrait-on dire du voyage de Nicolas II en Grande-Bretagne. Rien de ce que les Trois-Royaumes pourraient offrir au tsar russe ne saurait le détourner de la politique héritée de son père. Et que lui peuvent offrir les Anglais, si ce n'est le partage du vieux monde, des tours en ruines de Byzance à la muraille croulante de la Chine ? Autrefois, il y avait, entre l'Angleterre et la Russie, un homme malade et un héritage. Aujourd'hui, de l'Archipel à la mer du Japon, ils sont deux malades, on pourrait presque dire trois malades ; car le pâle successeur des Darius et des Chosroès, le roi des rois de l'Iran n'est guère plus robuste ou guère mieux portant que le padischah de Stamboul ou le fils du Ciel.

C'est toute la vieille Asie, minée dans ses fondements, l'Asie musulmane ou païenne, usée par les siècles, qui menace de s'effondrer sur l'Europe. Par bonheur pour la paix du monde, les empires branlants mettent longtemps à crouler, et qu'ils s'appellent sultan, schah ou fils du Ciel, ces malades d'Orient, dont tant d'héritiers ont escompté prématurément la succession, ont une agonie lente qui peut durer cent ans et plus. Encore une leçon d'histoire que la diplomatie russe a reçue de l'incurable gardien des détroits, et qui n'a pas été perdue pour elle.

Jadis l'Anglais, jaloux de préserver tout ce qui ne pouvait tomber dans son lot, accusait le Russe de guetter, impatiemment, la fin de l'impérial moribond du Bosphore; et les défiances de l'Anglais semblaient avoir raison. Aujourd'hui, on dirait que les rôles sont renversés. La hâte d'hériter, attribuée longtemps à Moscou, semble être passée à Londres. La Russie est devenue patiente; a-t-elle gardé ses ambitions d'antan, elle n'est pas pressée, elle sait attendre. De la mer de Marmara à la mer Jaune, loin de chercher à précipiter la chute des empires en déclin, sa main semble plutôt prête à les étayer, pour en arrêter, ou en retarder la ruine. L'aigle du Nord, sûre de sa proie, au lieu de déchirer du bec et de l'ongle la Turquie expirante ou la Chine blessée, semble se plaire à étendre sur elles l'ombre protectrice de ses ailes déployées. Politique nouvelle, en effet, et non moins que l'ancienne, suspecte aux Anglais, car si on la laisse agir, le monde risque de voir, sans guerre et sans bruit, l'influence russe s'affermir lentement à Pékin, comme à Stamboul, et ces deux images de Dieu, le commandeur des croyants et l'empereur de la Chine devenir, insensiblement, au fond de leurs palais, les dociles lieutenants du tsar blanc.

Comment s'étonner que la Russie préconise la paix et le *statu quo*, alors que la paix, le temps aidant, promet de travailler pour le tsar? Aussi, quand Nicolas II se présente à l'Angleterre en ami de la paix, le monde peut s'en fier à sa parole; mais, aux Anglais, la paix russe est suspecte. Entre la Russie et l'Angleterre, entre les deux suzeraines de l'Asie, persistent les défiances anciennes, ranimées par des incidents récents. C'est, en vérité, grand dommage, sinon pour la paix de l'Europe, du moins pour une chose qui nous tient encore à cœur, à nous, Français, pour la civilisation chrétienne et pour l'humanité.

Il y a, de par le monde, des vallées de la Macédoine et des montagnes de la Crète aux pentes légendaires de l'Ararat, des milliers de familles qui souffrent, des peuples entiers qui meurent des soupçons réciproques du Russe et de l'Anglais. Osons le dire, des races qui ont survécu à trente siècles d'oppression, restes vivaces de nations autrefois illustres, sont menacées d'extermination, d'ici à quelques semaines, pour peu que les conversations des diplomates traînent encore en longueur. Il serait reçu en sauveur, des rives de la Corne d'Or aux sources de l'Euphrate, le messager qui annoncerait à l'Orient que la visite du tsar russe à la Grande-Bretagne a dissipé les préventions des deux peuples et rétabli, ne fût-ce que pour quelques mois, la confiance entre les deux gouvernements. Les fêtes célébrées par l'opulente Angleterre en l'honneur de son hôte impérial, l'écho en va retentir au fond de l'Orient, comme une promesse de vie, ou comme un glas de mort. Ils sont, là-bas, sous le sceptre ensanglanté du maître d'Yildiz-Kiosk, entre le Rhodope et les frontières de la Perse, quatre ou cinq millions d'hommes, coupables de porter le nom de chrétiens, qui ne peuvent espérer de salut que d'une entente entre les deux lointaines rivales, la Tamise et la Néva.

Nous autres, Français, si longtemps les premiers aux pays des croisades, nous voici, par notre faute, plus peut-être que par les efforts de nos concurrents, déjà relégués au second plan. Encore une part, et non la moins glorieuse, de l'héritage de l'ancienne France que nous semblons en train de perdre. Ce ne sont pourtant pas les adjurations de nos consuls et de nos missionnaires qui nous auront manqué. Déjà, l'Orient, étonné de notre effacement ou de notre silence, s'habitue à tourner vers d'autres ses regards et ses espérances. Peut-être avions-nous là, en ces contrées tant de fois pacifiées par nos conseils ou par nos armes, une occasion nouvelle de faire bénir le nom de la France, ne fût-ce qu'en servant d'intermédiaire entre nos amis les Russes et nos voisins les Anglais, pour arracher les chrétiens d'Asie au yatagan des fanatiques. Ne soyons pas injustes envers nous-mêmes ; cette tâche, nous nous y sommes essayés, l'automne dernier ; il est vrai que le succès a été maigre. Le monde a eu cette déception de voir la France, la Russie, l'Angleterre, en apparence unies, impuissantes à retenir ou à punir le bras des égorgeurs.

La faute, vont murmurer les Anglais, sur le passage du tsar, en est à la Russie, devenue infidèle à sa mission ancienne, et à la France, pour complaire à la Russie, oublieuse de ses traditions séculaires. Ainsi raisonnent les Anglais, ne voulant voir, comme d'habitude, que la paille dans l'œil du voisin. La faute, hélas ! est aux défiances des puissances ; et ces défiances, les Anglais feignent d'ignorer que d'aliments l'Angleterre n'a cessé de leur fournir. Ne s'en souviennent-ils plus, les autres se rappellent quels ont été les procédés de la politique britannique à Chypre, en Égypte, au Soudan, sans parler des incorrections ou des incartades des Compagnies à charte au Transvaal et sur le Niger. Les gouvernements sont-ils injustes envers la politique anglaise, c'est que son passé légitime toutes les suspicions.

Lorsque, prise d'un zèle nouveau chez elle, l'Angleterre est venue se poser en champion des chrétiens égorgés comme un vil troupeau, les autres nations, la Russie la première, peu habituées à voir le cabinet britannique aussi soucieux de la sécurité des sujets chrétiens du sultan, se sont demandé quelle intrigue nouvelle machinait l'Angleterre, sur quelle autre Chypre ou sur quelle autre Alexandrie ses flottes s'apprêtaient à planter son drapeau. La chancellerie pétersbourgeoise, alors attentive à l'Extrême-Orient, a cru que le Foreign-Office cherchait à la distraire de la Corée et de la Mandchourie au moyen d'une diversion dans les montagnes d'Arménie. La politique anglaise avait d'avance discrédité la philanthropie anglaise. Soupçons injustes! défiances à tout le moins exagérées! dont les disciples de Gladstone, jadis auxiliaires des Russes en Bulgarie, ont le droit de s'indigner, mais qui ne sauraient beaucoup surprendre les héritiers de lord Beaconsfield, si longtemps patrons aveugles des brigands kurdes ou des pachás turcs, et hier encore, négateurs obstinés, à l'encontre des Russes, des « atrocités bulgares ». N'est-ce pas une loi de ce triste monde que les innocents paient pour les coupables? Les chrétiens d'Asie ont été les victimes, sinon de la politique anglaise, du moins des suspicions fomentées par les pratiques anciennes ou récentes de la politique anglaise. Les malheureux Arméniens ont pâti du peu de scrupules de leurs tardifs protecteurs, aux bords du Nil ou sur les plateaux de l'Afrique; et après avoir, en vain, attendu, dix-huit ans, l'exécution des illusoires promesses du traité de Berlin, ils ont payé, de milliers d'existences, leur foi aux encouragements de Westminster.

N'importe. Quelles que soient les fautes et les inconséquences de leurs avocats d'outre-Manche, l'Europe ne saurait laisser égorger, impunément, un peuple entier. L'extermination méthodique des chrétiens n'est pas un procédé que la diplomatie franco-russe puisse couvrir de son autorité. A s'en tenir à l'intérêt égoïste des deux puissances, il ne serait bon, ni pour la France, ni pour la Russie, d'abandonner aux Anglais, ne fût-ce qu'en apparence, le monopole de l'humanité. Déjà, les Échelles du Levant et les bazars d'Asie, grâce aux matelots et aux missionnaires britanniques, tendent à se persuader que, de toutes les puissances, l'Angleterre est la seule qui s'intéresse aux chrétiens et ose prendre en main la cause des opprimés. Laisser s'accréditer pareille opinion dans les ports de l'Anatolie, ou dans les khans de Syrie ne serait pas faire pièce à l'Angleterre, mais, tout au rebours, favoriser les menées de la politique anglaise. L'humanité, la civilisation, la justice, ne sont pas seulement des mots sonores, bons à faire retentir à l'oreille des foules, dans les meetings de Hyde-Park ; malavisés les diplomates qui en laisseraient tout le bénéfice aux ministres et aux consuls de Sa Très Gracieuse Majesté la reine Victoria.

La trop longue tolérance de l'Europe n'a fait qu'aggraver la situation de l'Orient et mettre en péril l'existence de l'empire turc. Au lieu d'assurer la paix, l'inaction des puissances finirait par la compromettre. Il est grand temps, pour elles, d'exiger de la Porte les réparations et les réformes nécessaires. Si malaisée que soit la tâche, elle n'est pas au-dessus des forces d'une Europe unie; et cette union de l'Europe, le séjour du tsar à Balmoral peut la refaire ou la compléter. Au sortir de ses entrevues impériales, Nicolas II se présente en quelque sorte à la Grande-Bretagne comme le plénipotentiaire du continent. Que les Anglais montrent au jeune empereur qu'ils n'ont d'autre souci que celui de l'humanité ; que, suivant le conseil donné à ses amis par lord Rosebery, ils fassent appel à la conscience et au cœur de Nicolas II, et ils auront plus fait, pour la pacification de l'Orient et pour le salut des chrétiens d'Europe et d'Asie, qu'en ameutant l'opinion des Trois-Royaumes, ou en fomentant, chez leurs nouveaux clients, des espérances irréalisables.

V

Et maintenant, voici que le tsar et la tsarine, au terme de leur voyage, vont débarquer sur la terre de France. Comment allons-nous les recevoir? Notre souci, à nous, Français, le souci du moins de grand nombre d'entre nous, ce n'est pas la politique, ce ne sont ni les négociations entre les puissances ni les combinaisons diplomatiques. L'heure a beau être grave pour l'Europe, la situation traditionnelle et l'honneur même de la France ont beau être en jeu, malgré nous, là-bas, sur les plages du Levant, la plupart des Français n'en ont cure; l'intérêt, pour eux, est ailleurs. La grande préoccupation du public est la réception impériale; il s'inquiète peu de savoir si, entre la France et la Russie, il existe un traité, une convention formelle, des arrangements réciproques. Politique, diplomatie, traités, tout s'efface devant le programme de l'entrée du tsar à Paris; rien n'existe plus, en regard de la décoration de nos rues et des préparatifs de nos fêtes.

Le grand enfant qu'est demeuré le peuple, l'impersonnel souverain à qui le tsar autocrate daigne rendre visite, n'a de pensée que pour l'accueil à faire à son hôte impérial. Qui donc disait que le travers des cours et le vice des monarchies étaient de subordonner les réalités de la politique au faste du cérémonial? La France républicaine fait songer à une maîtresse de maison qui donnerait, pour la première fois, une soirée à un invité de marque. La réception du jeune couple impérial a mis toutes les imaginations en branle. De la magnificence des fêtes, de la splendeur de la décoration de Paris, nul ne doute; nous nous fions, pour cela, à l'ingéniosité de nos architectes et au goût de nos artistes. Nous comptons bien que l'éclat de nos pompes républicaines va faire rentrer dans l'ombre tout le fastueux attirail et la froide solennité des vieilles cours. Faut-il l'avouer? le grand souci des gens sérieux est que nous nous montrions corrects, qu'aucun manquement à l'étiquette ne vienne effaroucher nos hôtes. On tient à prouver au monde que, pour avoir renversé rois et empereurs, la France n'en est pas moins respectueuse des règles du protocole. Or, l'on affirme que, à cet égard, les connaisseurs ne sont pas sans appréhensions.

Le puis-je confesser? si légitimes qu'elles soient, de semblables préoccupations me semblent avoir quelque chose d'un peu mesquin et enfantin. Il y aurait, pour nous, à l'heure actuelle, en présence même du tsar, de plus graves questions que celle du cérémonial. Il nous répugne de voir, aux yeux du monde, le directeur du protocole devenir le plus important personnage de l'État. Cela risque de donner, à la République française, un faux air de parvenue, embarrassée de recevoir le couple impérial qui l'honore de sa visite. Or, la République, ici, représente la France, et si la République est jeune, la France est vieille, la France n'est pas une parvenue, même en regard de l'héritier de la couronne de Monomaque.

Nous ne sommes pas, quant à nous, des Français qui se persuadent que, par le seul fait d'être en république, la France est au-dessus des autres nations européennes, comme ayant atteint un degré supérieur dans la série des organismes politiques ; mais, dès lors que nous sommes en république, il nous paraît que ce qui sied le mieux à notre gouvernement, c'est encore ce que nous vantaient autrefois les républicains, la simplicité républicaine. Aussi ne sommes-nous pas de ceux qui regrettent que le président de la République n'ait, pour se présenter devant le tsar, qu'un vulgaire habit noir, ou que nos ministres aient laissé tomber l'usage des uniformes chamarrés d'or. Quand bien même M. Faure se fût affublé, pour la circonstance, d'un costume à la Barras, avec grande plume blanche et manteau de soie, il n'eût pu rendre à notre hôte les mêmes honneurs que les autres chefs d'État ; nous ne le voyons pas, à l'imitation de l'empereur François-Joseph ou de l'empereur Guillaume, défiler, à la tête de nos régiments, devant le tsar, en saluant de l'épée. Il faut en prendre notre parti, et laisser les pompes monarchiques aux monarchies, — à moins que l'engouement franco-russe n'aille jusqu'à nous faire regretter d'être en république. Quant aux minuties du code de l'étiquette, nous pouvons nous rassurer; les Russes sont gens d'esprit, et quand le tsar aurait à sourire de quelque infraction au protocole, ce n'est pas cela qui mettrait en péril l'alliance.

La vraie réception ne sera pas du reste celle de l'Élysée et de la cour présidentielle ; ce sera celle des boulevards et de la rue. Là, aussi, sera le spectacle. Le tsar reçu par le peuple, voilà ce qui fera l'originalité inoubliable de la visite à Paris. Le peuple le sait bien ; et en fêtant ses hôtes, il semble, lui aussi, tenir à être correct, — ou l'on s'en préoccupe pour lui. On a entendu poser de graves questions? De quel drapeau convient-il de pavoiser nos maisons? Est-ce du drapeau national russe aux trois couleurs horizontales, ou de l'étendard impérial à fond jaune et à aigle noire? Certains conseillers des foules semblent croire qu'arborer ce dernier, réservé au tsar, serait tout compromettre, J'incline, humblement, à penser que les yeux du tsar et de la tsarine ne seront pas si faciles à offusquer, et que drapeau jaune ou drapeau tricolore, ils ne voudront voir dans les couleurs russes qu'un hommage de leurs hôtes. De même, autre question fort controversée, de quels vivats faut-il saluer le jeune souverain? Doit-on crier: « Vive le tsar, ou Vive l'empereur? » ou ne serait-il pas mieux de s'en tenir au hourra? Encore un scrupule d'étiquette qui nous laisse assez froid. Au rebours de certains pédants de chancellerie, nous irons même jusqu'à confesser que, entre ces vivats, celui qui nous agréerait le plus, c'est celui que veulent proscrire les dévots du protocole, le: « Vive le tsar! » il a, pour nous, le mérite d'être moins officiel et de n'être pas équivoque, sans compter qu'il a plus de saveur, étant plus russe et plus populaire. Ne craignez rien, du reste; qu'on l'appelle tsar ou empereur, Nicolas II saura reconnaître les acclamations dont il sera salué.

Il y a quelques cris, cependant, dont nous oserons engager Français et Parisiens à s'abstenir, sur le passage du couple impérial, — fût-ce au seuil de l'Hôtel de Ville, en présence des députés et des conseillers municipaux de Paris. Tels les cris de: « Vive la Révolution! Vive la Sociale! Vive la Commune! Vive l'Anarchie! Vive l'Internationale! » ou même: « A bas le Sénat! A bas le ministère! A bas les bourgeois! » Ce sont là des manifestations qui, pour être parfois tolérées autour du cortège présidentiel, détonneraient sur le chemin du tsar. Ni le socialisme, ni l'anarchie, ni l'internationalisme ne sont en faveur chez notre auguste allié, et si nous avons quelque faiblesse pour eux, nous ferons, sagement, de ne pas trop le laisser voir. Socialistes et anarchistes veulent bien nous informer qu'ils se tiendront tranquilles, annonçant que, durant le séjour du tsar, ils nous feront grâce de la plus petite bombe. Plaise au ciel ! nous ne demandons pas mieux que de les en croire, quand ils s'indignent qu'on ait pu imaginer que les explosifs de leurs amis, les fenians d'Anvers, étaient destinés au couple impérial. Puissent-ils dire vrai ! qu'ils nous accordent une trêve de quelques semaines ; autrement, mal leur en prendrait. S'ils ne peuvent réclamer leur part de l'allégresse nationale, qu'ils se gardent d'irriter le sentiment des masses en tentant d'arborer leur drapeau noir ou leur drapeau rouge. Ils apprendraient, à leurs dépens, le peu que pèsent leurs théories, quand dans la chair des foules court un frisson de patriotisme.

Le tsar et la tsarine vont visiter Paris, infortunés touristes impériaux, condamnés à voir, en un jour, l'œuvre de dix siècles. Qu'au moins leurs guides officiels ne se croient pas tenus de leur faire admirer ce qui constitue l'œuvre propre de la troisième république. Qu'on leur fasse grâce de nos écoles, aussi bien que de nos hôpitaux ; non qu'un tsar ne s'y puisse intéresser, tout comme un président de république, mais les beautés de la laïcisation pourraient lui échapper ; et peut-être aurait-il la naïveté de demander, cet autocrate qui, à l'instar de ses moujiks, a une icone dans chaque salle de ses palais, ce qu'a de dangereux une croix au-dessus du pupitre d'un enfant, ou du lit d'un mourant. De même, dans sa course à travers nos monuments, qu'en lui faisant visiter Notre-Dame, l'on ne se croie pas obligé de s'excuser, auprès de lui, de n'avoir pu encore désaffecter ce temple de la superstition ; et quand il entrera au Panthéon, cherchant des yeux l'autel supprimé, qu'on n'insiste pas trop pour qu'il demeure la tête couverte ; car peut-être est-il inutile de lui révéler qu'en France, les grands hommes ne peuvent reposer en paix que là d'où l'on a chassé Dieu.

Après cela, s'il convient d'écarter tout ce qui peut choquer ou scandaliser nos hôtes impériaux, il n'importe pas moins de nous garder, dans l'expression de notre joie, de tout ce qui peut paraître excessif ou servile. Certes, la France attache un grand prix à l'honneur que lui fait le tsar de toutes les Russies ; mais en lui témoignant sa reconnaissance, la France ne doit point oublier qu'elle est l'aînée des nations européennes et qu'aucune n'a, derrière elle, une aussi longue traînée de gloire.

Un pareil passé oblige ; nous ne saurions supporter qu'en s'inclinant devant le tsar, les Français aient l'air d'abaisser, devant lui, la dignité de la France ; même en face de son auguste allié, la France doit savoir se tenir debout. Quelques épreuves que nous ayons traversées, si peu de raisons que nous ayons d'être fiers des hommes qui nous gouvernaient hier et qui peuvent nous gouverner demain, l'humilité ne sied pas plus que la forfanterie, à un pays comme le nôtre. Notre France n'est pas encore assez mince puissance pour être la cliente de personne, fût-ce de l'immense Russie. Ce qui est bon pour une Serbie ou pour un Monténégro convient mal à la France de Louis XIV et de Napoléon, même convertie en République. Le coq gaulois n'est pas encore assez dégénéré pour avoir besoin de chercher un abri sous les ailes de l'aigle moscoviste. C'est un allié, non un protecteur, que nous allons recevoir, et c'est, d'égal à égal, que nous devons traiter avec le tsar. Laissons dire les rivaux ou les jaloux d'outre-Rhin ou d'outre-Manche ; il n'est pas vrai que la France soit résignée au rôle de satellite. Le quai d'Orsay n'est pas encore une succursale de la chancellerie pétersbourgeoise ; nous n'entendons rien abdiquer des droits, rien abandonner du patrimoine de la France. Ce n'est pas de la politique russe, mais bien de la politique franco-russe que nous attendons de notre gouvernement.

Aussi bien, la Russie n'a-t-elle pas à se plaindre de nous ; nous avons assez fait pour elle pour qu'elle daigne tenir compte de nos intérêts. Notre alliance ne lui a pas été inutile ; nous nous en réjouissons ; mais nous avons le droit de lui laisser voir que nous ne l'ignorons point. Entre amis, mieux vaut ne pas calculer le prix des services rendus. Si l'on dressait le bilan de l'alliance, peut-être trouverait-on que, suivant son tempérament, la France a donné plus qu'elle n'a reçu.

Ne fut-ce point, de tout temps, l'habitude française? Sa haute situation en Europe, et plus encore peut-être en Asie, la Russie la doit bien, pour une bonne part, au concours de notre diplomatie. Constantinople et Pékin en savent quelque chose. Le développement de ses forces militaires, l'essor surprenant de son industrie, sa rapide et continue transformation économique, le raffermissement de ses finances menacées de fléchir sous le poids de ses charges, la suppression du cours forcé du papier et la réapparition du rouble or, l'achèvement de ses voies ferrées et jusqu'à ce prodigieux Transsibérien qui va mettre ses marchands et ses soldats aux portes de la Corée et du Japon, la Russie les doit, avant tout, à la Bourse de Paris et aux banquiers français, à la confiance de nos petits bourgeois et de nos petits rentiers, au légendaire bas de laine de nos paysans, — si bien que l'on pourrait dire que l'alliance a été faite, en réalité, autant par ces braves gens que par nos diplomates, et qu'en les venant voir, le tsar et la tsarine ne font que leur payer une juste dette.

Encore quelques jours, et le voyage du tsar va s'achever dans l'éblouissement des fêtes que, de la digue de Cherbourg aux colonnades du Trocadéro, lui prépare le peuple de France. De cette visite qui, pour la première fois peut-être depuis vingt-cinq ans, fait battre à l'unisson les cœurs français et qui, à l'encontre des sophismes débilitants du socialisme international, montre à l'Europe quelle prise garde sur l'âme du peuple l'idée de patrie, restera-t-il autre chose, à la France et à la Russie qu'un brillant et fugitif souvenir ?

Elles sont si différentes, les deux alliées que, en dépit de leur rapprochement, il semble qu'elles ne puissent avoir d'ascendant l'une sur l'autre. Dirons-nous que leur intimité ne peut exercer d'action qu'en dehors d'elles-mêmes ? Et pourtant, si la Russie avait quelque influence sur la France, je doute que la République eût à s'en plaindre. Et si la France, à son tour, avait quelque ascendant sur l'empire autocratique, la Russie n'en serait peut-être pas plus malheureuse. Tout paradoxal que cela puisse sembler, les deux pays gagneraient beaucoup à prendre quelque influence l'un sur l'autre, — non pas, certes, pour se copier ou s'imiter; ils sont trop différents pour avoir rien à s'emprunter ; — non point, à coup sûr pour intervenir dans les affaires l'un de l'autre; ni la France, ni la Russie ne le toléreraient, et j'espère que, sur ce point, notre démocratie serait non moins chatouilleuse qu'un autocrate ; mais pour exercer l'un sur l'autre une action modératrice, et tout en conservant chacun leur principe, pour se préserver, mutuellement, de pousser leur principe à l'excès, ce qui, sous le régime populaire, comme sous le régime absolu, est le grand danger de tout gouvernement. Qui ne le sent, parmi nous, en France ? Et quel patriote, en ces jours d'allègre attente, ne se demande, avec un serrement de cœur, quel sera, pour notre démocratie, le lendemain de ces fêtes franco-russes dont la France est, déjà, comme éblouie ?

Le peuple français sait ce qu'il veut en politique étrangère; son enthousiame le témoigne assez haut; mais cette alliance russe, dont il se montre unanimement épris, sait-il, seulement, à quelles conditions elle peut durer ?

Puisse l'éclat féerique de cette réception impériale ne pas nous aveugler ! Notre alliance lui a valu trop d'avantages pour que la Russie n'en sente pas le prix; mais n'ayons pas la fatuité de vouloir être aimés pour nous-mêmes. Notre alliance, la Russie ne l'estimera qu'autant qu'elle nous croira forts et riches ; et pour croire en notre sagesse et en notre force, il faut qu'elle nous croie sages. — Serons-nous sages ? tout est là ; ou mieux, — car être sages serait beaucoup exiger de notre fragilité, — jusqu'où pouvons-nous glisser sur la pente des aventures et des entraînements, sans mettre en péril, au regard de nos amis, les forces vives de la nation ?

Ne l'oublions point, notre politique étrangère est, malgré nous, dans la dépendance de notre politique intérieure. Nous avons, au quai d'Orsay, des diplomates et des patriotes ; mais ils ne peuvent nous faire de bonne diplomatie, au dehors, si nous leur faisons, au dedans, de mauvaise politique.

Radicaux et socialistes, tous ceux qui, par système ou par faiblesse, travaillent à détruire les ressorts essentiels de la puissance française, peuvent bien nous assurer qu'ils demeureront fidèles à l'alliance russe; qu'importe, si la France doit perdre, en leurs mains, tout ce qui rendait son alliance désirable? Que la République française soit livrée au couteau des barbares opérateurs déjà penchés sur elle, quand la France devrait survivre à leurs périlleuses expériences, elle serait, bien vite, trop affaiblie et trop appauvrie pour ne pas retomber dans l'isolement. Soyons sages, pour être forts, — soyons forts, pour avoir des amis. Autrement, la visite du tsar à la République ne laisserait pas plus de traces dans notre histoire que, demain, les lampions, les girandoles et les lanternes vénitiennes de nos illuminations ne laisseront de reflet sur le ciel de Paris ou sur les eaux de la Seine.

FIN

TABLE

IMPRIMERIE CHAIX, RUE BERGÈRE, 20, PARIS. — 2004-2-97. — (Encre Lorilleux).

www.ingramcontent.com/pod-product-compliance
Ingram Content Group UK Ltd.
Pitfield, Milton Keynes, MK11 3LW, UK
UKHW022006170726
13837UKWH00001B/16

9 782019 951924